지속가능한 인적자원개발을 위한 연구와 **실천**

HRD의 지속가능성 제고를 위한
교육공학의 대안 탐색

지속가능한 인적자원개발을 위한 **연구**와 **실천**

류완영 · 오동건 공저

한국학술정보㈜

머리말

이 책은 기업교육, 인적자원개발, 인사관리 등의 분야에 관심을 갖고 있는 전공자들을 위하여 함께 나누고 싶은 이야기들을 중심으로 구성하였다. 또한 필자들보다 더 많은 고민과 치열한 업무를 수행하는 기업에서 근무하는 분들에게도 성찰적 아이디어를 제공할 수 있다면 더 없는 기쁨이 될 것이다.

일을 하면서 느꼈던 아쉬움들, 기업에 있는 분들을 만나면서 들었던 생각들, 관련 연구자들과 나누었던 아이디어들을 담고자 노력하였다. 그 노력은 결국 "기업은 사람이다"라는 평범하지만 소중한 가치를 어떻게 구체적으로 실현할 것인가하는 데에 중점을 두고자 하였다. 물론 "어떻게" 적용해야 할 것인가에 대한 구체적인 고민과 성찰이 더욱 깊어져야 함은 필자들이 앞으로 더욱 노력해야 할 몫이며 과제라고 생각한다.

이 책에서는 HRD의 지속가능성을 제고하기 위한 관점과 방안을 찾고자 하였다. 여기서 지속가능성이라는 말은 HRD의 제반 활동들이 현장에서 생명력 있게 살아 숨쉬며, 성과창출과 개인의 발전에 긍정적인 임팩트를 지속적으로 줄 수 있어야 한다는 의미이다. 이 책에서 전반적으로 다루어지는 지속가능성이라는 말은 HRD가 분절적, 개별적으로 기능하는 고립된 영역이 아니라, 기업이라는 생명력을 가진 큰 체제 안에서 경영의 제반 영역들과 밀접하게 연계되어 기능하는 영역이 되어야 한다는 의미를 지닌다.

지속가능성을 높이기 위해서는 단순히 교육과정을 설계, 개발하

4

여 전달하는 데에서만 그쳐서는 안 된다. 또한 일방적, 일시적 이벤트를 지양하고, 조직의 문화적 상황맥락과 조직 구성원의 일상과 일체감을 이룰 수 있도록 노력해야 할 것이다.

"사람이 희망이다"라는 말도 있지만, 복잡하고 급변하는 경영환경 속에서 기업이 살아가고자 하는 해답은 결국 사람 속에서 찾아야 한다는 생각이 든다. 어떤 CEO에게 초일류 기업이 되기 위해서 가장 필요한 것이 무엇인가하고 질문하였더니, 핵심적인 원천기술을 바탕으로 하는 제품 경쟁력과 이를 만들어낼 수 있는 사람이 있어야 한다는 이야기를 들었다. 참으로 공감이 가는 말이지만 어쩌면 당연한 말이라고 생각할 수도 있다. 그러나, 당연한 것을 당연하게 구현하는 것이 얼마나 어려운 것인지 이 글을 읽는 많은 분들이 공감할 것이라고 생각한다.

이 책에서는 당연한 것을 꾸준히 지속적으로 실천하기 위한 구체적인 방법과 아이디어를 함께 생각해보고자 한다. 100년, 200년을 이어오고 있는 글로벌 선진기업에게서 우리 기업이 배워야 할 점은 바로 당연한 것을 당연하게 인식하고 실천할 수 있도록 하기 위한 노력을 끊임없이 지속적으로 전개한다는 점일 것이다. 거창한 구호와 슬로건이 아니더라도 조용히 물밑에서 추진하는 실행력이야말로 우리 기업, 작게는 기업에서 "사람이 희망이다"라고 생각하는 모든 사람들이 갖추어야 할 가장 중요한 생각이자 역량이 아닐까.

필자들의 학문적 자양분은 교육공학에서 받아왔다. 짧지 않은 시간

동안 교육공학을 공부하다보니 세상을 바라보는 시각도 교육공학이라는 안경을 쓰고 바라보게 되었다는 점을 인정한다. 기업에서의 인적자원개발에 대한 기존의 논리와 관점을 다시 생각해보고자 하는 필자들의 생각은 그래서 또 하나의 편향적 시각으로 비춰질지도 모른다. 따라서 이 책에서 말하고자 하는 내용과 논리가 모두 절대적으로 옳다고 주장하고 싶지는 않다. 다만, 상대적으로 간과되어 온 부분에 대해서 다시한번 생각해볼 수 있는 작은 단서를 줄 수 있다면 더 바랄 나위가 없겠다.

여담이지만, 깔끔하고 맛깔스럽게 처세적 정보를 엮어내는 것이 미덕인 이 시대에 별로 보기 편하지 않고 채 정리되지도 않은 무수한 생각의 편린들을 하나의 책으로 묶는 것은 출판사의 입장에서 볼 때 그다지 매력적인 일이 되지 못할 것이라는 점을 알고 있다. 그 같은 부담을 기꺼이 맡아주신 한국학술정보 출판 관계자들께 깊은 감사를 드린다.

혹여 책의 내용에 오류가 있다면 그것 또한 필자들이 짊어져야 할 책임이며, 더 깊이 생각하고 고민해야 하는 앞으로의 과제라고 여겨주셨으면 한다. 기업 HRD 현장을 더욱 튼실하게 만드는데 보탬이 되고자 생각을 정리했지만 그 의도가 십분 전달되지 못했다면 필자들이 더욱 연구하고 노력해야 하는 몫이라고 생각한다. 생각이 미치지 못한 부족한 부분은 이 책을 읽으시는 분들께서 더욱 현명한 판단으로 채워주실 것으로 믿는다.

한강이 보이는 행당 언덕에서
류완영, 오동건

프롤로그 :
HRD의 지속가능성 제고를 위한 소고(小考)

학문탐구는 끝이 어딘지 확실히 정하지 못하고 떠나는 여행의 과정이라고 할 수 있다. 어떤 길을 선택해야 할지, 어떤 교통수단을 선택해야 할지, 항상 선택의 순간을 맞는다. 여행은 그 자체로 성찰과 실천의 의미를 담고 있다. 여행을 하면서 만나는 다양한 현상들, 나와는 다른 삶의 문법을 이야기하는 사람들을 보면서 그들의 모습을 수용하고 인정하는 과정을 통해 삶의 포용성과 넓은 시각을 확보해가는 것이다.

여행은 비단 특정한 장소를 찾아가는 것만을 의미하지 않는다. 다양한 삶의 경험, 다양한 학문영역의 탐구를 위한 여행은 자신의 삶과 학문에 새로운 활력과 충전을 심어줄 수 있다. 비록 다른 사람의 삶(학문)을 따라하지는 않더라도 그들을 이해하고 세상에는 다양한 관점과 담론들이 존재할 수 있음을 인정하는 것만으로도 자신의 삶과 학문을 더욱 살찌울 수 있는 것이다.

그러나, 현대의 삶은 흡사 속도전을 방불케 한다. 다른 사람을 따라잡기 위해서, 다른 누군가에게 잡히지 않기 위해서 우리는 앞만 보고 달린다. 앞만 보고 달리는 여행은 더 이상 여행이 아니다. 그것은 관광에 다름 아니다. 과정과 끝남이 정해져있고, 계획된 상품성과 주어진 시간에 최대한 많이 보고자 하는 효율성만을 강조하는 그런 관광 말이다. HRD의 지속가능성을 이야기하는 우리의 여정은 그야말로 하나의 여행이 되었으면 한다.

한편, 우리는 토론하고 대화하는 방법을 잘 모른다. 어쩌면 제대로 배운 적이 없기 때문에 어떻게 하는지 생각해보지도 않았다고 말해야 할지도 모르겠다. 그러나, 목소리 큰 사람이 이긴다는 말도 있듯이 설전(舌戰)에는 강하다. 특정한 주제에 대하여 나와 생각이 다른 사람과 논쟁이 벌어지면 반드시 이겨서 설복시켜야 한다는 강박관념에 시달려 온 때문일 수도 있겠다.

학문을 연구하는 사람들도 마찬가지 일 것 같다. 자기생각, 자기 논리로 다른 사람을 꼼짝 못하게 만들어야 후련하고 성취감이 드는 본능을 어찌할 수 없는 경우가 많다. 지속가능한 HRD를 위한 문제 제기와 새로운 관점의 도입을 이야기하는 우리의 작업은 어쩌면 또 하나의 자기논리의 주장으로 비춰질지도 모르겠다. 그러나, 일단 문제제기가 이루어지고 나면 다양한 생각을 최대한 많이 담고자 노력하는 것이 중요하다는 생각이다. 굳이 논쟁을 통해서 설득하기 보다는 각자의 논리와 생각을 존중하고 해석하여 적용하려는 노력이 더욱 필요할 것이다.

공부하는 사람들에게 학문하는 삶은 곧 일상과 동화되어야 하고, 그저 삶 자체가 되어야 할 것 같다. 그러나, 굳이 책상머리의 컴퓨터 앞에 앉아서 하는 것만이 학습이 아닐 것이다. 책상머리에 오래 앉아서 배가 나오고 팔다리는 창백해져버린 서생들은 정작 삶의 현장에서 들려오는 목소리에는 느낌을 별로 받지 못한다. 느끼지 못하면 녹슬고 퇴화되어버린다. 산을 오르면서 요동치는 심장의 박동소리를 느낄 때 우리는 결코 심장병에 걸릴 일이 없을 것이다. 근골(筋骨)의 마디마디를 움직이며 실천적으로 느끼는 지식은 삶에서 체득될 수 있는 것이다. 학문을 하기 위해서는 일상에 몰입해야 한다. 일상은 삶이며 삶 자체가 학문하는 것이기 때문이다. 삶을 바라보는 관점은 결국 느끼는 데서 출발한다. 가슴으로 느끼는, 가슴으로 느끼도록 하는 교육과 학습의 과정에서 우리는 인생을 진득한 여행으로 만들 수 있는 것이 아닐는지.

바야흐로 다양성의 시대, 전략의 시대가 되고 있다. 복잡하고 급변하는 경영환경에서 기업은 어떻게 생존전략을 모색해야 할 것인가. 이에 대한 대답을 찾기 위한 노력이 필요하다. 이 책에서는 기업교육, 인적자원개발, 인력개발 등 다양한 용어로 불리고 있는 분야가 그 해답 중 중요한 부분을 줄 수 있다는 가능성을 찾고자 한다. 우리 기업에서 일하는 분들이 자주 하는 표현대로 결론부터 미리 얘기해보자면 우선은 인적자원개발(Human Resource Development)은 기업 경영에 긍정적인 영향(Impact)을 주어야 존재의 의미가 있다고 생각한다. 당연한 말이다. 그런데 여기에서 더욱 중요하게 고려해야 할 점은 그 긍정적인 영향이 지속적으로 일어나야 한다는 점이다. 결국 지속성이 담보되는 비즈니스적 임팩트가 중요하다는 것을 강조하고 싶다. 지속적이지 못한 긍정적 효과는 결국 이벤트성의 단기적 최면효과가 될 위험도 내포하고 있다고 본다. 과연 우리는 기업에서 HRD와 관련된 제반 활동을 하면서 지속가능성에 대한 고려를 얼마나 하고 있을까? 교육과정의 설계와 개발, 강의를 통한 전달식 교육방법, 만족도 평가로 이어지는 일련의 교육활동만을 잘 마쳤다고 스스로 만족하고 있는 것은 아닌가. 기업에서 HRD를 하고 있는 사람들에게 고객은 과연 누구인가? 교육에 입과 한 사람들이 좋아했다고 해서 그들이 현업으로 돌아간 뒤에도 지속적으로 비즈니스에 도움이 될 수 있는 교육을 한 것인지 생각해본 적이 있는가. 그 교육과정에 입과 하도록 보내 준 해당 회사가 진정으로 만족하고 도움이 되는 교육이라고 생각할 것인가? 이러한 질문들은 필자들도 또, 이 글을 읽으시는 독자들도 늘 생각하지만 또한 제대로 실현시키기 어렵다는 생각을 갖고 있으리라 믿는다.

보다 근본적인 전제는 HRD는 절대로 교육만으로 해결되는 것이 아니라는 점이다. 교육 없이 HRD가 이루어질 수도 없지만 교육만으로 HRD를 했다고 말할 수도 없다는 의미이다. 이는 진정으로 인적자원개발을 실현시키기 위해서는 HR에 관련된 제반 프로세스와 메커니즘이 모두 연계성을 갖고 작동해야 한다는 것을 의미한다. 따라서 이제까지 미시적으로 교육과정 하나만을 생각하고 접근하는 관점은 근본적으로 인식의 폭과 깊이를 달리 해야 할 필요성이 제기된다.

필자들은 인적자원개발 분야의 지속가능한 성장동력을 찾기 위한 노력으로 다음의 키워드를 제시하고자 한다. 첫째는 현장 중심적이어야 한다는 것이다. 지속가능한 인적자원개발은 바로 현장의 니즈, 현장 구성원들의 목소리에 기초해야 한다는 기본적인 진리를 다시 한번 곱씹어 볼 필요가 있다. HRD의 기획, 개발, 실행, 평가에 이르는 제반 과정은 반드시 현장과의 긴밀한 연계를 통하여 이루어져야 한다. 그러나, 현실적으로 HRD 담당자의 입장에서 긴급한 현안업무에 몰두하다보면, 현장의 소리를 들어야 한다는 점에는 공감하면서도 이를 실천하기가 그리 쉽지 않다는 점에 많은 분들이 동의할 것이라고 생각한다. 이것이 지속가능한 인적자원개발의 연구와 실천을 위하여 극복해야 할 첫 번째 장애물일 것이다.

둘째는 다양성을 존중해야 한다는 점이다. 기업은 앞으로 더욱 다양한 문화적 배경과 성장과정을 갖고 있는 구성원들의 생각과 지식을 한 방향으로 결집하여 조직의 시너지 효과를 창출하는 데 힘을 기울여야 할 필요가 있다. 그것이 바로 기업 경쟁력의 원천이기 때문이다. 인적자원개발 부서는 다양한 조직 구성원들의 생각을 하나의 비전과 목표를 향해 결집시키는 데 중요한 역할을 담당해야 할 것이다. HRD가 경영의 전략적 파트너가 되어야 한다는 말은 결국 기업 경쟁력을 제고 하는 데 얼마나 어떻게 인적자원개발 부서가 기여하느냐에 따라 그 실현 여부가 달려있다. HRD 부서가 비단 교육과정을 기획, 개발, 운영하는 데 국한될 것이 아니라 조직의 문화, 분위기 조성에도 관심을 기울여야 하는 이유가 여기에 있다.

셋째는 인식의 지평을 글로벌로 넓혀야 한다는 것이다. 한국 기업의 무대가 국내 중심에서 글로벌 무대로 확장되고 있으며, 앞으로 이러한 트렌드는 거스를 수 없는 대세가 될 것이다. 국내인력 중심의 인적자원개발에서 현지채용인력까지 포함하는 글로벌 인적자원개발에 대한 관심을 더욱 가져야 할 것이다. 이는 단지 국내 본사의 프로그램을 번역하여 그대로 이식하는 수준에서 벗어나서 현지의 문화와 현실에 적합한 사례의 개발, 적용방법의 모색 등에 있어서 새로운 접근이 필요하다는 의미이다. 이런 관점에서 특히 인적자원개발과 이문화 경영, 문화적 관점이 연계되어야 할 필요가 있다.

넷째는 품질과 성과를 중시해야 한다는 것이다. 운영 후에 효과를 측정하기 어려운 것 중에 하나가 기업에서 이루어지는 교육과정이며, HRD 활동이다. 이는 매우 복잡다단한 요인들이 상호영향을 미치기 때문에 무엇이 교육의 효과인지 도출하기 어렵기 때문이다. 더구나 중장기적으로 인재를 육성하고 개발하여 기업의 성과에 기여하는 일련의 과정에 있어서는 이러한 경향이 더욱 두드러지게 나타난다. 그러나, 그렇다고 하여 품질과 성과에 대한 고려를 도외시할 수는 없는 일이다. 기업의 경영진은 교육에 대한 투자가 이루어지면 반드시 그 결과에 대해서 가시적으로 보기를 원하기 때문이다. 결국 인적자원개발이 존재의 의미를 갖기 위해서는 품질과 성과에 대한 관심을 기획단계에서부터 운영, 평가에 이르기까지 일관되게 가져야 한다. 이를 위해서는 무엇보다도 교육과정 하나를 기획하더라도 왜 필요한지, 무엇을 위하여 하는 것인지, 누구를 위하여 하는 것인지 등에 대하여 냉철하게 자기질문을 해 볼 필요가 있다. 이것이 교육을 위한 교육, HRD를 위한 HRD가 되지 않도록 하기 위한 출발점이다.

　마지막으로는 주변 분야와 연계하는 소통의 미학을 견지해야 한다는 것이다. 인적자원개발이라는 분야는 기본적으로 간학문적(Interdisciplinary) 접근이 필요하다. 교육공학을 공부한 필자들은 인적자원개발 중에서도 교육의 측면에 대한 관심을 갖고 있는 반면, 경영학, 심리학, 사회학 등의 분야에서는 또 다른 측면에서 인적자원개발을 바라볼 수 있다. 우선 인적자원개발 분야의 연구자들부터 학제간 접근에 대하여 보다 열린 마음으로 임해야 할 필요가 있을 것이다. 또한, 기업에서도 조직문화, 노사관계, 인사기획의 제반 분야와 인적자원개발이 밀접한 연관을 맺으며 협업할 필요가 있다. 아울러 HRD가 기업 경영의 다른 분야, 특히 현업부서와 밀접한 연관 관계를 맺을 수 있도록 노력해야 할 것이다.

　집단지성의 시대를 맞이하여 HRD는 새로운 접근이 요구된다. 개인이 혼자서 무언가를 하는 시대에서 여러 사람의 두뇌와 지식, 창의성과 노력을 어떻게 이끌어내고 협력을 촉진할 것인가가 기업 경쟁력의 중요한 열쇠가 되고 있다. 이러한 관점에서 조직차원에서의 협력적 지식구축은 새로운 의미의 지식경영으로서 고려할 필요가 있다. 협력적 지식구축은 특히 e-Learning이 전통적 학습방법을 단지 인터넷으로 올린 하드웨어적 개선 뿐 아니라, 진정으로 새로운 학습 패러다임으로 전환되기 위한 필수적인 요건 중 하나이다. 서로 원거리에 있는 학습자들이 공동의 목표를 위해서 학습하고, 그 과정에서 일어나는 상호작용을 통해서 서로 배우고 익히는 활동들을 통해 개인차원의 학습이 조직차원의 지식으로 승화될 수 있는 가능성을 높일 수 있을 것이다.

우리는 과연 현장의 소리에 얼마나 귀를 기울였으며, 그동안 만들어 낸 숱한 기법과 이론은 얼마나 지속성 있게 실천되고 있는지 다시 생각해보아야 하지 않을까. HRD의 고객인 현장을 도외시하고 있지는 않은지, 학술대회, 컨퍼런스에 현장의 목소리는 얼마나 반영되고 있는지 생각해봐야 할 것이다. 그런 의미에서 HRD의 연구 및 개발방법론에 있어서도 현장과 밀접하게 연계된 접근이 요구된다. HRD 부서에서 임의로 만들어 내는 교육 프로그램이나 인사제도가 아닌, 현장의 목소리와 니즈를 담아내기 위한 노력을 기울여야 인적자원개발 활동의 지속가능성은 배가될 수 있다. 기획단계에서부터 운영, 사후관리에 이르는 제반 과정 속에서 이해관계자들과 소통하는 것은 이제까지 인지적 관점에서 주로 접근했던 교육과는 달리 사회적 관계성의 관점에서 HRD를 바라보는 새로운 관점과 연구방법의 출발점이 될 수 있다.

아울러 최근 기업교육에서 중요한 비중을 차지하고 있는 e-Learning은 진정으로 시대의 필요에 의한 학습방법인지, 아니면 이제까지 반복적으로 이루어져 온 새로운 미디어와 교육적 적용의 끝없는 이어달리기의 바톤 터치일 뿐인지 깊이 성찰해 볼 필요가 있다. 그

동안 새로운 미디어를 교육현장에 적용하려는 노력은 수십 년간 이어져 왔다.

　많은 사람들이 느끼고 있듯이 한국기업의 e-Learning은 최근 수년간 비약적인 성장을 해왔다. 시스템적인 업그레이드와 양적 성장은 세계 최고수준에 이르고 있다고 해도 과언이 아니다. 그러나, e-Learning을 고객인 기업의 학습자들은 어떻게 인식하고 있는지 현실에 대한 성찰이 필요한 시점이다. 다양한 기관에서 e-Learning을 올바로 연구하고, 활용하기 위한 노력을 하고 있지만 여전히 기업의 학습자들은 e-Learning에 대한 회의적 시각을 갖고 있는 것도 부인할 수 없는 현실이라는 것이 우리의 생각이다. 이 점에 있어서도 진지한 논의와 성찰이 필요하다. 일견 한국 기업의 HRD는 세계적으로 견주어 봐도 상당히 높은 수준에 이르렀다고 생각한다. 인적자원에 대한 경영진들의 관심도 역시 매우 뜨겁다. 기업 경쟁력의 원천이 인적자원이라고 생각하는 데에 이의를 제기할 경영자는 별로 없으리라고 본다. 다만 필자들은 이러한 제반 활동들이 지속적으로 이루어져서, 기업경영에 긍정적인 임팩트를 미치는 것은 물론, 우리 기업 구성원 개인의 발전도 함께 이루어지기를 바라는 마음이다. 그리고, 교육공학자로서 그러한 과정에 어떻게 기여할 수 있을 것인지에 대하여 함께 생각해보고자 한다.

　한국기업의 HRD는 매우 빠르게 성장하여 왔다. 그리고 그 성장은 지금도 계속되고 있다. 주마가편(走馬加鞭)이라고 했던가. 지속적 성장이 가능하도록 하기 위해서 현상에 대한 냉철한 성찰을 한 번쯤 해보고 달려보자는 것이 우리가 말하고자 하는 바의 요지라고 하겠다. 인디언들은 한참 빠르게 말을 달리다가 평원에서 잠시 서서 뒤를 바라다본다고 한다. 육신의 달려가는 속도를 영혼이 미처 따라오지 못했을까봐 기다리기 위해서라고 한다. 때로는 이 시대를 사는 HRD 분야의 연구자와 실천가들에게도 인디언의 이런 기다림과 마디맺음의 시간이 필요하지 않을까 생각한다. 대나무가 더 높이 자랄 수 있는 것도 바로 마디가 있기 때문임을 상기해보는 지혜가 필요한 때이다.

차 례

3부

지속가능한 인적자원개발을 위한 지평의 확대 / 171

1부

지속가능한 인적자원개발을 위한

연구관점의 성찰

1. 지속가능성과 인적자원개발

최근 기업경영에서 지속가능성(Sustainability)에 대한 관심이 증가하고 있다. 바로 지속가능경영에 대한 연구와 관심이 높아지고 있는 것이다. 지속가능경영은 본래 기업이 제품이나 서비스의 효율적, 효과적 생산이나 창출에만 관심을 두어 왔던 관점에서 벗어나서 기업이 속한 사회를 생각하고, 환경을 중요시하는 방향으로 이동하고자 하는 취지에서 도입되고 있다. 즉, 기업은 최소의 투입으로 최대의 성과를 창출하는 것이 최고의 미덕이라는 생각만을 가지고 경영활동을 해서는 단기적으로 높은 성과를 올리더라도 그것이 장기적 관점에서 볼 때 지속적으로 이어지지 못할 수 있다는 관점의 도입이 필요하다는 의미이다. 100년, 200년을 넘겨가면서 존경받는 장수기업이 되기 위해서는 사회 속에서 사랑받는 기업, 환경친화적인 기업이 되도록 최대한의 노력을 기울여야 할 것이다. 효율성, 효과성만을 추구하는 산업사회적 패러다임에서 환경, 안전 등 사회적 측면까지 생각하는 지속가능형 경영의 추구로 생각을 전환해야 하는 시점이 바로 지금이라고 할 수 있다. 하이브리드형 자동차, 친환경 에너지에 대한 연구, 지구 온난화에 대한 초국가적 관심이 높아지는 사회적 현상은 바로 이러한 지속가능경영의 필요성을 다시금 상기시켜주는 방증이 되고 있다.

  그렇다면 여기서 우리는 왜 지속가능한 인적자원개발에 대하여 말하고자 하는가. 인적자원개발과 지속가능성은 무슨 관계가 있는가. 우선 인적자원개발 활동은 중장기적인 관점을 가지고 해 나가야 하는 특성을 가지고 있다. 예컨대 해외 법인장 후보자를 양성하는 과정을 생각해보면, 이해가 쉬울 것이다. 단순히 외국어 교육과정을 이수하여 외국어 구사능력이 뛰어나다고 해서 법인장이 될 수 있는 것은 아니다. 법인장으로서 적게는 수십명, 많게는 수천명의 현지채용인력을 관리하기 위한 리더십 능력이 단시간내에 키워지는 것도 아니다. 더구나 한 두 개의 리더십 교육과정을 수강했다고 해결할 수 있는 문제는 더더욱 아닐 것이다. 법인장으로서 필요한 종합적 경영역량을 갖추기 위해서는 개인도 부단히 노력해야겠지만 HRD 측면에서도 양성교육으로 끝나지 않고, 현장의 업무를 통해서 성장할 수 있도록 지속적인 관심을 가질 필요가 있는 것이다. 이러한 과정에 입과하여 양성되는 인력 풀(Pool)에서 적합한 사람을 검증해내고, 선발하는 프로세스 또한 중요하며 이러한 선발의 단계와 교육의 단계가 밀접한 연계성을 맺으며 기능해야 하는 것이다. 인적자원개발은 이와 같이 종단적인 면에서 중장기적인 관점과 횡단적인 측면에서 관련 부문과의 협업이 필요하기 때문에 교육과정의 기획, 개발, 운영이 중요한 것은 두말할 나위가 없거니와 인사관리, 조직문화 등 해당 인적자원을 둘러 싼 주변 분야에도 세심한 관심이 필요한 분야이다.

  그러므로, 인적자원개발을 담당하는 부서와 담당자들은 그 영역에 대한 관심의 지평을 넓고 깊게 확대해야 할 필요가 있다. 인적자원개발의 지속가능성에 대한 관심은 미시적 접근에서 벗어나 보다 큰 틀에서 기업 인적자원을 조망해보는 거시적 관점의 도입과 배양을 필요로 한다. 인적자원개발은 해당 기업의 문화적 풍토, 제도적 변화, 경영진의 관심, 현장의 호응과 동참을 통해서 단기적 교육효과의 만족 수준을 벗어나서 기업 경영에 여운이 길게 미치는 긍정적 효과를 지속적으로 창출해낼 수 있어야 한다. 그것이 기업의 경영환경이 급변하고, 모든 것이 불확실해지는 현실에서 인적자원개발 분야가 경영의 중요한 활동으로서, 경영진의 전략적 파트너로서 존재의 이유를 찾을 수 있는 방법이다.

본서에서 필자들이 제시하는 지속가능한 인적자원개발이라는 개념은 지속가능한 학습 생태계의 차원에서 HRD를 제안한 유영만(2006)의 연구와 맥을 같이 한다. 조직문화적 관점, 사회적 관계망, 사회문화적 적실성 속에서 HRD의 지속가능성을 논하고자 하는 관점에서 유영만(1998, 2002, 2006 외 다수)에 의한 지속적인 연구는 본서를 저술하게 된 모티브와 본서 전반에 걸쳐 일관되게 흐르고 있는 이론적 기반 구축에 많은 공헌을 하고 있다.

교육공학에서 인적자원개발을 생각할 때 주로 논의되는 분야는 기업교육이다. 교육과정을 어떻게 잘 개발하고 운영할 것인가, 얼마나 학습효과를 높게 만들 것인가에 대한 관심은 주로 미시적 관점에서 세부적인 교수설계로서 적용되어왔다. 미시적이고 세부적인 교수설계는 매우 중요한 요소이다. 그러나 인적자원개발의 지속성이라는 관점에서 보면 미시적 접근 뿐 아니라 보다 큰 틀에서, 보다 체제적인 관점에서 교육과정을 생각해보는 것이 필요하다. 교육과정도 기업교육 체제를 구성하는 한 요소로 바라보는 것이 필요하며, 더 나아가서는 기업교육 체제도 인적자원개발이라는 상위체제의 관점에서 조망해보는 접근법이 필요하다는 의미이다. 아울러 인적자원개발도 인적자원관리, 노사관계, 조직문화 등 HR이라는 복합적 체제의 요소로서 다른 부문과 연계성을 가질 수 있도록 설계하고 운영하는 것이 필요하다.

지속가능한 인적자원개발은 이와 같이 교육과정 하나, 프로그램 하나에 대한 단편적 접근보다는 전체적이고 통합적인 접근에 의하여 만들어질 수 있다. 이를 위해서는 우선 HRD를 바라보는 철학적 관점에 대한 근본적 성찰이 필요하다. 효율성, 효과성을 추구하지 말자는 의미라기보다는 거기에 덧붙여서 생각해야 할 관점을 추가적으로 고민해야 한다는 의미로 생각하면 좋을 것이다. 어차피 기업 현장에서는 결과적으로 높은 성과를 창출해야 한다는 관점에서 보면 효율성, 효과성을 간과해서는 안 된다. 그러나, 효율성과 효과성에만 경도되어 이것이 얼마나 지속적으로 높은 성과를 창출하는 데 도움이 될 수 있는지, 또 그렇게 하려면 무엇을 어떻게 해야 하는지에 대한 고민을 하지 않는 것은 문제라는 의미이다. 어쩌면 '효율성의 추구'라는 것도 다양한 논리와 관점 중의 하나로 받아들여야 할 지 모르겠다. 그런데 효율성은 시간관념과도 연관이 있다. 무조건 빠르게 연구결과를 얻는 것이 능사가 아니라는 너무도 평범한 진리를 우리는 간과하며 살고 있지 않을까. 현장 속에 침잠하는 묵힌 진땀이 묻어나도록 연구하는 자세야말로 '가볍게, 빠르게'를 외치는 사회를 잠시 붙잡아 쉬게 할 수 있는 나뭇등걸이 될 수 있지 않을까.

지속가능한 인적자원개발을 위해서는 연구관점과 방법에 있어서 새로운 접근방법이 요구된다. 신에 대하여 한 인간으로서 자아를 찾고자 했던 계몽주의에서 시작되어 근대에 와서 모더니즘으로 대표되는 실증주의적 연구방법론은 보편타당하다고 받아들여지는 과학적 이론과 지식을 실험적으로 설계된 환경과 현상에 적용하여 객관적으로 증명하는 것을 목적으로 하고 있다. 여기에는 다른 논리와 관점을 이해하고 수용하는 개념이 끼어 들 공간이 전혀 없다. 실증주의적 패러다임의 논리에 의한 설계와 검증, 통계적 수치의 분석만이 존재할 뿐이다. 즉 현장의 소리를 반영할 수 있는 여지가 매우 적다는 것을 의미한다.

이에 대하여 모더니즘의 한계를 인식한 반작용으로 일어난 포스트모더니즘은 표준화, 일반화, 획일화를 부정하고 다원주의의 인정, 갈등과 타협을 수용하고 있다. 특정한 현상을 보는 관점이 바뀐 새로운 패러다임을 적용한 연구관점에서는 하나의 논리나 관점이 옳고 그름에 대한 논쟁을 초월하여 다양한 논리중의 하나를 인정하고, 그 중에서 특정한 상황에서 관련당사자 또는 구성요소간의 합의에 의한 진리를 중요시한다. 결국 절대적인 진리는 없다는 것이다.

2. HRD의 똘레랑스를 지향하며

지속가능한 인적자원개발을 위하여 필요한 현장 중심적 접근, 다른 부문과의 연계성을 가진 관점을 도입하기 위해서 제안하고자 하는 개념은 똘레랑스이다.

관용으로 번역되는 똘레랑스는 절대적인 진리를 인정하지 않기 때문에, 어느 일방의 생각이 절대적으로 옳다고 생각하지 않는다. 합리적인 토론과 설득으로 다른 의견을 가진 쪽과 합의점을 찾아가고 차이와 다양성을 존중해야 한다는 시각이 담겨져 있다.

하승우(2003, p49~66)는 똘레랑스의 원리를 다음과 같이 정의하고 있다.

　첫째, 인간의 완전함에 대한 부정이다.

　똘레랑스는 인간의 문제를 '인간답게 다루자'는 것이다. 갈수록 복잡해지는 현대사회에서 모든 것을 안다는 것은 가능하지 않다. 자기생각만 고집하는 것은 편협한 것이고 똘레랑스는 그런 편협함을 버리는 것이다. 똘레랑스는 자기중심주의의 포기라고 얘기한다. 자기라는 중심을 버릴 때 또 다른 자아인 타자를 받아들이고 그 목소리를 들을 수 있다는 것이다.

　똘레랑스는 부정의 논리인 동시에 긍정의 논리다. 완전함을 부정하는 한편 자발성을 긍정한다. 똘레랑스는 완전무결함을 부정하지만 진리에 다가서기 위해 노력하는 개인의 자발성을 존중한다.

　둘째, 양심의 자유를 옹호하고 극단을 거부하는 태도이다.

　똘레랑스를 실천하는 사람은 무조건 참고 견딜 것이 아니라 똘레랑스를 지키기 위해 어느 선에서 멈춰야 할지를 알아야 한다. 똘레랑스는 못본 척 지나가는 것이 아니라 똘레랑스할 수 없는 것들에 저항하는 것이다.

　셋째, 이성적인 토론과 설득이다.

　똘레랑스는 잘못된 의견이나 행동을 힘이 아니라 토론과 논증으로 설득하는 것이다. 말과 설득이 아닌 다른 수단 즉 폭력이나 강제력을 사용한다면 그것은 자신의 믿음이 진리일 수 없음을, 남을 설득한 능력이 자기에게 없음을 스스로 인정하는 것이다.

　똘레랑스는 이성에 바탕을 둔 토론과 설득으로 진리를 실천하는 사람들 속에서 실현된다.

　넷째, 차이와 다양성의 존중이다.

'뭉쳐야 산다.'는 말을 금언으로 믿고 살아온 우리에게 차이와 다양성을 인정하라는 똘레랑스의 원리는 낯설게 느껴질지 모른다. 우리는 차이를 존중하다보면 공동체의 단결이 무너지지 않을까 우려한다.

똘레랑스는 유사성과 다양성을 인정할 것을 동시에 요구한다. 똘레랑스는 차이를 인정하지만 공익과 진리를 위해 유사성을 받아들이게 하며 그래서 사회질서를 파괴하지 않고 오히려 탄탄하게 세운다. 차이와 다양성을 인정하면서 유사성의 질서를 지킬 수 있으려면 모든 사람이 동등하게 기회를 가져야 한다. 그래야 누구나 자신의 목소리를 낼 수 있고 그래야 서로를 무시하지 않고 평화로우며 유용한 질서를 만들 수 있다.

똘레랑스적 관점을 기업의 HRD에 적용해보면 어떨까. 복잡해져 가는 현대사회의 현상을 놓고 보면 통제된 환경에서 체계적으로 설계된 연구에서 나오는 결과물이 얼마나 의미를 가질 수 있을지 의문시된다는 점을 우선 생각해볼 수 있다. 이러한 상황에서 기업의 HRD 실천가는 오히려 현장 속으로 몰입하여 조직 구성원들과의 다양한 관계맺음을 통하여 더욱 복잡한 그들의 일상을 관찰하고 기술해야 할 뿐 아니라 숨겨진 의미까지를 음미할 수 있어야 하겠다. 조직 구성원들의 숨겨진 일상들이 의미로 다가오려면, 차이와 다양성을 인정해야 하며 또한 유사성의 질서를 지켜야 하는 것이 진정한 똘레랑스가 될 것이다. 그러기 위해서는 HRD 실천가와 조직 구성원간의 관계는 동등해야 하며, 서로 존중하는 겸허한 자세를 견지해야 할 것이다. 사실, 이렇게 평범하면서도 당연한 진리를 무심코 지나치지는 않았는지 다시 한번 돌이켜 생각해 볼 필요가 있다.

기업의 인적자원개발에서 똘레랑스적 가치를 실천한다는 의미는 조직 구성원들이 스스로 자신의 가치를 되찾고, 자신의 가치를 발전시켜 나갈 수 있도록 지원해주는 것을 의미한다. 기업의 HRD가 진정으로 전략과 연계되고, 성과를 내기 위해서는 조직 구성원들의 목소리를 생생하게 담고 있어야 하며, 다시 그들에게 그 열매를 돌려주는 것이어야 한다. 그것이 기업 HRD를 연구하면서 똘레랑스적 가치를 재조명하는 의미이기도 하다.

지속가능한 인적자원개발을 위한 연구와 실천은 이제까지와는 다른 접근방법을 필요로 한다. 똘레랑스라는 개념을 HRD에 연계시켜 본 것도 현장의 소리에 귀를 기울이고, 현장에 도움이 될 수 있는 방법을 찾는 것이 어려운 기업환경일수록 HRD가 그 존재의 의미를 재조명하는 데 필요한 관점이라는 생각에서이다. 생동감 있는 인적자원개발의 방법에 대하여 깊이 생각해봐야 할 시점이다.

3. HRD를 바라보는 대안적 시각

다양성을 수용하지 못하는 HRD는 마치 다음에 나오는 비유에 비추어 생각해볼 수 있다. 우리는 HRD를 하면서 어떤 생각과 관점을 가지고 교육체계를 수립하고, 교육과정, 프로그램을 개발하여 왔는지 함께 생각해볼 필요가 있다.

곤충을 세 부분으로 나누면 무엇입니까? 라는 물음에 교사가 생각하는 정답은 '머리, 가슴, 배'이지만, 어린이가 생각하는 답은 '죽는다.'이다. 이것은 광수생각이라는 만화(2000년 4월8일)에서 나오는 한 장면이다. 우스운 장면이지만 사실은 곤충이라는 생명체를 인식하는 데 있어서 중요한 관점의 차이를 나타내고 있다.[1]

실제로 곤충을 삼등분하면 머리, 가슴, 배로 나누어지는 것이 아니라 죽게 된다. 머리, 가슴, 배로 나누어질 수 있다고 생각하는 것은 결국 곤충이라는 존재를 하나의 생명체로 보지 않고, 편의에 따라 언제든지 쪼개고 나누었다가 다시 붙일 수 있는 것으로 착각하는 것이다. 곤충이라는 하나의 존재가 완성되기 위해서는 곤충의 몸을 구성하고 있는 여러 개의 기관들이 상호 연관되어 유기적으로 작용해야 한다. 각 부분을 나누어 생각할 수 없는 생명을 지닌 하나의 체제로서 존재하고 있는 것이다(유영만, 2003). 여러 개의 기관을 따로 떼어 생각할 수 있다는 것은 논리 실증적인 인식론에 기초하고 있다. 현대 사회과학의 인식의 틀인 요소환원주의(Reductionism)는 모든 사물이나 현상을 가장 작은 단위로 잘게 쪼개고 분석하여 본질을 파악할 수 있음을 주창하였다.

이러한 요소환원주의는 근대를 휩쓴 논리 실증적 과학을 표방하는 모더니즘의 강력한 지지를 받고, 행동주의(Behaviorism)의 모태가 되었다. 예를 들어 HRD의 중요한 방법론 중 하나의 교수설계(ISD)도 태동당시의 시대적 컨텍스트였던 행동주의의 영향을 받아서 사전에 수립된 목표를 달성하고 교수학습과정의 치밀한 사전설계, 잘게 쪼갠 과제의 분석 등을 통하여 직선적, 순차적으로 전개되는 교수설계의 과정을 따라가는 형태의 기본전제를 지금껏 고수해오고 있다. 이와 같은 논리실증적인 인식론을 뒷받침하기위한 연구방법은 자연스럽게 통계적 수치로 나타낼 수 있는 실험설계가

---

1) 유영만(2002)이 '교육공학의 학문적 지평확대와 깊이의 심화'에서 질적연구방법을 위하여 제시한 곤충과 숲의 관계에 대한 아이디어를 차용하였다.

가장 논리적이며 타당도와 신뢰도를 확보할 수 있는 방법으로 인식되어지고 있다. 이러한 양적연구방법은 현재도 기업교육 연구방법론의 주류로 활용되고 있다.

그러나, 실험실에서는 통제할 수 있는 변인이라 할지라도 현실세계에서도 똑같이 적용될 수 있을 것인가? 현실세계에서도 모든 요인들이 연구자의 의도대로 정해진 순서에 따라 작용하고 있는가? 만일 그럴 수 있다면, 왜 수많은 교육현장의 문제들은 수많은 처방을 내리고 개선을 시도해도 여전히 풀리지 않는 과제로 남아있는 것일까?

곤충의 예에서도 알 수 있듯이, 하나의 생명체로서 존재하는 곤충을 각 부분별로 떼어서 분석한다고 하여도 본질에 대한 올바른 분석은 이루어질 수 없다. 교육현장을 바라보는 시각도 이와 같아서, 지엽적인 현상에 대하여 그 부분만 치유한다고 해서 본질적이고 근원적인 문제가 해결되지는 않는다. 현실은 그렇게 단순명료하지 않으며, 확실하지도 않다. 우리는 현실세계가 복잡다단하고 역동적이며, 애매모호하다는 것을 인정해야 할 필요가 있다. 조직의 리더는 오케스트라의 지휘자와 같으므로 조화와 일치를 이루어 한 방향으로 나갈 수 있도록 하는 것이 리더의 역할이라는 연구를 본 적이 있다. 그러나, 현실에서 조직의 제반 요인들이 과연 오케스트라가 연주하는 악보처럼 규칙적이며 질서정연하게 작용하고 있는지 다시금 생각해볼 필요가 있다. 오히려 재즈 연주팀의 리더가 다양한 음악적 성향을 지닌 연주자들이 즉흥적으로 음을 맞추어 하나의 연주로 승화시켜 내는 과정을 연구하는 것이 맞지 않을까(유영만, 2003).

숲에서 곤충을 잡아오면, 곤충은 이제 곤충으로서의 존재의 의미를 상실하게 된다. 곤충은 그 하나로서 존재하는 것이 아닌 다른 곤충과 관계를 맺으며 더 나아가서는 삶의 터전인 숲의 일원으로서 관계망을 형성하면서 살기 때문이다. 실험실을 아무리 숲의 환경과 유사하게 만들어놓는다 하더라도 이와 같은 사회적 관계를 무시하고서는 현상의 본질에 다가갈 수 없을 것이다. 곤충은 곤충의 컨텍스트가 있듯이 사회현상은 그 나름대로 컨텍스트(Context) 속에서 존재한다.[2] Context라는 영어 단어에서 '더불어, 함께'라는 의미를 지닌 접두어 'Con-'을 빼고 나면 'Text'가 남을 뿐이다. 결국 주변의 환경과는 유리(遊離)되는 교과서적 지식이나 사물을 논하게 되는 결과를 낳는다.

실험설계로 대변되는 양적연구는 바로 위와 같은 컨텍스트를 간과할 우려가 크기 때문에 이에 대한 대안으로 분석 이전에 전체의 모습과 실상을 꿰뚫어 통찰하고 개체들간의 관계론적 본질을 포착한 다음 관계망에 얽혀있는 구성요소들의 독립적 기능이 전체와 어떤 유기적 상호작용을 하고 있는지를 파악할 필요가 있다.

연구가 연구자체로서만 의미를 갖도록 하는 것만으로 연구자, 전공자들이 사회적인 역할을 다하는 것인지, 일반대중의 삶과는 격리되고 어렵고 복잡한 언어로 현장의 문제를 설명하고 기술하는 것이 연구자의 현학적 허세로 비춰지지는 않을지 고심해야 한다. 비록 투박하고 거칠더라도 현장의 소리를 담은 생생한 연구, 우리와 직접적으로 관련이 있는 연구를 통해서만이 현장의 문제를 제대로

---

2) 컨텍스트에 대한 논의는 김영민(1998) '탈식민성과 우리 인문학의 글쓰기'에서 제시한 컨텍스트의 해석학에서 아이디어를 차용하였다. 이러한 논의는 유영만(2002) '교육공학의 학문적 지평확대와 깊이의 심화'에서도 시도되었다. 본서에서는 이와 같은 선행연구에서 제시한 의견에 동의함과 동시에 필자들의 생각을 정리하는 모티브로 활용하고 있다.

분석할 수 있기 때문이다.

현장이 빠진 현장연구, 그래서 학자들만이 어려운 외국학자들의 글을 인용하여 참고문헌에 달아놓은 논문중심주의 연구(김영민, 1998)때문에 진정으로 교육현장을 고민하고, 개선된 길을 찾아보고자 하는 현장의 목소리는 없이, 오직 통계수치의 소수점 차이만을 놓고 연구의 오류와 타당성을 논하고 있지는 않은지 우리의 현실을 진지하게 돌아봐야 할 차례이다.

1. 지식과 학습에 대한 재인식 필요성

현대사회에서 개인의 생애는 더 이상 단순히 학교와 직장의 이분법적인 전통적인 모형에 의해 구분되지 않는다. 그 대신 두 영역 사이에서 비정형적이고 불규칙적인 이동이 지속적으로 일어나게 된다.

현대사회에서 현재 일어나고 있는 급속한 변화들은 전통적인 교육, 학습의 의미를 근본적으로 바꾸어 놓고 있다. 현재의 변화들을 이해하기 위해서는 학습의 개념에 대하여 역사적으로 변모해온 과정을 살펴볼 필요가 있다. 산업화 시대 이전의 농경사회에서는 삶 자체가 학습이었고, 살아가기 위해서 배웠으며, 배움으로써 삶을 영위하였다. 삶과 학습이 유리(遊離)되어 있지 않은 일상학습이 자연스럽게 일어나는 시대였다고 할 수 있다.

산업사회로 넘어와서, 학교라는 공식적인 교육체제가 등장하면서 삶과 학습은 별도로 분리되기 시작했다. 사회에서의 삶을 준비하기 위한 과정으로서 교육을 생각하게 되었고, 학습은 직선적이고 순차적인 형태로 진행되어야 한다는 관념이 싹트게 되었다. 이와 함께 책에 나오는 지식을 잘 암기하고, 재현할 줄 아는 것이 학습이라고 인식하게 되었다.

현대사회는 과학기술이 급속하게 발전하고 있으며 이로 인하여 지식의 주기가 기하급수적으로 단축되고 있다. 따라서 정해진 틀에서 주어진 내용만을 지식으로 생각하면 학습하는 것과 거의 동시에 용도 폐기되는 경우가 점점 많아지고, 몇 개월만 특정분야에 관심을 갖지 않으면 바로 뒤처지게 되고 있다. 특히 새로운 기술과 서비스의 개발이 경쟁력의 원천이 되고 있는 기업에서는 이러한 현상이 더욱 두드러진다. 또한, 이러한 과학기술의 발달은 직업을 전문화, 세분화함으로써 과거에 존재하지 않았던 새로운 직무에 적응해야 할 필요성을 높게 만들고 있다. 현대사회에서 학습은 산업화 시대에서 상실되었던 삶과 학습의 일체성이라는 본래 모습을 회복하는 것을 의미할 것이다. 이미 학습은 그 자체로서 제한이 없는 삶의 한 방식이었기 때문이다.

2. 기업교육 현장에서의 학습의 의미

사회적 환경의 변화를 인식하고 나면, 기업교육 현장에서 학습에 대한 의미를 다시 생각해 볼 필요가 있다. 교육에 참여하고 나서 집합교육 자체에 대한 만족도는 높지만 그것으로 교육의 효과성을 판단하기는 어렵다. 보다 중요한 문제는 교육과정을 통하여 학습한 지식이나 기술 또는 리더십 역량이 업무수행에 얼마나 오래 긍정적 영향을 미치는가에 대한 논의이다. 학습한 내용의 현장 적용에 대한 문제는 HRD가 경영에 얼마나 기여할 수 있는가에 대한 존재의 이유에 대한 이슈가 될 수 있다.

이를 위해서 첫째, 교육과정에서 학습한 내용이 현업에 전이되는 기회가 부족하지는 않은지, 둘째 사업 및 조직과의 연관성은 어떠한지, 셋째 학습하는 방법을 학습할 수 있도록 하는 비판적 성찰의 기회를 충분히 제공하고 있는지, 넷째 상호작용과 관련하여 일방적인 전달로만 그치는 문제를 안고 있는 것은 아닌지 생각해 볼 필요가 있는 것이다.

지식기반 사회의 도래와 더불어, 지식의 주기는 갈수록 단축되어 가고 있으며, 그 양 또한 폭발적인 증가 추세에 있다. 정형화된 지식을 텍스트에 담아서 주입하는 공식적인 교육방식으로는 이제 더 이상 급변하는 현실에 대응할 수 있는 해결방안을 제시하지 못하게 되었다. 지식이 기업경영의 중요한 요소로 주목받으면서, 지식을 창출하고 공유하는 주체인 인적자원의 경쟁력이 기업의 경쟁력으로 자리매김 되고 있다. 그러면, 지식기반사회에서 지식의 의미는 무엇일까? 지식의 의미에 대한 인식론은 결국 학습에 대한 개념과 학습방법론을 결정하는 기반이 될 것이다. 지식을 창출하고 공유하는 것은 다시 말하면, 학습의 과정에 다름 아니기 때문이다.

산업사회 이후 학습의 맥락에서 논의되는 지식의 의미는 명제적 지식이다. 언어로서 표현할 수 있는 명제가 지식이며, 학습의 성과도 언어적 명제를 얼마나 잘 재현할 수 있는가를 평가하는 데 중점을 두어 왔다. 따라서, 명제적 지식을 가르치기 위해서 정해진 교실(환경)에서 교수자가 설명하는 내용을 듣고, 수용하는 형태로 교육이 이루어져 왔다. 교육은 텍스트 내에서 주어진 지식만을 획일적이고 균등하게 학습자들에게 전달하는 것으로 인식되었다. 산업사회에서는 이러한 교육방식이 적합하다고 할 수 있었다. 마치 이것은 균일한 제품을 대량 생산하기 위하여 도입한 방식과 유사한 개념이라고 하겠다. 이러한 전달식 수업체제 하에서 교육은 교수자의 수준을 넘어설 수 없다는 말이 설득력 있게 받아들여져 왔다.

지식기반 사회로 진입하면서, 포스트모더니즘의 사조(思潮)는 실제 세계가 강의식 교육에서 설명하는 것처럼 단순하지 않으며, 복잡한 현실을 반영하는데 한계가 있다는 것을 노정(露呈)시켜왔다. 이러한 환경적 변화에서 교수자가 전달하는 한정된 지식의 수용만으로는 현실과의 괴리감을 좁힐 수 없게 되었음을 인식하게 되었다. 오늘날 교육의 위기는 현실을 제대로 반영하지 못하는 교육과 앎과 실천에 대한 목마름으로 지친 학습자간의 좁히지 못하는 거리감을 여실히 보여주고 있다는 지적에 귀를 기울일 필요가 있다. 배운 것을 실제로 활용하지 못하는 화석화된 지식의 일방적 전달은 마치 산업사회에 공장에서 제품을 생산하는 방식(Mass Production)과 전혀 다를 바가 없는 것이다.

경쟁기업에 비해 우위를 점하기 위해서는 새로운 지식과 기술의 창출이 절대적으로 필요한 경영요소가 된지 오래이다. 지식은 전통적인 경영의 요소인 토지, 노동, 자본 외에 핵심요인으로 자리 잡게 되었다. 여기에서 말하는 지식의 의미는 무엇인가?

Polany에 의하면 지식은 명시적 지식과 암묵적 지식으로 분류할 수 있다. 지식의 두 가지 측면은 상호보완적이다. 기업에서 일어나고 있는 교육현상은 위와 같은 지식을 얼마나 반영하고 있는가? 급변하는 경영환경 속에서 교재를 만들어서 거기에 정형화된 정보를 담고, 강사를 통하여 가끔 한 번씩 집합교육을 실시하고 있는 현실에서 기업의 경쟁력을 제고 할 수 있는 지식과 기술의 창출에 기업교육은 얼마나 기여하고 있는가에 대하여 깊이 성찰할 필요가 있다. 이러한 관점에서 볼 때 여전히 교육의 제공자가 모든 것을 완벽하게 계획하고 설계하여, 학습자들에게 제공해주어야 하는 "교육주의"3) 패러다임에 머물고 있는 현실을 부인하기 어렵다.

학습조직의 유행이 지나가고, 몇년전 지식경영이 사회적인 화두가 되었을 때, 우리의 기업에서는 어떻게 지식경영을 이해했던가. 지식경영이 경영의 모든 것을 해결해줄 수 있을 것처럼 기대를 한 몸에 받았지만, 결국 또다시 역사의 뒤안길로 사라져버리고 있는 현실을 간과해서는 안 될 것이다. 학습조직, 지식경영이 지나가고 난 이후, 무엇이 그 자리를 대체하는 유행이 될 것인가. 이제 막 논의가 시작되고 있는 CoP(Community of Practice, 실천공동체)는 그 대안이 될 수 있는가? 이렇게 새로운 유행과 사조를 쫓아다니는 것은 HRD의 지속가능성을 제고하는 데 도움이 되지 못한다. 결국, 학습조직이든, 지식경영이든, 또 실천공동체이든 결국 단어를 구성하고 있는 요소들을 근본적으로 해체하여 그 의미를 제대로 파악하려는 노력이 선행되어야 할 것이다. 이러한 노력은 결국 명확한 철학적, 인식론적 기반위에서 현실에의 적용이 고려되어야 함을 의미하는 것이다.

지식경영에서의 지식은 Polany의 연구에서처럼 명시적 지식과 암묵적 지식으로 나누어 볼 수 있는데, 우리의 기업들은 명시적 지식의 경영에만 치우친 나머지, 보다 중요한 암묵적인 지식을 간과한 측면이 있다. 지식에서 암묵적인 요소를 제외하게 되면, 결국 정보에 머무를 수 밖에 없다. 지식은 그 자체로서 독립적으로 존재하는 것이 아니라, 사람의 내면에 내재되어 경험과 인식체계 내에서 상

---

3) 김신일(2006)은 교육주의와 학습주의에 대한 성찰을 제시하였다. 여기에서는 그의 연구를 모티브로 하여, 기업현장에서 교육주의는 교수자 중심, 정형화된 자료의 제공과 정보의 습득을 통한 정답찾기 등을 의미하는 반면, 학습주의는 학습자가 주체적, 창의적으로 실천적 지식을 습득하고 적용할 수 있도록 하는 패러다임을 의미하는 것으로 해석하였다.

황맥락적으로 존재하기 때문이다. 명시적으로 도출한 지식은 더 이상 상황맥락적이지 않기 때문에 결국 지식경영시스템으로 공유하더라도 상황에 따라 다르게 적용될 수 있을 것이다. 경영은 지식 그 자체를 별도로 관리하자는 차원이 아니라, 그 조직의 구성원들끼리 공유된 가치체계 내에서 각기 다른 상황맥락과 선행경험을 가지고 그 의미를 구성하는 것으로 생각해볼 수 있다. 이와 같은 현상을 촉진하기 위해서 기업은 토대가 되는 조직의 문화적 토양을 구축하는 데에 주력해야 할 것이다.

3. 다시 생각해보는 학습의 意味

기업교육 분야가 최근 몇 년간 이루어온 외형적인 성장은 매우 괄목할만하다. 이는 비단 대기업 뿐 아니라, 전체 기업을 놓고 보아서도 대단한 양적인 성장이 진행되고 있다고 할 수 있다. 특히, 최근 들어 정보통신 테크놀로지를 활용한 기업교육은 이를 제공하는 교육기관과 교육담당자에게는 양적인 실적을 안겨다주었지만, 과연 실제로 교육과정을 통하여 학습하는 임직원들은 어떤 생각과 인식을 가지고 기업교육을 대하고 있는지 현장의 진솔한 목소리에 귀를 기울여야 할 것이다. 기업의 임직원들은 기업에서 제공하는 교육이 얼마나 자신의 업무 수행능력이나 성장에 도움이 되고 있다고 생각하는지, 경영자들은 교육과정에 구성원들을 투입하는 시간과 비용에 대비하여 얼마나 성과 있는 교육이라고 생각하는지 진지하게 질문해 볼 필요가 있다. 일반적으로 교육비용이라고 하면, 교육과정 자체에 투여된 시간, 교육 경비, 시설 사용비 등을 합쳐서 계산하지만 교육과정에 참여하는 조직 구성원들이 업무를 직접적으로 하지 못하는 데서 발생하는 시간적, 재무적 기회비용을 감안하면 실제 교육비용은 크게 증가할 것이다.

따라서, HRD가 조직 내에서 정말 필요한 활동이라는 인식과 공감대가 형성되도록 하는 것이 우선 중요하다. 이를 통해서 HRD의 지속가능성이 제고될 수 있을 것이다. HRD부서는 그러한 관점에서 현재의 인적자원개발과 관련 된 제반 활동의 현상이 어떠한지 성찰할 필요가 있다.

이를 위하여 첫째, 현재 기업교육체제는 얼마나 학습자에게 자기주도적인 학습기회를 부여하고 있는지 성찰해 볼 필요가 있다. 기업교육을 기존 교육의 패러다임을 대체할 수 있는 획기적인 학습무대의 전환이 필요하다는 주장과는 달리, 결국 이제까지 산업사회에서 이루어져 온 교실의 전달식 수업형태를 그대로 답습하고 있는 단계에 그치고 있는 것은 아닌지 돌이켜봐야 할 것이다.

둘째, HRD 부서의 실적 관리를 위하여 기업교육 과정 입과를 인식하고 있지는 않은지 냉철한 성찰이 필요하다. 개인의 역량개발은 이제 기업에 몸담고 있는 모든 사람들의 필수적인 요소가 되었다. 교육이수실적을 점수화하여 평가하는 제도를 갖고 있는 현실도 문제지만, 그렇게라도 하지 않으면 학습의 기회를 찾기 어려운 기업의 현실적 배경이 큰 영향을 미치고 있다. 즉, 이 문제는 기업교육이 기술공학적으로 효율적인지(efficient), 또는 교수설계를 통하여 학습효과가 있는 것인지(effective)의 차원을 넘어서 기업의 현실과 사회문화적 맥락으로 지속적인 성장가능성이 있는 것인지(sustainable)의 차원에서 논의되어야 할 것이다.

셋째, e-Learning의 학습 현상에 대한 검토가 필요하다. e-Learning

에 참여하는 학습자들이 바쁜 업무로 학습할 시간이 없어서 진도 따라가기에 바쁘고 의무적인 참여를 통하여 할당된 학습을 마치고 있는 것은 아닌지 성찰해야 한다. 만약 그렇다면, 그러한 현상을 해결하기 위한 대안을 모색해야 할 필요가 있다. 이와 같은 문제가 발생하는 것은 기업교육체제가 기업현장을 구성하고 있는 요인들의 조직문화적 맥락과 불일치하는 요소를 갖고 있기 때문인 것으로 생각된다. 기업현장은 매일 급변하는 상황에 끊임없이 대응해나가야 하고, 미래의 전략을 모색하는 활동으로 이루어지고 있다. 따라서, 업무시간에 학습 자체만을 위한 학습을 하고 있는 것은 한국 기업문화의 정서상 용인되기 어려운 요소를 갖고 있으며, 업무에서 이탈하여 장기간 집합 또는 합숙교육으로 자리를 비우기는 더욱 어려운 실정이다. 여전히 교육을 업무에서 분리하여 따로 나가서 쉬면서 재충전하는 시간으로 생각하는 시각이 존재하고 있는 것도 엄연한 현실임을 부정할 수 없다. 이러한 문제에 대한 해결대안으로 e-Learning은 기업에 도입될 때 임직원들을 집합교육이나 합숙교육에 입과 시키는데서 오는 시간과 비용의 부담을 감소시키고, 언제 어디서나 원하는 내용을 학습하여 업무에 직간접적으로 연결시킴으로써 학습과 업무수행의 일치를 도모할 수 있는 대안을 모색한 데서 비롯되었다. 그러나, 현재 기업에서 e-Learning이라는 이름으로 제공되는 교육 컨텐츠는 살아있는 지식이 되지 못하고, 학습자들의 업무에 직접 활용할 수 있는 내용도 별로 많지 않다고 지적하는 일부 고객들의 뼈아픈 비판도 수용적으로 검토해야 할 때가 되었다.

현대의 급변하는 경영환경 속에서 기업교육에서 다루어야 할 지식의 의미는 CoP(Community of Practice)의 개념에서도 보듯이 실천적 지식을 의미한다. 학습해야 할 지식의 의미가 산업사회와 달라졌다면, 이를 학습하는 방법도 달리 해야 할 것이다. 산업사회에서 교육이 암기에 의한 명제적 지식의 축적에 관심을 두었다면, 지식기반 사회에서의 학습은 창의력 향상에 목표를 두어야 할 것이다. 창의력의 배양을 위해서는 학습한 지식을 현장에 적용하고, 현실의 문제를 해결하고 더 나은 사회를 만들어 나갈 수 있는 실천적 지식을 학습하고 공유하는 능력에 기반을 두어야 한다. 학습은 상황맥락적이어야 하며, 과제 자체도 현실적인 내용을 담고 있어야 한다. 문제는 학습한 명시적 지식을 어떻게 현장에 적용할 수 있는 실천적 지식으로 활용하느냐에 있다.

이를 위하여 학습은 개별적인 수준에서 머물러서는 안된다. 삶과 학습의 일체라는 관점에서 볼 때, 인간의 삶 자체는 그가 속한 사회적 맥락 속에서 다른 사람들과의 관계를 맺어가는 과정이라고 할 수 있다. 인간자체의 본질로서 사회적 삶이 필연성을 지니고 있다면, 일상에서의 삶에서 유리되지 않는 학습이 되기 위해서는 학습도 사회적인 맥락을 고려하지 않으면 안 된다. 즉, 조직이든 공동체이든 인간은 사회적 관계망을 형성하면서 살기 때문에 이러한 사회적 관계 속에서 학습을 이해하고, 실제로 공동체내에서의 상호참여를 통해서 학습이 이루어져야 한다. 앞서 언급했던 학습조직, 지식경영, 실천공동체는 모두 학습, 지식, 실천이라는 대상(Object)와 조직, 경영, 공동체라는 방법(Method)으로 구성된 단어이다. 세 개의 개념은 서로 별개의 것이 아니라, 지식기반사회의 도래와 더불어 시작된 기업경쟁력 제고를 위한 학습의 패러다임 변화를 공통적으로 시사하고 있는 것이다. 지식은 학습되어야 하고, 학습된 지식은 현장에 적용할 수 있는 실천력이 담보되어야 한다. 이를 위하여 학습은 조직에서 합법적 주변적 참여(Legitimate Peripheral

Participation)를 통하여 개별 구성원들이 각자의 소속감과 정체성을 확보해가는 사회적 관계형성의 과정으로 풀이될 수 있다(Lave & Wenger, 1991). 학습은 일상적으로 일어나는 활동이라는 인식의 전환이 필요하며, 따로 시간을 내고 한 곳에 모여서 하는 교육이라는 선입관을 버려야 한다. 한 곳에 모인 것 자체만으로 현실과는 괴리감이 발생하기 때문이다. 학습은 실천현장에서 이루어져야 한다. 실천현장에서 각자의 상황에 맞게 문제 상황을 해결하기 위해 스스로 학습함을 통해서 개인의 발전은 물론 소속 공동체의 발전을 도모할 수 있게 된다. 기업자체를 하나의 CoP로 생각해본다면, CoP는 실천공동체이자, 학습의 생태계로서 격리된 개인들의 합으로 모여진 집단으로 바라보는 관점이라기보다는 상호 연결된(Networking) 공동체의 구성원들의 모임으로서 생각해야 할 것이다. 상호 연결된 상태에서는 지식의 창출과 공유가 조직단위로 이루어질 수 있는 가능성을 갖고 있는 것이다. 따라서, 기업에서의 학습은 사회적 관점에서 고려되어야 한다. 이는 조직의 시너지 창출을 통하여 성과를 극대화하는 것을 목표로 하기 때문이다.

그렇게 하기 위해서는 구성원 개개인에게 학습하는 문화의 정착이 필수적으로 수반되어야 한다. 학습하지 않은 상태에서의 공유는 질 낮은 정보의 홍수에 다름 아니기 때문이다. 학습하는 문화는 어떻게 만들어갈 수 있을까. 가장 바람직한 것은 구성원들이 자발적으로 실천공동체를 형성하고, 여기에서 학습이 자연스럽게 이루어짐으로써 기업의 성과로 나타나는 것이겠지만, 현실적으로 기업의 이해와 각 구성원의 니즈(Needs)가 적절하게 조화를 이루기 위해서는 조직 차원의 학습능력을 제고하려는 노력이 필요하다. 이를 위해서 CoP가 활성화될 수 있는 제도적 지원과 환경의 구축이 기업

HRD 부서가 해야 할 역할이다. 개인과 조직의 역량을 개발하여 새로운 지식을 창출하지 못하면 기업의 미래는 없기 때문이다.

4. 메타포로 생각해 보는 HRD 관점

창문과 거울4)은 물리적으로 볼 때 상호 대조적인 속성을 지녔다. 하나의 사물이 그를 지칭하는 하나의 명사로 대별되기 위해서는 그를 설명하고 묘사할 수 있는 몇가지 특성을 지녀야 한다. 창문이 창문으로서 보여줄 수 있는 특성은 무엇인가? 창문은 그 자체로서 보면, 안과 밖의 경계를 표시한다. 창문에서 창을 뺀 문도 경계를 나타내지만, 문과 창문의 차이는 투명성에 있다. 즉 투명한 창을 통하여 비춰지는 바깥세계, 또 밖에서 안을 들여다 볼 수 있는 개방성을 지니고 있는 반면에, 문은 그 하나로서 단절된 의미를 우리에게 주고 있다. 문을 반드시 열어야만 안팎을 통할 수 있게 되기 때문이다. 이런 점에서 문은 극복해야 할 현실의 한계일 수도 있을 것이다.

거울은 어떠한가. 거울은 사물을 사물 그대로 투영하여 보여준다. 창문과 달리 반사할 수 있도록 덧칠되어 있기 때문에 안팎을 서로 통하게 할 수는 없지만, 스스로의 모습을 볼 수 있도록 해준다. 하루를 시작할 때 거울 앞에 서지 않는 사람은 별로 없을 것이다. 거울은 자신의 모습을 있는 그대로 보여주기 때문에 남과의 만남을 갖기 전에 우리는 습관적으로 거울 앞에 서고 있다.

---

4) Jim Collins(2001)의 "Good to Great"에서 제시한 창문과 거울의 메타포를 기반으로 HRD의 지속가능성 제고를 위한 연구와 실천의 관점에서 재해석하였다.

창문은 창문을 통해서 밖을 내다보거나 안을 들여다보는 주체가 있음으로서 비로소 존재의 의미를 가질 수 있다. 주체는 사람이 될 수도 있고, 다른 무엇인가가 될 수도 있을 것이다. 창문을 통해 밖을 내다보는 것은 관찰자의 상태로 볼 수 있다. 밖에서 일어나는 상황들, 상황들 속에 각각의 관계를 맺으며 존재하고 있는 많은 객체들을 관찰할 수 있는 것이다. 이럴 때 창밖을 바라보는 관찰자는 철저한 외부자(Outsider)이다. 외부자는 스스로를 객체들의 복잡다단한 관계 안에 몰입하지 않으며 현상을 일어나는 상황 그대로 기술하고 관찰하게 된다. 어떤 상황을 볼 때 외부자의 시각은 대단히 중요한 의미를 지닌다. 객관적이고 냉철한 이성으로 현상을 기술하고 분석할 수 있기 때문이다.

창문은 밖을 바라보는 것 뿐 아니라, 안을 들여다 볼 수 있는 장점을 가지고 있다. 창 안에서 밖을 내다보는 주체는 반대로 거리에서 창문 안쪽에 서 있는 주체를 바라보는 객체들에 의해 객체의 위치로 자리바꿈을 하게 된다. 관찰을 하는 주체에서 관찰의 대상이 되기도 하는 것이다. 조금 전까지 관찰의 대상이었던 거리의 객체들은 이제 주체가 되어 내부자(Insider)의 시각에서 외부자를 바라보게 된다. 냉철하고 객관적인 관찰과 기술은 어디까지나 외부자의 시각이었을 뿐임을 소리 높여 외치게 될 수도 있고, 외부자의 객관적이고도 치밀함에 동감과 감탄의 한숨을 내쉴 수도 있을 것이다. 이렇듯 창문은 주체와 객체가 서로 자리바꿈을 할 수 있는 경계가 될 수 있다.

이제 거울을 살펴보자. 거울은 거울 자체로서 스스로를 비춰줄 수 있지만, 사물의 모습이 외양적으로만 존재할 수 있는 것은 아닐 것이다. 하나의 사물을 보고 여러 가지의 생각이 들 수 있듯이 거울에 비친 자기 자신의 모습은 언제나 같은 외양을 지니고 있지만, 순간순간의 마음상태의 변화에 따라서 다르게 비춰질 수 있을 것이다. 더 나아가서는 거울에 모습을 비추는 개별 주체가 갖고 있는 경험과 생각의 다름으로 하여 제각기 다른 의미와 해석을 할 수 있게 될 것이다. 거울은 외면의 모습만을 비추는 데 그치지 않고, 내면의 상태와 상호작용을 통해 비춰지는 사물에 대해 전혀 다른 해석을 할 수 있게 해준다.

앞에서 생각해본 바와 같이 창문과 거울은 서로 다른 물리적 속성을 가지고 있지만, 창문과 거울을 바라보는 주체에 의한 해석의 과정을 통하여 서로 공통점을 발견하게 만들 수도 있는 것이다. 창문과 거울에 비춰진 외현적 모습을 있는 그대로 받아들이는 것은 객관적, 실증적 관점으로 생각해 볼 수 있다. 여기에서 객관적, 실증적 관점은 사물이나 현상에 대하여 기술, 관찰까지를 보이는 그대로 하는 것을 의미한다. 그러나, 우리는 눈에 보이는 표면적인 현상의 기술이나 객관적 관찰에서 더 나아가서 이러한 현상을 구성하는 각 객체의 의미는 무엇인지, 각 객체간의 관계는 어떤 것인지 해석, 재해석의 과정을 거칠 필요가 있다. 이러한 과정을 통해서 창문과 거울을 통해서 드러나는 각 객체들이 그곳에 존재하고 있는 진정한 의미를 파악할 수 있기 때문이다.

창문과 거울의 메타포적 특징을 HRD에 적용해보면 어떨까. HRD의 지속가능성 제고를 위해서도 이러한 객체의 의미와 각 객체간의 관계를 파악하려는 노력이 필요하다는 생각이다. 창문을 통해서 거리의 현상을 바라보는 창문안의 주체가 생각하는 외부자적인 시각뿐 아니라, 거리에서 창문 안쪽을 바라보는 내부자의 외부자에 대한 시각과 해석의 의미까지를 생각하기 때문이다. 이것은 창문 안

밖의 상호작용을 통하여 양자의 시각을 대변하며, 객관적이고 실증적 관점에서 바라볼 때 자칫 간과하기 쉬운 객체의 의견을 전면에 내세울 수 있음을 의미한다. 관찰과 연구의 대상일 뿐이었던 객체들이 자신들의 목소리를 낼 수 있음으로서 비로소 현장을 구성하는 각 요인들은 호혜평등의 원칙하에 서로 상호작용을 통하여 발전을 이루어나갈 수 있게 된다.

거울을 바라보는 현장속의 객체들은 자신들의 모습이 각자의 관점에 따라 서로 다르게 해석되어질 수 있음에 주목할 필요가 있다. 현장 연구에서 연구를 수행하는 연구주체의 역할이 중요하듯이 연구주체가 어떤 관점과 경험을 갖고 있는가가 객체에 대한 의미를 다양하게 파악하는 단서가 될 수 있기 때문이다. 이런 점에서 거울은 이제 사물의 외현만을 비추는 것에서 벗어나서 사물의 내면까지를 투영할 수 있는 인식의 틀로 발전할 수 있게 된다.

이렇듯 지속가능한 인적자원개발을 위한 연구와 실천에 대한 관(觀)을 정립하는 데 있어서 창문과 거울을 둘러싼 각 객체와 주체들의 상호관계와 상호해석의 다양성을 중요하게 생각할 필요가 있다. 그러나, 무엇보다 중요한 것은 창문과 거울이라는 간접적인 투과수단에 의존하기보다는 연구 주체들의 적극적인 현장몰입을 통한 내부자와 외부자간 다양한 관점의 수집 및 해석, 보다 진실한 문제의 발견과 다양한 발상의 제기일 것이다. 이러한 접근방법의 도입은 HRD 분야에 있어서 양적인 통계적 논리의 한계를 극복하는 대안적 방법이 될 수 있는 가능성을 갖고 있다고 생각된다.

1. 기업에서 HRD의 의미를 생각하며

HRD를 어느 하나의 정의로 규정짓기는 매우 어렵다. 아직까지 그 개념정의가 무엇이다라고 명확하게 규정되어지지는 않고 있으며, 현재에도 그 영역과 과정이 변화하고 있기 때문이다. 그러나, 우선 '인적자원개발'이란 말 자체에서 그 의미를 찾아본다면, 조직을 구성하고 있는 구성원들의 개발에 관한 제반활동이라고 우선 정의할 수 있을 것이다. HRD에 대한 정의를 내린 선행연구들을 살펴보면 다음과 같다. Gilley와 Eggland(1989)에 따르면, HRD는 업무수행능력의 향상을 목적으로 하며, 조직내에서 이루어지는 조직적인 학습활동이라고 정의하고 있다. Nadler(1989)는 인적자원을 크게 다음의 세 가지 범주로 나누었다. 첫째, 인적자원의 활용은 조직 내에서 인적자원을 배치하고 활용하는 것으로 승진, 실적평가, 배치, 보상 등이 포함되며 둘째, 인적자원의 계획 및 예측은 장래에 필요한 인적자원을 예측하고 그들을 모집, 선발, 훈련, 승진시키는 계획을 말한다. 셋째, 인적자원 개발은 현재의 직무를 위한 훈련, 미래의 담당업무를 위한 교육, 개인적인 향상을 위한 개발 등의 학습활동을 통하여 인적자원을 준비시키는 것을 의미한다.

기업 내에서 HRD가 가지는 의미를 생각해보기 위해서는 HRD

의 역할에 대한 성찰이 필요하다. 그런 관점에서 Gilley와 Eggland (1989)는 HRD의 역할을 첫째, 현재 직무의 수행능력 향상에 초점을 둔 개인개발을 제공하고, 둘째, 미래에 맡게 될 직무의 수행능력 향상에 초점을 둔 경력개발을 제공하며 셋째, 인간의 잠재력을 최적으로 활용하고 수행능력을 향상시켜서 조직의 효율성도 함께 향상시키는 조직개발을 제공하는 것으로 분류하였다.

기업에서 HRD는 기업의 경영과 밀접한 관계를 가질 수밖에 없다. 즉, 기업의 경영성과 향상에 기여하지 못하는 HRD, 또는 HRD의 영역에서 이루어지고 있는 제반활동들은 그 존재가치가 없다는 것을 의미한다. 따라서, HRD를 담당하는 부서와 담당자들은 자신들이 개발하고 실시한 교육프로그램을 비롯한 HRD 활동들이 해당 기업에 유익한 것인지를 늘 생각하고, 규명해야 할 필요가 있다. 이렇게 함으로써 기업 내에서 HRD의 가치에 대한 정당성을 확보할 수 있을 것이고, 경영진에게도 설득력 있게 다가갈 수 있을 것이다. 그것이 경영의 전략적 파트너가 될 수 있는 길이기도 하다.

2. 기업 HRD의 이해관계에 대한 고찰

한국사회에 밀어닥친 IMF 경제위기의 여파는 사회전반, 특히 기업경영에 있어서 많은 변화를 가져왔다. 특히 평생직장의 붕괴, 위축되어 있는 투자심리 등 많은 회의적인 지표들은 아직까지도 그 영향이 적지 않음을 단적으로 나타내고 있다. 또한 세계경제의 불안과, 유가 및 환율의 변동 등 대외적 환경의 불안요인은 여전히 존재하고 있다.

이러한 상황에서 기업은 과연 어떤 방향타를 잡고 나아가야 할 것인가? 어차피 변화의 물결이 거스를 수 없는 역사의 대세라면 당연히 이에 발 빠르게 적응하고 보다 유리한 방향으로 활용하고자 하는 노력이 필요할 것이다.

기업이 변화한다는 것은 기업을 이루고 있는 구성원들의 변화도 함께 요구한다는 사실에 주목할 필요가 있다. 이러한 관점에서 기업의 구성원들은 이제 발상의 전환을 요구받고 있다고 하겠다. 앞으로 기업경영에 도움이 되지 못하는 부서, 사업들은 더 이상 기업에서 존재의 이유를 찾기 어려운 상황이 지속되리라고 생각된다.

따라서, 기업에서는 어떤 부서가 기업경영에 도움이 되고, 도움이 되지 않는지를 규명할 필요가 있으며, 사업도 마찬가지로 기업경영에 도움이 되는 사업과 그렇지못한 사업을 구분하여 정리할 필요가 있다. 기업의 한 요소를 이루고 있는 기업교육에서도 역시 어떤 교육, 어떤 코스가 기업경영에 도움이 되고, 도움이 되지 않는지를 명확히 구분하여 실행할 필요가 있는 것이다.

사실 어떤 면에서 볼 때, 기업의 교육이 과연 기업경영에 도움이 되는 것인지 어떤지를 밝히기 매우 어렵다. 그래서 기업교육을 비용지출로만 생각하게 되는 것이고, 기업경영이 어려움에 직면하게 되면, 교육에 대한 비용부터 삭감하는 사례가 반복되는 근본적인 이유가 되고 있는 것이다. 유영만(1998)은 "앞으로의 기업교육은 경영을 효율적으로 지원하는 방법을 전략적으로 연구해야 한다"고 제안한 바 있다. 이를 위하여 기업교육의 담당자들은 경영진과 지속적인 협력적 파트너 관계를 유지하고, 그들의 비전과 전략을 파악하여 지원할 수 있도록 노력해야 할 것이다. 이렇게 될 때에만 기업의 경영자들은 기업교육을 단순한 비용의 지출로 생각하지 않고, 미래를 위한 투자로 인식하게 될 것이다. 이러한 인식의 전환이 일어날 때 기업의 경영과 함께하는 기업교육, 기업경영의 필수적인 요소로서의 기업교육의 위상이 정립될 수 있을 것이다.

위와 같은 맥락에서 기업의 이해관계자, 특히 경영진에게 보다 설득력을 가질 수 있는 기업교육이 되기 위해서는 기업교육이 얼마나 기업경영에 도움을 주었는지에 대하여 명확한 규명이 있어야 한다는 당위성이 제기된다. 이를 위해서는 우선 기획, 개발 단계에서부터 이해 관계자들의 생각을 수렴하고, 무엇이 현장에 필요한 것인지 깊이 성찰하여 현장에 도움이 될 수 있는 교육과정을 만들어 내는 것이 중요하다. 개발 자체가 현장과 연계되어 있지 않은 상태에서 성과에 기여하는 교육이 될 수 있을 것이라고 기대하는 것은 너무나 막연한 논의에 그칠 우려가 있다. 따라서 이해관계자들의 니즈를 정확히 반영하는 기업교육 개발 방법론의 도입이 필요하다. 본 장에서는 그 방법 중 하나로 설계기반연구에 대하여 생각해보고자 한다.

3. 설계기반연구(Design based Research)의 도입

설계기반연구는 다양한 요인이 복합되어 있는 교육현장에서 효과적이고 효율적인 교수방법을 설계하는 연구방법으로서 종전의 교육연구가 실험실 위주의 연구로서 하나의 처치를 만들어서 효과성을 검증해왔던 방법에 대하여 현실의 개선은 별로 이루어지지 못하고 있다는 반성에서 출발하고 있다. 실험설계에서의 처치 효과는 매우 짧은 시간 동안에 처치의 유무에 따른 효과성을 검증하는 것으로서 대상자들이 제대로 반응할 여유도 주지 않은 상태에서의 실험이 반복되고 있다는 점을 비판하고 있다(Dede, 2005).

따라서 설계기반연구는 연구자가 관심 있는 현장 분야의 니즈와 이론의 필요를 접목하여 연구문제의 출발로 삼고 있다. 이는 설계기반연구의 중요한 특징으로서 이론에 기반한 설계와 개발을 진행하는 동안 현장의 의견과 목소리를 반영하여 실질적으로 연구 대상자에게 도움이 되고 현장을 개선하는 것을 목적으로 하고 있다.

이를 위하여 설계과정에서 연구자 뿐 아니라 교수자, 참여자 등 이해관계자들이 모두 참여하게 된다. 제대로 현장에 적용되어 개선의 효과를 내기 위해서는 현장의 상황맥락과 문화적 요인을 설계과정에 반영해야 하기 때문이다(Hoadley, 2002).

설계기반연구는 이러한 과정을 통하여 연구결과가 현장과 유리되는 단절 현상을 극복하기 위한 연구방법론으로서 Stoke(1997)가 분류한 연구유형 중에서도 이론과 현장적용이 연결되는 측면을 강조하고 있다. 현장적용을 하기 위해서는 어떠한 조건과 상황에서 설계하고 개발한 처치 또는 프로그램이 효과를 나타내는지를 지속적으로 찾아나가는 작업이 필요하다. 따라서 설계기반연구는 반복적이고 순환적인 요소를 가진다. 결국 이론에 기초를 둔 가설의 설정, 가설에 기반한 프로토타입의 설계, 연구대상자의 반응과 의견 수렴, 설계의 수정을 반복하는 동안에 적합한 설계원칙을 발견할 수 있게 되고, 이러한 과정을 통해서 일반화의 가능성을 높여나갈 수 있다는 것을 전제로 한다.

설계기반연구의 특성은 다음의 네 가지로 요약될 수 있다(Reeves, 2000; Edelson, 2002; 장혜정, 류완영, 2006). 첫째, 문제를 교육현장에서 찾기 때문에 연구문제가 매우 광범위하게 설정될 수 있다. 이는 연구자 뿐 아니라 이해관계자들이 모두 참여하여 현장의 문제를 해결하고자 하는 목적을 가지고 있기 때문이다. 둘째, 설계기반연구에서는 실제 현장에서 활용하고 지속적으로 적용할 수 있는 해결대안의 제시를 목적으로 하기 때문에 설계원리가 이론에 근거하여 나올 뿐 아니라 현장의 의견이나 피드백이 중요하게 반영될 수 있다. 셋째, 반복적이고 순환적인 과정을 거친다. 연구 참여자들의 제안에 따라 반복적이고 순환적(Iterative)으로 설계가 수정되고 정련된다. 초기에는 프로토타입의 형태부터 시작하여 대략적으로 몇 가지의 설계원리를 적용하고 현장에 잘 적용되는 것을 추려서 정교화 시키는 과정을 취하고 있다. 넷째, 설계와 연구가 동시에 일어난다. 연구를 계획하고 난 이후에 순차적으로 실시하는 것이 아니라 계획과 실행의 경계가 없이 진행된다는 점이 특징이라고 할 수 있다.

설계기반연구는 또한 e-Learning을 활용한 학습 환경에서 특히 유용하게 활용될 수 있다. 설계기반연구가 이러한 환경에 활용될 수 있는 이유는 첫째, 온라인에서는 다양한 요인들이 개입될 우려가 많다. 둘째, 소프트웨어와 하드웨어 테크놀로지는 개발 도중에 기술이 진화하고 변화할 수 있는 가능성이 있다. 셋째, 효과성을 제대로 검증하고 실제적인 현장의 변화를 이끌어낼 수 있는 영향력을 발휘할 수 있기 때문이다.

설계기반연구는 연구자에 의해서 단독으로 이루어지는 교수설계 분석이나 기존의 실증주의적 연구방법에서는 발견하기 어려운 새롭고 유용한 해결방안을 제시하기 위하여 실시한다. 따라서 연구자를 비롯하여 교수자, 학습자, 개발자가 설계기반연구의 공동 참여자 및 이해관계자로서 참여한다.

설계기반연구는 다음과 같이 4단계가 순환 반복적으로 이루어진다(Reeves, 2000; 장혜정, 류완영, 2006).

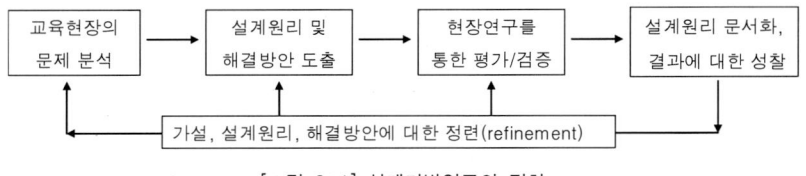

[그림 3-1] 설계기반연구의 절차

위와 같은 과정을 통하여 설계기반연구에서는 현재상황의 문제점을 도출하고, 이를 개선하기 위한 프레임웍을 수립한 후 현장연구를 통해서 학습자, 교수자, 개발자는 물론, 경영진, 고객 등 다양한 이해관계자들의 반응을 수렴하여 개발과정에 반영할 수 있다. 설계기반연구는 1차적으로 개발한 결과물을 지속적으로 정련하고 개선하는 과정을 통해서 최적의 대안을 구성해나가는 프로세스를 지향하는 것이다.

4. 맺음말

기업교육의 개발방법론에 있어서 설계기반연구를 도입하는 것은 어쩌면 리드타임이 오래 걸리는 것으로 보일는지 모른다. 이 바쁜 세상에 언제 이해관계자들의 니즈를 충분히 수렴하고 개발하겠느냐는 비판은 매우 일리가 있다고 생각된다. 그러나, 설계기반연구의 개발방법은 시간이 오래 걸리는 것을 의미하지는 않는다. 소프트웨어 개발방법에 보면 래피드 프로토타이핑(Rapid Prototyping)이라는 것이 있다. 이는 빠른 시간에 프로토타입을 갖춘 시제품들을 출시하고 오류나 개선사항을 수렴하여 지속적으로 정련을 이루어 나가는 방법이다. 설계기반연구는 바로 이러한 점에서 래피드 프로토타이핑과 유사하다. 교육과정이나 교육체계를 수립할 때에도 이와 같은 관점에서 접근한다면 HRD 부서의 일방적인 생각이나 책상에 앉아서 나오는 일반적인 개발 방법론에서 진일보할 수 있을 것이다. 설계기반연구는 현장지향적이며, 그 현장은 바로 다양한 이해관계자들이 복잡한 역학관계를 맺고 살아가는 현실인 것이다. 설계기반연구는 그러한 관점에서 질적연구방법이나 통계적 연구방법과는 또다른 특성을 갖고 있다. 오히려 현장에 기반을 둔 실사구시형이라는 점에서는 현장에서의 적용 가능성이 더욱 높다고 할 수 있다. 우리는 HRD를 하면서 이해관계자의 다양한 니즈에 대하여 얼마나 관심을 갖고 있는지, 현장을 얼마나 개선시키고 있는지, 더 나아가서는 이해관계자들이 우리를 얼마나 필요로 하는지 다시 한번 겸허히 성찰해볼 필요가 있다. 설계기반연구가 성공적으로 정착되도록 하기 위해서는 HRD 담당자들이 평소에 지속적으로 현장과 연계를 맺으려고 하는 노력을 기울여야 한다는 전제가 필요하다.

교육학자들이 지난 수십년 동안 수많은 이론과 연구를 했음에도 교육현장의 개선은 그다지 이루어지지 않았다는 비판에 대해서도 깊이 생각해 볼 필요가 있다. 그러한 관점에서 지난 시간 동안 기업 HRD 현장에서 만들어진 수많은 교육 프로그램들은 얼마나 기업 경영에 도움이 되고 있으며, 그것을 설계하고 개발할 때 비즈니스적 임팩트에 대해서 얼마나 깊이 있게 생각했었는지 돌아보게 만드는 시점이다. 설계기반연구에 대한 논의를 제기하는 이유는 필자들부터 생각의 관점을 보다 현장지향적으로, 보다 이해관계자들의 생각과 요구를 담아내는 방향으로 바꾸고자 하는 성찰이 필요하다고 느끼기 때문인 것이다.

4장. TQM(Total Quality Management)의 교육적 함의[5]

　기업교육에도 품질관리가 필요하다는 말은 최근에 제기된 이슈가 아닐는지 모른다. 그만큼 기업이라는 조직은 그 자체로 성과를 중시하는 특성을 갖고 있기 때문에 결국 성과를 담보할 수 있는 품질관리의 중요성은 아무리 강조해도 지나침이 없다. 기업교육도 그러한 관점에서 품질관리의 대상이 될 수 밖에 없지만, 이제까지 인적자원개발 부서와 실천가들은 그러한 요구에 대해 많은 관심을 갖지 않은 것도 사실이다. 이는 기업교육의 결과를 단기적인 성과로 나타내기 어렵고, 또한 일정한 성과가 나왔다 하더라도 그것이 교육만의 결과라고 단정 짓기 어렵다는 특성에 기인한 것이라고 생각된다.

　이러한 현실적 한계를 극복하기 위해서는 총체적 품질경영 개념의 도입이 필요하다. 총체적 품질경영은 단지 결과에 대한 품질관리에 머무르지 않고, 결과를 달성해나가는 전 과정이 함께 어우러져야 한다는 관점에서 접근하고 있다. 이러한 총체적 품질경영의 관점은 경영학에서 TQM(Total Quality Management, 이하 TQM)로 정립되었다. 본 장에서는 TQM의 개념을 살펴보고, 기업교육에 주는 시사점을 찾아보고자 한다.

---

5) 산업교육연구 제6호에 게재된 오동건, 류완영의 공동 논문을 수정, 보완하여 발전적으로 논의한 글임을 밝혀둔다.

1. TQM의 정의 및 특성

TQM을 구성하고 있는 각각의 단어들을 중심으로 볼 때, TQM의 개념은 다음과 같이 나누어볼 수 있다(Cartin, 1993; 이순룡, 1996에서 재인용).

· Total ; 조직의 모든 구성원이 행하는 역할과 행동으로 전원참여에 의한 조직의 공동목적 달성이 강조된다.
· Quality ; 모든 기능, 시스템, 공정/과정, 산출결과의 품질개선 즉, '고객이 만족하는 품질'에 초점을 맞춘다.
· Management; 모든 활동에 적용되는 원칙 및 기법과 관련되는 '시스템의 관리'를 뜻한다.

이홍우와 조교영(1998)의 연구에서는 "TQM을 고객의 욕구를 계속적으로 충족시키면서, 조직활동의 모든 측면에서 품질을 계속적으로 개선하기 위하여 조직을 포괄적이고 통합적으로 관리하는 방법으로서, 근본적으로 변화에 대한 관리를 주 임무로 하며, 고객의 기대욕구 증대와 소비자 중심 시장 환경의 등장에 따라 도입의 필요성이 정당화되는 것"으로 규정하고 있다. 여기에서의 품질은 제품의 질 뿐만 아니라, 일련의 프로세스, 즉 처리하는 사람의 질까지도 포함하여 경영활동에서 일어나는 모든 투입되는 자원과 그것의 처리과정, 그리고 그 결과로 나타나는 결과물의 질까지를 포함하는 영역으로 확대하여 생각해볼 수 있다(박재홍, 1996).

TQM을 구현함에 있어서 가장 중요한 자세는 임무를 규명하고, 고객 중심의 사고를 갖는 것, 운영에 대하여 체계적으로 접근하는 것, 인적자원에 대한 개발의 중요성을 인식하는 것, 장기적인 안목을 가지고 추진하는 것, 열의를 가지고 추진하고자하는 의욕 등이다(Sherr & Lozier, 1992). 또, TQM의 실천원칙은 "고객에 초점을 두고, 구성원의 참여를 바탕으로 창의력과 전문기술을 동원하며, 피드백에 의한 지속적인 개선을 추진하는 것"으로 요약해볼 수 있다(이순룡, 1996).

2. TQM의 이론적 토대

Kaufman(1995)에 의하면, 교육체제 개선을 위한 전략적인 계획의 수립에 있어서 하나의 전략이 될 수 있는 TQM의 이론적 토대는 Deming, Juran, Crosby등에 의하여 주창되었다. 이들의 이론을 간략히 고찰하면, 다음과 같이 정리해볼 수 있다.

1) Deming의 이론

TQM 이론에서 Deming은 경쟁력 향상과 산업계에서의 위치 확보 및 많은 일자리 제공을 위해서는 제품과 서비스 개선에 대한 일관성 있는 목적을 창조해야 하고, 이를 위하여 새로운 철학을 채택해야 하며 새로운 경제시대에 경영진은 경영환경의 변화에 대한 책임을 자각하여 리더십을 발휘해야만 한다고 제안하였다.

또, 근본적으로 품질의 개선을 이루기 위해서는 검사에 의존하는 품질개선 습성을 버리고 현장에서 양질의 제품을 처음에 제대로 생산하고, 지속적인 비용절감을 위해 생산과 서비스 체계의 지속적

개선을 유지해야 한다고 주장하였다. Deming의 이론에서는 리더십의 제도화와 임직원들의 업무 효율성을 높여주기 위하여 부서간의 장벽을 없애고, 임직원들이 자기개선과 교육의 기회를 가질 수 있도록 해야 함을 강조하였다(Sallis, 1993; 이순룡, 1996; 이홍우 외, 1998).

2) Juran의 이론

Juran은 TQM에서의 품질에 대하여 이용자들이 필요로 하고 원하는 것을 그 제품에서 얻을 수 있어야 함을 의미하는 사용상의 적합성으로 정의하였다.

이러한 사용상의 적합성을 얻기 위하여 변화에 도움이 되는 분위기를 만들어내는 태도의 혁신, 이를 통한 소수의 프로젝트에 대한 집중, 프로그램의 정의와 문제원인의 규명, 그리고 변화에 대한 저항극복을 위한 진단집단을 조직할 필요성을 제기하였다.

진단집단은 문제의 원인을 찾기 위한 다각적인 시도를 통하여 문제의 해결을 어느 부서에서 맡을 것인지를 결정하게 된다. 이러한 결정을 위해서는 부서간의 협력과 의견조율이 중요한 비중을 차지하게 된다. 이러한 노력들을 통해서 변화에 대한 저항을 어떻게 극복할 것인지를 결정할 수 있게 된다(Juran, 1994; 김종철, 1995).

3) Crosby의 이론

Crosby는 품질을 '요구와의 일치성'으로 정의하고, 계속적으로 설계규격과 일치하는 공정을 거쳐서 생산된 제품을 높은 품질을 가진 제품으로 규정했으며, 사후검사보다 무결점(Zero Defect)달성을 품질목표로 제시하였다.

이러한 목표를 달성하기 위한 도구로서 경영층의 적극적인 참여, 공정상의 감독자에 대한 교육·훈련, 품질개선팀의 조직, 무결점 계획의 수립, 무결점 달성, 품질측정의 시행, 품질개선을 위한 목표 설정, 품질평가비용의 산정 및 확보, 에러원인의 제거, 품질의 중요성에 대한 인식, 우수한 성과를 보이는 팀에 대한 인정, 품질위원회를 통한 품질인증, 피드백을 통한 수정조치, 지속적인 반복으로 구성된 품질개선을 위한 프로그램을 제안하였다(Sallis, 1993; 이순룡, 1996).

위에서 살펴본 TQM의 개념과 이론에서 도출해 본 TQM의 핵심 요소는 다음과 같이 제시할 수 있다.

첫째, 고객의 기대와 요구에 대한 이해를 통한 고객만족이다. 고객이 누구인지 규명하고, 고객의 기대와 요구를 정확히 파악하여 제품을 제공하는 것이 고객만족을 이끌어낼 수 있다. 고객만족은 TQM이 등장하게 된 가장 궁극적인 목적이라고 할 정도로 매우 중요한 의미를 가지고 있다.

둘째, 지속적인 과정의 개선이다. 제품을 생산하는 과정에 대하여 지속적인 피드백을 교환함으로써 문제점 및 결과의 확인, 고객의 요구 확인, 과정의 책임자를 확인하게 되고, 문제점의 해결을 위한 아이디어 개발, 결과 측정, 해결책의 시행 및 평가를 통하여 과정을 지속적으로 개선해나갈 수 있게 된다.

셋째, 인적자원의 개발 및 관리이다. TQM은 조직의 모든 구성원들이 프로세스의 개선작업에 참여할 때, 성공할 수 있다. 문화의 변화 및 저항에 대한 관리, 고객에 대한 이해와 과정개선을 위한

가장 중요한 원동력은 결국 인적자원이라는 것을 인식하고 이를
관리하고 개발하기 위한 노력이 병행되어야 한다.

3. TQM의 교육 적용방안

TQM을 교육에 적용하려는 노력은 미국의 대학에서 특히 많이
시도되었다. 초기에는 재정적인 자원의 제한을 해결하기 위하여 도
입되었으며(Wolverton, 1993), 점차적으로 입학 및 등록, 직원들의
업무수행에 기여하는 등, 여러 대학에서 성공적으로 실행되었다
(Spanbauer, 1992; Hans, 1997).

교육에서의 TQM은 교육기관이 고객인 학습자의 요구와 기대를
충족시켜 줄 수 있도록 하기 위한 지속적인 개선의 철학으로 정의
할 수 있다(Sallis, 1993). TQM을 각 단어별로 의미를 살펴보면 다
음과 같다.

· Total : 교육조직의 모든 사람과 요소들이 지속적인 개선에 관
　　　　　련된다는 의미
· Quality : 고객인 학습자의 요구와 기대를 충족시켜 주는 것
· Management : 교육조직에 속한 모든 사람이 지위고하를 막론하
　　　　　　　고 각자가 맡은 역할과 책임을 충실히 경영해나
　　　　　　　가야 한다는 의미

Butler(1996)에 의하면 TQM이 교육에 적용되는 데에는 3가지 수
준이 있다. 가장 하위수준은 학교의 경영을 개선하는 것으로 비용

의 감소, 효율성의 개선이 이루어지는 것이고, 그 위의 수준은 학생들에게 질 관리에 대한 교육을 실시하여 철학과 비전을 공유하는 단계이며, 가장 높은 수준의 적용은 학습에 대한 것으로 스탭과 학생들이 모두 자신들의 학습과정에 질 관리를 적용함으로써 학습의 장애물을 규명하고, 분석하여 제거해 나가는 것이다. 교육은 인간의 학습에 관한 것이므로 교육에서의 질은 양질의 다양한 학습 경험을 제공할 수 있느냐의 문제로 귀결될 수 있다.

또, Sallis(1993)는 보다 미시적인 관점에서 TQM을 교육에 적용하는 방안을 다음과 같이 제안하였다.

첫째, 학습자와 교수자는 특히 교수-학습 스타일과 필요한 자료들에 관하여 토론하고 이를 규명한다. 이때 양자사이에 협상과 토론의 과정이 발생하게 되며, 개인 학습자들은 이 과정에서 자신들의 학습에 대하여 동기와 방향성을 갖게 된다.

둘째, 협상의 과정에서는 피드백을 제공하고 학습자들이 자신들의 학습을 관리하는 기회를 제공하기 위해서 위원회나 담당 부서를 구성한다.

셋째, 진전 상황을 도표화하여 보여줌으로써 교수자나 학습자 모두 자신들이 어느 방향으로 가고 있는지를 알 필요가 있다. 잘못 가고 있다는 징후가 보여 지면 교정 작업을 할 필요가 있다.

넷째, 강력한 피드백 장치는 어떤 품질보증 시스템에 있어서도 중요한 요소이기 때문에 평가는 지속적인 프로세스가 되어야 한다. 그리고, 평가의 결과는 학습자들과 토론되어야 한다. 학습자들이 평가에 관련된다는 사실은 학생들의 분석적 능력을 키우는데 도움이 된다.

다섯째, 제공기관에서는 평가를 실시함으로써 프로그램의 타당도를 판단하는데 도움을 받는다.

일부에서 경영학에서 비롯된 TQM을 교육에 적용함에 있어서 교육은 경영과 다르기 때문에 그대로 적용하기 어렵다는 주장이 제기되기도 하지만, TQM이 인적자원의 중요성, 지식활용의 필요성, 지속적인 개선의 추구 등을 중요시하는 것을 생각해볼 때 교육적 적용에 대한 시사점을 얻을 수 있다(Sherr & Lozier, 1992).

교수-학습과정에 부가하여 학습결과에 대한 평가를 실시할 때 TQM에서는 학습결과에 대한 평가보다는 학습자체를 보다 강조한다는 것을 고려해야 할 것이다. 이를 위하여 성찰일지, 포트폴리오, 작품전시 등의 학습자 개인에 초점을 맞추는 평가방법이 활용된다(Shepard, 1991; Hill, 1994). Hill(1994)은 TQM을 적용한 교육을 TQE(Total Quality Education)로 제안하면서 학습결과의 평가에 적용되는 형태를 다음과 같이 정리하였다.

〈표 4-1〉 전통적인 교육과 TQE의 학습결과 평가방법 비교 (Hill, 1994)

평가 차원	전통적인 교육	TQE
평가의 관점	통제	개인의 개발
평가의 기준	사회의 요구 명확하게 규정된 목표	학습자의 의도
기본 철학	결과 중심적	의미 구성
평가 전략	외부의 개입	내부적인 합의
형식	상세하게 기술됨	대화형식
평가 방법	숙련도 테스트 성취도 테스트 행동 및 수행 교사의 테스트 기본 능력 테스트	성찰일지 동료 간 문답 작품 전시 포트폴리오 도제식 방법
평가 자료	통계자료 등급 부여 비교 그래프	발표 창의적인 표현 질적인 피드백

TQM의 가치와 철학을 학습결과의 평가 준거로 적용하기 위해서는 평가가 학습자들간의 비교나 옳고 그름을 판단하는 기준으로 사용되어서는 안 된다는 것을 알 수 있다. Hill(1994)은 평가는 학습자들이 자신의 진도, 성장, 관심사, 역량에 대하여 정확한 정보를 얻고 스스로 자기개발을 해나갈 수 있도록 도와주는 역할을 할 수 있어야 한다고 제안하고 있다.

　　이러한 관점에서 "TQM에서 핵심적으로 다루고 있는 품질은 제품 및 서비스의 질, 경영프로세스의 질, 사람의 질이 총체적이고 복합적으로 충족되어야 하는 것으로 파악될 수 있으며, 경영에서의 품질개념은 교육에도 그대로 도입·적용할 수 있다. 제품 또는 상품을 교육과정, 또는 각종 교육용 소프트웨어나 교육자료라고 할 수 있고, 이를 개발하는 프로세스가 표준화되어 질적 수준을 확보할 필요가 있으며, 교육을 담당하는 인력의 질적 수준이 확보되어야 한다"(유영만, 1998).

　　교육의 질을 확보하기 위해서는 TQM의 관점에서 교육에 접근하여 학교 또는 여타 교육 제공기관에서 교육을 할 때 필요한 제 측면들에 대하여 평가를 실시하고, 그 결과를 지속적인 개선을 위한 자료로 활용해야 할 것이다.

　　Sallis(1993)는 영국 Department of Employment의 가이드라인을 기반으로 TQM의 관점에서 교육의 질을 평가할 수 있는 준거를 접근성, 고객에 대한 서비스, 학습자원, 학생복지, 리더십, 가치부여, 물리적 환경, 학습자들의 건강과 안전관련 정책, 학습자원의 배정, 학습방법의 적합성, 코스의 적합성 등의 평가영역으로 구분하여 제시하였다.

　　이와 같은 평가준거는 교육 제공기관의 스탭들이 활용할 수도 있고, 학습자들에게 설문을 실시함으로써 정보를 얻을 수도 있다. 위의 평가준거를 통해서 얻어진 평가결과는 교육의 질이 높고 낮음에 대한 판단을 위한 것이라기보다는 보다 나은 교육을 제공할 수 있기 위한 기초자료로 활용될 수 있을 것이다.

Kaufman(1995)은 교육의 질을 개선시켜나가기 위한 하나의 방법론으로서 TQM의 중요성을 강조하였다. 그에 의하면 교육은 경영과 달리 사회적 유용성과 가치의 차원을 포함해야 하기 때문에 단순히 경영학 이론인 TQM을 그대로 교육에 대입하기보다는 사회적 이상과 효용의 개념까지 확대하여 적용해야 한다고 제시하고 있다. Kaufman의 연구에 따르면 TQM과 교육은 동일한 과정을 가지고 있다. 즉, TQM에서 고객만족을 지향하듯이 교육에서도 고객이라 할 수 있는 학습자의 기대와 요구에 부합하는 교육 프로그램의 제공을 궁극적인 목표로 삼고 있으며, TQM에서 제품을 생산하기 위한 투입자원이 있는 것처럼 교육에서도 기존 자원, 건물, 교사, 기술, 지식, 태도, 능력 등과 같은 투입(Input)요인을 가지고 있다. 또, 교육에서는 TQM의 제품 생산 프로세스와 같은 교수-학습 과정을 가지고 있으며, 마지막으로 TQM에서의 결과물이 서비스나 제품이듯이 교육에서의 결과물은 코스를 마치고 졸업하는 학생들이 될 수 있다. 이와 같이 TQM의 제반 측면들은 교육적 맥락에 적용할 수 있는 연계성이 매우 높은 것을 알 수 있다.

위의 연구들을 종합하여 살펴보았을 때, 교육에 도입하여 적용할 수 있는 TQM의 핵심요인은 다음과 같이 제시할 수 있다.

첫째, 고객에 대한 이해와 관심이다. 교육에서 고객에 관심을 갖는다는 것은 학습자를 비롯한 교육의 수혜자들의 필요와 기대를 충족시켜 줄 수 있는 코스 및 학습 자료를 제공하도록 노력해야 한다는 것을 의미한다.

둘째, 과정의 지속적인 개선이다. 교육 프로그램의 개발과 전달에 TQM을 적용한다면 교육의 계획과 개발 및 시행의 전 과정에서 교육의 질에 영향을 미치는 모든 요소를 고려하여 학습자의 요구를 반영할 수 있는 체제를 구축하는 것이 필요하다.

셋째, 교육의 질을 확보할 수 있는 우수한 교육인력의 개발과 관리에 대한 관심과 투자라고 할 수 있다. 위에서 언급한 모든 프로세스를 적용하여 실행하는 주체는 결국 교육조직의 구성원이기 때문에 이들의 역량이 곧 교육 프로그램의 질로 연결될 수 있다는 점에서 매우 중요한 의미를 갖는다.

2부

지속가능한 인적자원개발을 위한

실천과 적용

외견상 양적으로 화려하게 성장하고 있는 기업 e-Learning의 현실에 대해서 보다 심각하고 깊은 성찰을 하는 것은 앞으로 기업 e-Learning의 발전을 위해서 필수불가결한 과정이 아닐까 생각된다. 본 장에서는 한 기업의 사례연구를 통해서 최근 몇 년간 비약적인 발전을 해 온 기업 e-Learning현상을 HRD 부서의 시각이 아닌 현장 학습자, 고객의 관점에서 생각해보고자 한다. 이를 통해서 HRD 부서와 현업의 학습자간에는 e-Learning에 대한 인식과 실천에서 어떠한 미스매치 현상이 있는지 도출해보고, 개선방안에 대한 시사점을 찾고자 한다. 본 연구는 기업 하나의 사례이기 때문에 일반화시키기에는 한계가 있으나 현장 고객의 소리 중 하나라는 관점에서 이해하면 좋을 것이라고 생각된다.

1. A기업[6]의 사례로 본 기업 e-Learning의 도입배경

A기업은 3개의 사업장을 가지고 있으며, 1만명이 넘는 임직원이 근무하고 있는 대기업으로서, 각 사업장 단위별로는 집약적인 인력 배치 형태를 보이고 있으나, 사업장간에는 원거리적인 근무형태를

---

6) 연구목적상 기업명은 별도로 명기하지 않기로 한다.

가지고 있다.

A기업은 1998년 초보적 형태의 e-Learning을 도입함으로써 교육에 새로운 전기를 맞이하게 되었다. 초보적 형태의 e-Learning은 PC 통신을 활용한 교육으로서 기존의 사내 인트라넷을 사용하여 학습이 가능하게 되었다. 그러나, 교육 컨텐츠의 제한, 적절한 교육 플랫폼의 미흡, 학습자의 인식부족으로 매우 제한적인 수의 학습자들만이 활용할 수 있었다.

e-Learning이 본격적으로 도입된 것은 2000년 통합시스템(Portal Site)을 구축한 이후부터라고 할 수 있다. 인적자원개발을 기업경영의 핵심요인중 하나로 인식하게 된 이후 산발적으로 이루어지던 Off-Line교육과 제한된 형태로 제공되었던 On-Line교육을 통합적이고 체계적으로 지원하기 위한 시스템을 구축하여 One-Stop 서비스 형태의 User중심으로 전환하게 되었다. 교육 통합시스템은 외부기관 연계교육, 내부 Off-Line교육, e-Learning 교육의 체계와 수강신청, 학습, 학습관리 및 제반 일정안내를 한 곳에서 해결할 수 있도록 하였다.

e-Learning 과정은 외부 e-Learning전문 교육기관에서 기존에 개발한 과정을 교육 통합시스템에 도입하여 직무에 맞추어 제공하는 경우가 대부분이었으며, 자체적으로 개발한 과정을 일부 추가하는 형태로 구성되었다.

e-Learning도 전체적인 기업의 교육체계 내에 포함되다보니, 자연스럽게 교육제도의 영향을 받게 되었다. A기업은 교육제도중 하나로 교육이수점수제를 적용하여 승진제도와 연계하고 있으며 임직원들이 필수적으로 연간 수행해야 할 학습시간을 정하여 이의 누적에 따른 점수를 부여하고 있다. 교육이수점수제는 임직원들에게

최소한의 교육기회를 보장해주기 위하여 도입된 제도로서 연간 5점을 최소한의 가이드라인으로 정하였다. 이를 시간으로 환산하면 대략 40시간 이상이 되면 취득할 수 있다. e-Learning으로 제공되는 교육과정은 1개월 과정마다 교육이수점수를 각 1점씩 부여하고 있다. 교육이수점수 제도는 매년 취득한 점수를 추후 승진 심사시에 반영하여 인사와 교육의 연계를 도모하고 있다.

이러한 발전과정은 비단 A기업만의 사례 뿐 아니라, 우리나라 기업교육 전반에 걸쳐있는 현상이라고 할 수 있다. "기업의 교육훈련은 전통적으로 학교교육의 모형을 따라, 강사에 의하여 준비된 교육 프로그램이 연수원 등에서 이루어져 왔으나 이러한 형태는 학습자가 자신의 직장을 벗어나서 교육에 참여하게 됨으로써 그 동안은 일을 하지 못하게 되는 문제를 유발하였다. 또한, 교육에 참여하기 위한 경비가 추가적으로 소요되며 많은 경우에는 직장을 벗어나서 교육에 참여하는 것 자체가 어려운 난점을 가지고 있었다. 인터넷을 활용하는 e-Learning은 이러한 문제를 해결하는 한 가지 대안으로 등장하였다."(임철일, 2003).

2. e-Learning의 확산과정

대략 3년여간의 적용기간을 거친 A기업의 e-Learning은 외부연계 교육과정 400여개, 자체개발 교육과정 10여개를 제공하고 있으며, 이를 수강하는 인원은 월간 1,000여명을 넘는 수준으로 발전하였다. 또, 그동안 e-Learning으로만 이루어지던 교육 형태에서 발전하여 일부 핵심과정에 대해서는 Off-Line교육과 통합된 블렌디드 형태의 교육과정을 개발하여 제공하게 되었다. 핵심과정은 경영자급으로 선발하기 위한 대상자들에게 제공하는 과정으로서 교육과정에 입과하기 전에 e-Learning을 통하여 학습내용의 사전습득을 마치고, Off-Line으로 이루어지는 보충학습 또는 세미나에 참석하거나, 비공식모임을 활성화하여 교육 입과자간의 교류 및 네트워킹을 통한 학습을 도모하고 있다.

또한, 각 계층별로 필요한 직무역량이나 리더십 역량을 정의하여 e-Learning 과정과 연계하도록 시스템을 구축하였다. 이 시스템을 통해서는 학습자들이 자신의 부족한 부분을 진단하고 필요한 e-Learning 과정을 찾아서 학습할 수 있도록 서비스를 제공해주고 있다. 역량기반 교육과정을 e-Learning으로 구현하여, 학습자들이 업무하는 장소에서 벗어나지 않고도 자신의 자리에서 필요한 과정을 e-Learning으로 학습할 수 있도록 하고 있다.

현재는 e-Learning의 수혜대상 범위를 더욱 확대하여, 신입사원의 입사전 교육을 e-Learning으로 제공함으로써 잠재적 조직 구성원에게 사전에 기업의 공유가치(Shared Value)나 분위기를 익힐 수 있도록 하고, 이를 온라인 커뮤니티와 통합하여 운영함으로써 학습과 만남, 학습을 통한 입사전 공감대 형성, 기업과 잠재적 신입사원간의 사전교류를 추진하고 있다. 이는 입사후 실시하는 신입사원 입문교육과는 별개의 과정으로서 On-Line의 장점을 활용하여 시간과 공간의 제약 없이 학습과 교류를 통합한 e-Learning의 좋은 적용사례로 손꼽을 수 있을 정도로 호응을 얻고 있다.

A기업의 사례에서 볼 수 있듯이 "대기업을 중심으로 인터넷 등의 정보통신 기술을 활용하여 기업의 새로운 교육훈련 요구에 대응하려는 시도가 1990년대말부터 시도되었으며, 2002년에는 노동

부의 인터넷 통신훈련 지원제도의 확충과 같은 적극적인 관여로 많은 기업들이 e-Learning에 관심을 가지기 시작하였다. 즉, 노동부가 2002년 이후 기존의 고용보험 납입금의 일정부분을 회사에 환급하려는 형태로 e-Learning 활용비용을 포함시키기 시작하였다. 이로 인하여 일정한 평가기준을 통과하는 e-Learning 프로그램들이 지속적으로 개발되었으며 이를 활용하는 기업체들이 증가하기 시작하였다"(임철일, 2003).

3. e-Learning을 통한 학습현상의 문제의식[7)]

위에서 살펴 본 A기업의 e-Learning 교육체제는 최근 몇 년간 급격한 확산의 과정을 거쳐 왔으며, 기업에서 제공하는 교육과정의 한 축을 담당하는 중요한 교육의 방법으로 자리 잡게 되었다. 외형적으로 급격한 성장을 거듭하고 있음은 분명한 사실이며, 비단 A기업뿐 아니라 국내의 기업전체를 놓고 보아도 e-Learning의 규모는 양적으로 급격하게 확대되고 있다. 한 연구에 의하면 기업의 교육과정 중 1/3가량을 e-Learning으로 제공하고 있다(손소영, 2003). 그런데, 실제로 e-Learning을 활용하여 학습하고 있는 학습자들은 어떤 생각을 갖고 있는지, 과연 양적인 확산과 병행하여 학습의 질도 높아지고 있다고 생각하는지 연구해 볼 필요가 있다. 필자들은 A기업 임직원들과 면담 및 전화 인터뷰를 통하여 e-Learning에 대

---

7) e-Learning의 장점과 효과성에 대해서는 이미 다른 선행연구에서 많은 논의가 있었는 바, 본 장에서는 e-Learning의 양적인 확산에 대하여 비판적 성찰의 차원에서 문제를 제기하는데 의도적으로 초점을 맞추었음을 밝힌다.

한 느낌과 인식, 그리고 실제 자신의 업무에 도움이 되고, 직장생활의 질을 높일 수 있는 학습을 위한 대안은 무엇이 있겠는지에 대한 의견을 조사해보았다.

1) 편리하고 빠른 학습, 그러나 전통적인 수업방법에 대한 향수도 여전한 상황

e-Learning은 인터넷을 활용하여 언제 어디서나 원하는 학습을 할 수 있는 장점을 가지고 있으므로 자신의 업무와 병행할 수 있고, 시간과 비용의 낭비를 절감할 수 있다. 이러한 외현적 특징에 비추어 볼 때 과연 그에 상응하는 학습효과를 제공하고 있을까. 한 여사원의 말은 시사하는 바가 크다.

"e-Learning은 자기 자리에서 학습할 수 있어서 시간을 절약하고, 편리하게 학습할 수 있다는 점에서 매우 매력적이다. 그렇지만, 어떤 경우에 보면 열심히 진도에 맞추어 하라는 대로 마우스를 클릭하다보니 어느새 과정이 끝나버리는 적도 있다. 그럴때는 과연 제대로 학습을 한 것인지 의문이 생긴다. 정말 필요로 하는 과정은 차라리 외부에 나가서 합숙교육을 받는 것이 오히려 시간과 비용은 더 들겠지만 학습효과 면에서는 더 낫지 않을까하는 생각이 들 때도 있다....."

마우스를 클릭하는 행위는 e-Learning에서 특별한 의미가 있다. 클릭의 과정은 전통적인 학습에 있어서 책장을 넘기는 것과 같은 의미이며, 학습의 진도가 나가고 있음을 학습자가 체감하는 행위이

기도 하다. 그러나 책장을 넘기면서 느끼는 채움의 학습에 비해 마우스의 클릭은 비록 속도감에 있어서 비교할 수 없이 빠르지만 풍부한 성찰의 기회를 통한 지식을 묵혀서 체화하는 과정은 제공하지 못하는 듯 하다. e-Learning을 통해 학습활동이 촉진되면 학습자에게 유의미한 학습경험을 제공할 수 있다. 그러기 위해서는 교육효과성을 기준으로 e-Learning이 평가되어야 한다. A기업의 성인학습자들이 제기한 문제는 "결국, '알맹이'보다는 '예쁜 포장지'를 어떻게 빠른 시간 내에, '더 예쁘게' 적용했는가에 따라 e-Learning 교육과정이 평가받고 현장에 활용되고 있다는 점 때문에 결과적으로 양질의 학습을 학습자에게 제공하기 어렵다"는 손소영(2003)의 연구 결과와도 같은 맥락이라고 볼 수 있다.

합숙교육을 선호하는 문제도 다시 한번 고찰해봐야 할 필요성이 있다. 합숙교육은 기업에서 쓰이는 용어로서 전통적인 방식인 교실수업 방식을 취하면서 기업의 내부 교육시설 또는 외부 연수원에서 숙식을 함께 하면서 이루어지는 교육을 의미한다. 합숙교육은 기업에서 일하는 성인학습자에게는 새로운 지식을 습득할 수 있는 학습의 기회이면서 비슷한 상황에 있는 동료들을 만나서 인적교류를 할 수 있는 장을 제공하기도 한다. 또 한편의 의미로는 일상의 업무에서 벗어나서 재충전을 할 수 있는 기회가 되기도 한다. 사실 e-Learning이 도입되면서 이러한 합숙교육을 대체할 수 있는 비용효과성을 강조한 측면이 있다. HRD 부서에서도 경영진에게 e-Learning의 이러한 특성을 장점으로 부각시킨 측면이 있는 것도 사실이다.

그러나, 역설적으로 학습자들은 합숙교육에 대한 선호도와 향수를 보여주고 있는 것 또한 엄존하는 현실이다. 이는 "기업의 e-Learning 학습자들이 대체로 인터넷에 의한 수업보다 전통적인 면대면 수업 혹은 교실 수업을 선호하는 특성을 보여주고 있다"는 임철일(2003)의 연구와 유사한 결과를 나타내고 있다. 면담에 참여한 A기업의 학습자들은 합숙교육이 현실적으로 어려우면, 업무시간 중에 e-Learning으로 학습할 수 있는 시간을 정해놓고 교육에 참여하는 사람들은 모두 그 시간만큼은 집중적으로 학습하도록 배려해주는 것이 학습효과를 높일 수 있는 방법이 아니겠느냐는 제안을 하기도 하였다.

2) 업무와 학습의 병행, 과연 가능한가?

업무시간 중에 학습이 가능한가의 문제는 학습의 개념을 어떻게 보는가와 관련이 있을 것이다. 평생학습 관점에서 볼 때 일과 학습은 별개일 수 없다. 학습을 통해서 일을 더 잘 할 수 있게 되고, 일을 통해서 학습이 이루어진다는 관점에서 보면, 학습은 당연한 업무의 한 과정으로 생각해야 하지만, 실제로는 그렇지 않은 경우가 많다. 다른 면담 참여자의 이야기를 들어보자.

"학습할 시간이 없어서 매번 몰아서 진도 따라가기에 바쁘다. 언제, 어디서든 학습할 수 있을 것이라는 생각으로 교육을 수강하였으나, 현실과는 괴리가 있는 것 같다. 결국 교육 마감시간에 맞추어 몰아서 진도를 나가게 된다. 교육내용 습득과 교육수료는 별개의 문제가 될 수 밖에 없다. 이런 상황을 교육부서는 알고 있는지 모르겠다. 개인적인 소수의 의견으로 생각할 수도 있지만, 아마도 상당수의 사람들도 그렇게 느끼고 있을 것이라고 생각한다."

e-Learning의 학습 컨텐츠는 주로 직장인들의 수요가 많은 외국어, 경영일반 교육, 직무교육으로 구성되어 있어서 직장에서의 업무능력을 향상시키기 위한 컨텐츠들을 제공하고 있다. 그러나, 업무에 도움이 되는 학습내용이라 하더라도 업무시간 중에 학습을 병행하기에는 어려움이 여전히 있는 것으로 판단된다. 이는 유영만(2002)이 "기업의 학습자들이 바쁜 업무 중에 시간을 따로 내어서 학습을 하기는 어렵다"고 규명한 연구와 맥을 같이하는 현상으로 볼 수 있다. 여전히 기업의 현장에서는 일과 학습은 별개의 것으로 인식되고 있다. e-Learning을 하다보면, 강의내용을 듣기 위해 헤드폰 Set을 귀에 꽂고 학습하는 모습을 자주 볼 수 있다. 이 모습이 업무를 하고 있는 다른 동료들에게 별로 좋지 않게 비춰지는 것 같다고 면담 참여자들은 말하고 있다. 설령 업무와 관련된 학습을 하고 있다 하더라도 마치 PC 게임을 하는 모습이 연상되는 것 같다는 점이 이미 형성되어 있는 고정관념과 연상 작용을 일으키는 것 같다. 집합교육이나 합숙교육은 업무시간 중에 아예 일터를 떠나서 이루어지는 반면, e-Learning은 유사한 내용을 학습하면서도 업무시간 중에 할 수 없고, 중식시간이나 업무가 끝난 저녁시간을 이용해서 참여하는 경우가 대부분이다. 학습할 시간이 없어서 진도 따라가기에 급급하다는 현상이 나타나는 것은 바로 이러한 현장의 분위기에 많은 영향을 받고 있다고 할 수 있다.

3) 비용 효과적인 교육, 그러나 학습효과는 여전히 고민이 필요

사실 학습자들은 e-Learning에 대하여 학습 효율성과 비용 효과성 측면에서 매우 긍정적인 평가를 하고 있다. e-Learning은 교육투자 비용도 절감하면서 다수의 인원에게 교육의 기회를 제공하는 장점이 있으며, 전통적인 집합교육의 시공간적 제약을 극복함으로써 다양한 컨텐츠를 강사의 수준에 따른 편차 없이 고르게 전달할 수 있는 효과를 가지고 있다. 업무에 쫓기는 바쁜 일상에서 e-Learning은 활용하기에 따라서 학습에 목마른 기업의 학습자들에게 효과적인 대안이 될 수 있다. e-Learning이 PC 통신망을 통해서 학습자료의 초보적인 공유형태로 제공되기 시작한지 10년 남짓한 시간이 흘러오는 동안 학습내용의 풍부성, 접근의 용이성, 사용자의 인식도 등 여러 측면에서 괄목할만한 성장을 거듭해온 것은 부인할 수 없는 사실이다. 더욱이 전통적인 교육을 붕괴시킬 것이라는 초기의 부정적 인식과는 달리, 전통적인 학습방식과 공존하는 관계는 어느 정도 정착단계에 접어든 것으로 보인다.

그러나, 한편으로는 e-Learning의 장점으로 부각된 비용 효과성이 오히려 부정적인 시각을 심어주는 데 일조를 하기도 한다. 학습자들은 e-Learning의 도입 초기에 비용 효과성을 너무 강조하다보니, 학습자들에게 e-Learning은 교육비가 적게 들기 때문에 기업에서 선호하는 교육방법이라는 인식을 심어주었다라고 비판적인 시각을 나타내기도 한다. 즉, 새로운 교육체제의 도입에 있어서 값싼 교육과정, 많은 학습자를 동시에 교육함으로써 질이 낮은 교육과정으로 첫 이미지를 형성한 것은 잘못되었다는 의미인 것이다. 손소영 (2003)은 "교육담당자가 e-Learning의 비용효과적인 측면을 강조하면서 첫째, 대기업에서 e-Learning 투자를 줄이기 위해서 외주를 많이 주고 있으며, 둘째 교육개발자들이 양질의 프로그램을 개발하기보다는 단기간에 기존의 프로그램과 유사한 형식으로 양산해내고, 셋째 학습자의 니즈나 학습내용에 상관없이 프로그램을 설계하게 된다"고 밝히고 있다. 사실 이러한 현상은 앞에서 학습자들의 문제의식에서도 나타나 있는데, e-Learning으로 하는 교육과정보다는 실제로 모여서 학습하는 전통적 교육과정이 보다 집중적으로 학습할 수 있고, 다른 학습자들과의 네트워킹도 보다 용이하게 할 수 있다는 장점을 갖고 있는 것으로 생각하는 경향이 있다.

또한, 교육담당자들은 e-Learning의 과정관리 차원에서도 문제점을 제기하고 있다. 비교적 초기개발의 투자가 많이 소요되는 e-Learning의 특성상 새로운 교육과정의 업데이트가 쉽게 일어나기 어려운 측면이 있는 것은 사실이다. 그러다보니, 반복되는 교육과정에서 이미 수강한 경험이 있는 학습자들에게 도움을 받아서 학습성취도 평가에 참여하는 경우도 일부 발생하는 것으로 면담 참여자들은 고백하고 있다. e-Learning체제에서 평가의 문제는 별도의 심도 있는 연구주제가 되어야 할 것이다. 무엇이 e-Learning에 적합한 평가형태인지, 전통적인 수업방식에서의 평가와는 어떻게 달라야 하는지에 대한 문제는 현장에서 일어나고 있는 평가의 문제점을 해결하기 위한 연구자들의 관심을 촉구하고 있다. 결국, 정확한 학업 성취도의 평가가 어렵고, 더욱이 학습한 지식을 현장업무에 어떻게 적용할 것인가에 대한 문제는 어려운 과제가 아닐 수 없다. 이러한 문제는 e-Learning이 조직문화적으로 일상의 한 부분으로서 기능하고 정착하기 위해서 반드시 해결해야 하는 과제로 남아있다.

4) 상호작용의 활성화 부족 문제

인터넷 환경으로 이루어지는 e-Learning에서 중요한 부분 중의 하나가 토론방과 커뮤니티 기능이다. 언제 어디서나 접속이 가능하지만, 동료 학습자 및 교수자와 면대면 접촉이 어려운 e-Learning에서 토론방과 커뮤니티를 통한 협력학습의 활성화는 e-Learning 학습효과의 제고를 위하여 필수적인 요인이 된다. 그런데 현실에서 얼마나 이러한 기능이 활용되고 있을까. 실제로는 e-Learning 학습을 하면서 동료 학습자와의 토론은 거의 일어나지 않고 있다는 것을 알 수 있다. 한 면담자의 얘기는 시사하는 바가 크다.

"토론을 굳이 할 필요를 느끼지 못한다. 진도 따라가기에 바쁜데 언제 토론까지 할 수 있겠는가. 그리고, 토론까지 해야 할 만한 학습내용은 거의 없는 것 같다. 강의수준도 기본적인 학습능력만 갖고 있다면 충분히 소화할 수 있다. 결국 심도 있는 내용을 학습하려면 오프라인으로 모여서 해야 하지 않을까 생각한다..."

토론꺼리를 제공해주지 못하는 e-Learning 교육과정은 일방적인 전달식 학습과 별로 다를 바 없다. 사실 e-Learning은 익명성이 보장되는 특성상 Off-Line 학습에서 참여를 꺼려하는 학습자들도 자신의 생각을 글로 표현할 수 있는 장점이 있다. 내성적이거나 소심한 성격으로 Off-Line 학습에서 소외되는 학습자들을 참여의 장으로 유도할 수 있는 대안적 학습방법으로서의 역할을 제대로 수행하지 못하고 있는 것이다. 이와 같이 상호작용의 촉진을 어떻게 할 것인가의 문제는 향후 e-Learning의 발전을 위한 중요한 과제가 될 것이다.

이렇게 되는 이유 중 하나는 e-Learning이 하나의 학습 공동체적 관점에서 이루어지지 못하고, 개인학습으로 분절화 되어 일어나기 때문인 것으로 생각된다. 결국 개인의 지식을 다른 사람과 공유할 기회가 발생하지 않으며, 따라서 e-Learning을 통한 학습이 조직의 지식으로 발전되지 못하는 현상이 일어나게 되는 것이다. 앞으로 e-Learning은 협력적 학습이 온라인에서 일어날 수 있도록 학습 공동체를 활성화하는 데에 초점을 맞출 필요가 있다.

이와 같은 학습 공동체의 하나의 사례로, 삼성경제연구소에서 'Digital 2 프로젝트'를 수행하기 위한 연구자들의 공동체를 구성하면서 제시한 바 있는 연구공동체 랩피(Labpy)를 들 수 있다. 랩피는 Task Force팀을 만들어 공동의 학습목표를 지향하고 기존의 정보를 공유하는 단계를 넘어서 실제로 연구와 집필을 위한 공동체로서 구성원 각자가 연구한 결과물을 올리고 그에 대한 건전한 비평과 성찰, 새로운 아이디어의 제안 등을 공동체 내에서 할 수 있도록 만든 일종의 학습 공동체라고 할 수 있다.

또한, 이와 같은 학습공동체를 지원하기 위한 구체적인 실천방법으로 파일의 공유, 온라인 미팅, 연구의 데이터와 프로세스를 역추적할 수 있는 Tracking 기능을 제공함으로써 협동적 사용자 경험을 제공하기 위한 도구들을 제공할 필요가 있다.

본 연구는 다수의 학습자들을 대상으로 한 장기간에 걸친 질적 연구에 비하여 학습현상의 깊이와 범위에 있어서 한계를 가지고 있으며, 학습자들이 제기하는 현실의 문제는 학습자 개인의 특성에 의한 것일 수도 있고, 특정한 한 조직에 국한되는 문제라고 얘기할 수도 있다. 그러나, 연구의 대표성에 한계가 있음에도 제기하고자 하는 것은 기존의 기업 e-Learning에 대한 많은 연구가 양적 효과성 중심의 결과를 기술하고 있는 데 비하여 기업 현장에서 느끼는 기업교육의 변화는 그만큼 따라가지 못하고 있다는 현장의 인식에 터한 것으로서 비록 소수의 담론일지라도 이를 적극적으로 수용하여 e-Learning을 더욱 발전시키고 기업교육의 효과적인 대안으로서 자리매김을 해나가기 위한 건설적 제안으로 제기하고자 하는 연구의 목적에 기초를 두고 있다. 또한 앞으로 e-Learning을 하나의 학습현상으로 보고 이를 있는 그대로 탐구하는 인류학적 연구방법론을 적용하는 기업교육 인류학의 연구가 활성화되기를 기대해본다. 아울러 본 연구를 심화시켜서 후속적으로 다수의 기업조직을 대상으로 조직문화를 진단하고, e-Learning학습이 효과적으로 이루어지기 위한 요소간의 관계를 규명하고 각 조직별로 적합한 학습지원 방안을 제시하는 연구가 필요할 것으로 생각된다.

4. e-Learning의 환경요인으로서 조직문화적 맥락의 재조명

사회의 급속한 변화로 인하여 복잡성이 높아지고 있다. 불확실한 상황에서 복잡한 문제를 해결하는 것은 급변하는 환경에 놓여있는 기업의 학습자들에게 업무수행을 잘 하기 위한 필수적인 능력에 포함된다고 해도 과언은 아닐 것이다. 학습자들은 실제 생활에 적용 가능한 지식과 기술을 확보하기 위하여 높은 차원의 학습을 하고자 하는 요구가 높아지게 되었다. 이를 위하여 기업에서는 개별학습의 차원을 넘어서 조직차원의 지식을 창출하는데 관심을 가지게 되었다.

또한 학습에 대한 관점은 지식의 전이 패러다임(Transfer of Kno-wledge)에서 학습자 중심 패러다임(Learner-as-Thinker)으로 옮겨가고 있다. 이는 지식을 한 사람에게서 다른 사람에게로 전파되는 객관적인 실체로 바라보는 것이 아니라 학습자 개인이 지식 구성을 위한 주관적인 특성을 강조하고 지식 구성 그 자체보다는 실제 생활 상황에 적용이 가능하도록 하는 것을 목적으로 한다(Bruner, 1996; De Jong et al., 2002).

그러나, 현재 기업현장에서 광범위하게 활용되고 있는 e-Learning은 전통적인 강의실 상황에서의 컨텐츠를 그대로 컴퓨터 네트웍으로 지원되는 환경으로 옮겨놓고 일방적으로 정해진 학습 진도에 따라 학습을 통제하고 있다는 비판이 제기되고 있다. 이와 같은 형태에서는 협력학습(Collaborative Learning)이 구현되지 못할 뿐 아니라 학습자들의 만족도와 성취도에 부정적인 영향을 주게 될 것은 자명한 일이다. 이는 e-Learning이 제공할 수 있는 많은 장점 중 하나인 협력적 지식구축(Collaborative Knowledge Construction)이 기업의 현장에서 제대로 일어나지 못하고 있다는 의미일 것이다. 이는 학습 참여자들이 협력하는 과정을 통하여 그룹 차원의 지식으로 발전시키지 못하고 개인차원의 지식획득의 수준에 머무르거나 고차원적인 사고의 과정을 제공하지 못하는 결과로 이어지고 있다. 이러한 현실에 대하여 유혜령(2004)은 "테크놀로지로 지원되는 교육활동이 교육과 지식의 본질에 대한 깊은 숙고를 결여한 채 기계적인 의사 소통론에 근거하여 교육 현장에서의 현상적 진리를 간과하는 우를 범하고 있는 실정"이라고 문제를 제기하기도 하였다.

테크놀로지 자체만으로는 실제적인 협력학습을 창출하지 못하며 사회문화적 인프라의 구축과 지원이 매우 필요하다. e-Learning이 실패하는 이유는 참여자들의 개인적, 문화적 배경이 다름에도 불구하고 이를 활용하려는 노력을 제대로 하지 않기 때문이다(Bielaczyc, 2001; Stahl, 2002). 따라서 이를 극복하기 위해서는 참여자들의 개인적, 문화적 배경에 적합한 학습 지원전략이 도입되어야 한다.

권성호(2002)에 의하면, "교육과 문화의 관계 맺음을 통하여 교육현상을 바라볼 필요가 있다. '교육현상에 대한 이해'는 사회, 문화적 관점에서 폭넓게 다루어져야 하기 때문이며, 교육현상에 대한 연구는 단순한 정보의 전달과 획득 차원을 넘어 사회 속에서 발생하는 구성원들의 성향, 행동양식, 견해 등을 파악해 나가는 과정으로 인식되어야 한다. 따라서 디지털 시대의 교육연구는 교육을 문화와 격리된 독립체제로서가 아니라 사회문화의 관계 속에서 이해하여야 할 것이며, 이러한 교육과 문화의 관계 맺음 속에서 절실히 요구되는 것이 정보과학기술(Hardware)과 교육문화 컨텐츠(Software)의 적응과 조화이다." 기업의 맥락에서 본다면 조직문화와의 관계맺음이 더욱 필요할 것이다.

교육에 대한 문화적 접근으로부터 도출할 수 있는 가장 근본적인 관점 중 하나는 학습은 단지 보여주고 말하는 활동이 아니라 사람들 간의 상호작용을 통해서 일어난다는 것이며, 교실이나 학습집단은 이러한 현상이 일어나는 학습자 공동체로서 인식된다는 것이다(Bruner, 1996).

학습공동체의 참여자간 상호작용은 협력적 지식구축 활동으로 볼 수 있으며, 이러한 상호작용이 일어나는 공간을 2명 이상의 학습자가 참여하는 집단이라고 가정한다면, 집단을 구성하는 학습자가 처한 상황적 맥락이나 학습집단의 문화적 성향에 따라서 협력적 지식구축 활동의 형태가 다르게 나타날 것이라는 예측을 해볼 수 있다. 이러한 예측은 e-Learning은 적용되는 문화의 상황적 맥락과 밀접한 관계를 맺고 있다는 주장(Hoadley, 2002)에서도 근거를 찾아볼 수 있다.

e-Learning이 적용되는 문화적 상황과 밀접한 관련성이 있다면 기업에서의 e-Learning은 해당기업의 조직문화와 관련이 있을 것이라는 추론을 해볼 수 있다. e-Learning 환경에서 협력적 탐구 활동이 일어나는 학습집단도 하나의 단위 조직이라는 차원으로 인식의 지평을 확대한다면, 조직문화를 분석하는 틀은 e-Learning에서 학습집단의 협력적 지식구축 과정을 분석하는데 기여할 수 있을 것으로 생각된다. 또한 조직문화를 개발하고 혁신하는 것은 e-Learning이 일어나는 각각의 프로세스와 밀접한 연계성을 가질 필요가 있다.

기업조직 내에서의 학습은 권한위양, 실패의 용인, 임직원 상호 간 신뢰, 의사결정의 투명성, 조직 구성원의 응집력과 같은 조직문화적 요인에 의하여 영향을 받는다. 따라서, 조직문화는 기업 학습자들의 학습과정과 결과의 현업적용에 중요한 영향을 미치는 요인이라고 할 수 있다. 학습을 촉진하는 환경으로서의 조직문화는 조직 구성원이 가지는 공통의 정체성, 문제해결을 위한 협력, 팀 빌딩, 정보공유, 커뮤니케이션, 조직 구성원 개인의 전문성 개발, 문화적 적응력 등을 통해서 창출해나갈 수 있으며, 이들은 상호 관련성을 맺고 있다(Irena, Celina & Leoni, 2002).

성공적인 협력적 지식구축을 위해서는 조직 내에서 사회적 기반구조(Social Infrastructure)를 적절하게 구축하는 것이 필요하다. 사회적 기반구조는 문화적 차원(Culture Level), 활동차원(Activity Level), 도구차원(Tool Level)으로 나누어볼 수 있다(Bielaczyc, 2001). 이는 e-Learning에서 협력적 학습이 일어나고, 그것이 현장에 지속적으로 적용 가능하도록 만들기 위해서는 단순하게 도구차원에서 테크놀로지 기반의 환경을 구축하는 것에서만 그치지 않고, 학습자 간 상호작용을 통한 활동차원을 거쳐 조직문화적으로 협력적 지식구축

활동이 일어나도록 만들어나가야 함을 의미한다. 학습참여자들 간의 협력적 지식구축은 문화적 차원에서 협력적 학습 활동에 긍정적인 영향을 줄 수 있을 것으로 예측해볼 수 있다. Lipponen(2002)은 더 나아가서 협력적 지식구축을 위해서는 기술공학적 구조(Technical Structure)보다 사회적 구조(Social Structure)가 근본적인 요소임을 강조하였다. 이러한 사회적 기반구조는 테크놀로지의 적용과정에서 나오는 문제점을 해결하고 학습 공동체를 만들어나가는 데 도움을 줄 수 있다. 협력적 지식구축 과정에서는 대립, 갈등, 경쟁의 형태가 나타날 수 있다. 진정한 의미에서의 협력은 이러한 문제를 고려해야 한다.

Dillenbourg 와 Traum(2006)에 의하면 협력적 지식구축은 상호이해의 폭을 넓히는 과정을 통해서 나온 가정들을 확장하고, 공유된 개념(Shared Conception)을 만들고 유지해가는 과정이라고 할 수 있다. 여기에서 확장은 정보를 편집, 수정, 문제 제기하는 과정을 통하여 아이디어를 확장시켜 가는 개념이고 유지는 아이디어에 대한 반대의견이 없을 때 상호이해가 된 상태가 지속됨을 의미한다. 이들의 연구는 학습집단의 구성원들간에 상호작용이 장시간동안 일어나다보면 특정한 문화를 형성하게 되며, 이러한 학습집단의 문화는 다양한 개념만을 포함하고 있는 것이 아니라, 더욱 중요하게는 가치체계, 해석의 틀(frame for interpreting), 상황, 다양한 이야기, 집단의 역사 등을 담고 있다는 점을 강조하였다.

e-Learning의 중요한 목적 중 하나는 학습자 개개인의 학습 뿐 아니라 집단에 속한 학습자 공동의 지적결과를 만들어내는데 있다. 여기에서 지적 결과란 집단이 학습해야 할 정보를 처리하는 다양한 과정을 통하여 획득한 공유정신모형[8](Shared Mental Model)이다.

이러한 공유정신모형을 획득하기 위한 과정으로 학습자들이 함께 공동의 공간에서 해결해야 할 과제가 무엇인지 정의하고 이를 해결하기 위하여 일련의 계획을 세우고 진행사항을 점검하고 필요한 정보를 탐색하거나 인출하고 저장하는 등의 활동이 필요하다.

교육은 문화와의 관계맺음이라는 관점(권성호, 2002; Bruner, 1996)을 채택하면 e-Learning에서 공유정신모형을 획득하기 위한 협력학습의 과정에도 문화적인 요인이 영향을 미칠 것이라는 예측을 해볼 수 있다. 따라서 기업의 e-Learning환경에서 협력적 지식구축의 효과성은 해당기업의 조직문화와 밀접한 연관성이 있다는 추론이 가능하다.

조직문화는 조직을 다른 조직과 구별되도록 만들어주는 성공 요인, 업무 절차, 상징, 언어, 주요한 리더십 스타일, 가치 등에 의하여 나타난다. 조직 내에서도 각 부서들마다 독특한 문화를 가지게 된다. 따라서 조직차원에서 프로세스나 특정한 활동을 통합적으로 수행하는데 부서간 갈등이 생길 수 있다. 이는 각 부서들이 자체적인 관점과 가치, 문화를 가지고 있기 때문이다.

강하고 독특한 문화는 집단적인 불확실성을 없애주고, 사회적인 질서를 창출하며, 지속성을 유지시켜주고, 집합적인 정체성과 몰입을 만들어 낸다. 그리고 미래의 비전을 명확하게 해준다. 대부분의 조직이론가들과 현장 실천가들은 조직문화가 조직의 성과와 장기

---

8) 공유정신모형은 멤버들간에 과제, 목표, 전략에 대하여 지식이 공유되는 것을 의미하며 팀이나 과제에 대한 지식이 유사해지는 정도로 정의할 수 있다(Cannon-Bowers et al.,1993; Klimoski & Mohammed, 1994). 과제에 대한 공유정신모형은 과제에 대한 팀 멤버간 공유된 지식, 팀에 대한 공유정신모형은 서로에 대한 팀 구성원간 공유하는 지식을 의미한다. 공유정신모형은 다양한 용어로 불리고 있다. 집합적 인지(Collective Cognition), 팀 지식(Team Knowledge), 팀 정신모형(Team Mental Model) 등은 모두 유사한 개념으로 볼 수 있다(Klimoski & Mohammed, 1994).

적인 효과성에 있어서 매우 중요한 영향을 미치는 것으로 인식하고 있다. 경험적 연구에서도 조직문화가 조직의 성과를 높이는 데 영향을 주고 있는 것으로 증명하고 있다(Schein, 2004).

이와 관련하여 e-Learning 관점에서 학습참여자의 인지적 수준에 따라서 학습집단을 구성하거나 e-Learning 시스템 솔루션을 구축할 때 특정한 인지적, 사회적 지원도구를 적용하여 효과성을 검증하는 연구는 많이 진행되고 있으나, 학습 참여자간 상호작용을 문화적 관점에서 바라보고 학습집단의 문화적 성향의 유형에 따라서 어떻게 협력학습의 과정이 달라지는지, 그 결과로 획득되는 공유정신모형 간의 차이는 어떠한지를 규명한 연구는 드물다. 조직 내에서의 학습, 즉 협력적 지식구축 과정에서 문화적 관점의 의미를 살펴보고자 하는 것은 결국 교수-학습과정에 문화가 어떤 영향을 미치는지, 그리고 그 과정에 문화가 어떻게 반영되고 있는가를 밝히고 그것이 어떤 교육적 의미를 갖는가를 해석할 필요가 있다.

조직문화의 성향에 따라 협력적 지식구축의 과정과 그 결과로 형성되는 공유정신모형에 차이가 어떻게 발생하는지를 규명하는 것은 향후 e-Learning 연구에 있어서 문화적 요인을 고려한 교수-학습 전략을 개발하는 데 구체적인 시사점을 줄 수 있을 것으로 생각된다.

기업에서 e-Learning이 최근 몇 년간 이루어 온 성과는 실로 대단하다. 불모지나 다름없던 상태에서 출발하여 현재 해외로 그 노하우를 수출할 수 있는 단계에 이르렀을 정도이다. 그러나, 이러한 현상이 외형적 성장에만 경도되어 있는 것은 아닌지 한 걸음 물러서서 진지하게 성찰해 볼 필요가 있다. 지식기반사회가 된 현 시점에서 e-Learning은 기업의 인적자원개발의 변화를 이끌어갈 강력한 해결대안이 될 수 있는 가능성을 가지고 있다. 다만, 여기서 생각해 봐야할 것은 몇 년간 각고의 노력을 통해서 이루어 온 성과를 이제는 질적으로 발전시키는 것은 물론, 지속가능한 성장 동력을 확보하려는 노력을 병행해야 할 시점이라는 것이다. e-Learning에 지속적인 인적자원개발의 적용방안을 고려해본다면, 조직의 문화적 상황맥락에 융화될 수 있도록 해야 할 필요가 있다. 조직문화적 차원에서 e-Learning을 바라봐야 하는 이유가 바로 여기에 있는 것이다.

이를 위해서는 과연 현장에서 우리 조직의 구성원들이 어떤 생각과 인식을 갖고 e-Learning을 하고 있는지, 고객의 목소리에 진지하게 귀를 기울여야 필요가 있음은 물론이다. 당연하고 누구나 알고 있는 것을 꾸준히 우직하게 실천하는 것이야말로 우리 기업의 e-Learning, 더 나아가서는 인적자원개발이 지속적으로 발전할 수 있는 밑거름이 된다는 평범한 진리가 새삼 무겁게 다가오는 시점이다.

6장. 기업 e-Learning 성장과정과 미래지향점 탐색

1. 들어가는 글

한국 기업의 e-Learning은 시간과 비용의 효율성 측면에서 긍정적인 평가를 받으면서 급속하게 확대되어 왔으며, 현재도 정부의 지원정책에 힘입어 이러한 현상은 계속되고 있다. 그러나 이러한 양적인 증가가 곧 우수한 학습의 질을 보장해주는 것은 아니며, 현재의 엄청난 기대감이 충족되지 못할 경우 쓸쓸히 역사의 뒤안길로 사라지게 될지도 모른다.

한국의 기업은 세계에 유래를 찾아보기 어려울 정도로 급속한 발전을 이루었으며, 발전 속도만큼이나 빠르게 e-Learning을 도입하였다. 또한 그에 병행하여 양적으로도 엄청나게 확산되는 성과를 올렸지만 정작 이제까지의 발전과정에서 문제는 없었는지, 과연 e-Learning이 도입 초기에 표방했던 슬로건처럼 '언제, 어디서나, 누구에게나' 양질의 학습기회를 제공해주었는지에 대해서는 진지한 논의가 부족하였다. 화려한 성장 이면(裏面)에 가려져 간과되어 온 부분은 없는지, 앞으로 더욱 e-Learning이 발전하기 위해서는 어떤 점을 고려하고 개선해야 하는지에 대해서 되짚어 볼 필요가 있다. 특히 한국기업의 e-Learning은 그 발전과정에 못지않게 그 도입초기의 기대처럼 교육기회 격차를 해소해주고 있는지에 대해서 생각해볼 필요가 있다. 이장익(2004)의 연구에서는 "교육정보화에 대한 기대와 희망은 첫째, e-Learning은 전통적 교육조직의 문제를 해결할 수 있다. 둘째, 공급자 중심의 주입식 교육에서 수요자 중심의 자기 주도적 교육으로 변화를 의미하며, 셋째 정보화를 통하여 보다 더 효과적인 학습을 저렴한 비용으로 성취하게 될 것이고, 넷째 보다 풍부하고 다양한 학습기회를 더 많은 사람에게 제공할 것이라는 신화를 심어 주었지만, 실제 현상은 그렇지 못하다"는 문제를 제기하고 있다. 그의 연구는 물론 대학의 상황을 대상으로 한 것이었지만, 우리 기업의 상황에도 시사하는 바가 크다고 생각된다.

한국경제가 발전해오는 과정에서 양극화 현상이 두드러지게 나타나고 있다는 점이 사회현상의 일단(一端)이라고 한다면 사회를 반영하는 교육현상 중의 하나인 e-Learning 역시 자연스럽게 사회적 현상의 하나라는 차원에서 생각해볼 수 있다.

e-Learning의 양극화 현상은 특히 교육기회 제공의 차원에서 중소기업과 대기업의 격차에서 비롯되어 있으며, 특히 한국 기업의 e-Learning은 대기업의 정규직 근로자에게 집중적으로 교육기회를 제공하고 있다고 할 수 있다. 중소기업, 특히 중소기업의 비정규직 근로자는 e-Learning을 통한 학습기회의 제공에서 거의 소외되어 있다고 해도 과언이 아닐 것이다. 사실 기업적 맥락에서 e-Learning에 대하여 이론적 연구든, 실천사례든 논의의 대상은 거의 대기업의 정규직 근로자를 의미한다고 해도 과언이 아닐 것이라고 본다. 이는 인적자원개발의 다른 분야도 마찬가지이다.

한국노동연구원의 자료에 따르면 "비정규직이면서 중소규모 사업체에 근무하는 근로자의 시간당 임금은 정규직이면서 대규모 사업체에서 근무하는 근로자의 42.9%에 그치고 있다. 정규직과 비정규직은 임금 및 근로시간, 소득분배 등 여러 면에서 격차를 나타내고 있지만, 무엇보다도 사회보험 가입실태를 보면 그 차이를 극명하게 할 수 있다. 예를 들어, e-Learning 활성화와 기업 근로자의 학습기회 제공을 위하여 노동부에서 정책적으로 지원하고 있는 고용보험에 가입되어 있는 비율을 보면 정규직은 63.8%, 비정규직은 34.5%로서 절반이 넘는 수가 고용보험의 적용을 받지 못하고 있다"(강승복, 2005).

이와 같은 현상은 단순히 기업이 근로자들에게 시혜(施惠)적 차원에서 여유가 있으면 e-Learning의 학습기회를 제공해주고, 안 해줘도 어쩔 수 없는 것이라는 평면적 접근으로 해결될 수 있는 문제는 아닐 것이다. 기업 HRD에서 정규직과 비정규직, 대기업과 중소기업의 대비현상은 오늘을 살아가는 우리들에게 또 하나의 무거운 연구의 화두를 던져주는 것이라고 생각한다. 교육공학을 공부하는 연구자들과 HRD에 관심을 갖고 있는 사람들은 이러한 문제에 대하여 얼마나 인식하고 있는지 필자들부터 다시 한번 돌아봐야 할 시점이라고 생각한다.

이렇게 최근 사회적으로 많은 논의가 이루어지고 있는 양극화 해소에 대한 문제는 e-Learning에서도 예외가 아닐 것이라고 생각한다. 본 장에서는 이러한 문제의식을 전제로 대기업과 중소기업의 e-Learning 현상을 살펴보고 그 격차를 해소하기 위한 나름대로의 대안을 생각해보고자 한다.

이를 위하여 본 장에서는 첫째, 한국기업의 e-Learning 발전과정을 살펴보고 둘째, 한국에서의 기업 e-Learning은 과연 학습기회를 모든 사람에게 제공하고 있는지 그 명암을 살펴보고자 한다. 마지막으로는 미래지향적 관점에서 e-Learning의 바람직한 발전방향은 무엇일지에 대하여 생각해보고자 한다.

한국기업은 e-Learning을 매우 짧은 기간 내에 양적으로 확대시키고 교육의 중심적인 트렌드로 자리 잡도록 한 점은 다른 어느 나라보다도 탁월하다. 한국기업의 경우, e-Learning의 발전과정은 정부기관의 주도로 고용보험법이라는 정책지원을 통한 교육비용의 효과성을 제고하는 차원에서 성장의 동력을 찾았다고 볼 수 있는데, 이는 다른 나라의 발전과정과는 매우 다른 양상을 보여주고 있다. 그러나, 그 과정에서 우리는 어떤 철학과 주관을 가지고, 접근했는지 성찰해보아야 할 시점이라고 하겠다. 단순히 실적위주로 누구에게나 획일적으로 적용하려는 대량생산의 관점에서 바라보지는 않았는지 돌이켜보고 발전과정 속에서 소외된 대상자들에 대해서도 관심을 가져야 할 것이다.

2. 대기업의 e-Learning 현황

기업의 e-Learning은 시간과 비용의 효율성 측면에서 긍정적인 평가를 받으면서 급속하게 확대되어 왔으며, 현재도 정부의 지원정책에 힘입어 이러한 현상은 계속되고 있다.

"특히, 노동부의 경우 직업능력개발사업의 일환으로 e-Learning 지원 정책 및 제도를 정비함으로써 기업 재직 근로자에게 평생학습의 기회를 부여하기 위한 실천기반을 마련하였다. 대표적인 지원제도로는 노동부의 인터넷 통신훈련을 꼽을 수 있다. 노동부의 인터넷 통신훈련의 제도 정비의 과정은 우리나라 기업 e-Learning의 발전과정과 그 궤를 같이한다고 볼 수 있다. 1990년대 중반부터 대기업을 중심으로 웹을 활용하는 훈련이 시도되었지만, 1999년 노동부의 고용보험법에 의거 인터넷에 기반한 교육의 실시에 대해서도 교육비용을 지원하는 제도가 운영되면서 국내 e-Learning은 급속하게 성장하게 되었다. 이를 통하여 e-Learning이 인터넷 통신훈련으로서 고용보험법의 적용을 받는 새로운 직업훈련의 형태로 명시되었고, 기존의 집체훈련, 현장훈련과 함께 통신훈련 체제를 확립하였으며, 1999년부터 2000년 사이 단 2년만에 인터넷 통신훈련 영역은 노동부의 고용보험 지원액 기준으로 20배 이상 증가하는 급속한 양적 성장을 이루었다"(이수경, 2003). 이러한 결과로 이미 2002년에는 e-Learning을 통하여 직무교육을 받은 인원이 전체 직무교육 참여자의 1/3을 초과하는 비중을 갖게 되었다.

이건웅(2002)은 우리나라 대기업 11개의 e-Learning 구축전략을 기업특성, 운영전략, 시스템, 인적자원관리와의 연계 등 4가지 분야로 나누어 사례분석을 실시하였다. 그 결과에 의하면 "먼저 기업특성 분야에서는 기존에 Off-Line으로 연수원을 운영하던 기업들이 e-Learning으로 영역을 넓힌 것으로 나타났으며, e-Learning의 도입목적은 접근 용이성과 비용절감 효과를 가장 큰 이유로 들었다. 도입 시기는 주로 1990년대말에 도입한 기업이 가장 많은 숫자를 차지하였으며 2001년부터 e-Learning을 도입한 기업도 적지 않은 것으로 나타났다. 이는 선행기업들의 추진결과가 여타 기업으로 영향을 미침으로서 e-Learning의 확산에 기여한 것으로 이해될 수 있다. 둘째, 운영전략의 측면에서는 자사직원으로 교육대상을 한정한 경우가 가장 많았으며, 특히 노동부의 고용보험의 지원을 받는 프로그램을 개발하여 참여도를 향상시키고자 노력하고 있는 것으로 나타났다. 셋째, 시스템 차원에서는 자체적인 시스템을 운영하고 있는 기업이 대부분으로 소수의 기업만이 ASP를 이용하고 있는 것으로 나타났다. 이는 시스템 운영의 주도권을 확보하여 기업의 경쟁력 향상에 공헌할 수 있는 교육 프로그램을 제공하고자 하는 의도가 작용한 때문으로 이해할 수 있으며 더 나아가 규모가 큰 기업의 경우에는 e-Learning과 관련된 투자가 재무적으로 큰 부담이 되지 않기 때문에 자체 운영이 선호되는 것으로 보인다. 학습을 돕는 온라인 커뮤니티는 학습과정이 시작되는 순간에 자동적으로 생성되는 등 대부분의 기업들이 커뮤니티 생성을 통해 e-Learning을 지원하고 있음을 알 수 있다. 더 나아가 전문적인 주제를 선정하여 관심을 가진 학습자들이 이에 참여하여 개인적인 역량을 확장하고 이것이 궁극적으로 기업역량의 향상으로 연결되는 운영시스템을 갖춘 경우도 있다. 컨텐츠 개발차원에서는 자체개발, 외주, 자체개발과 외주가 복합된 형태 등 3가지 경우가 나타나는데, 기업의 형편에 따라 종업원들이 갖추어야 할 역량에 차이가 나게 되지만 예를 들어 꼭 필요한 부분에 대해서는 자체개발을 주로 하고, 기타 교양, 어학, IT 분야의 경우에는 외주 혹은 외부 전문기관과의 전략적 제휴를 하는 경우가 다수를 이루었다. 마지막으로 인적자원관리와의 연계 부분에서는 교육이수 학점제를 운영함으로써 인사제도와의 연계를 도모하는 경우가 대부분이었고, 전통적 방식의 학습방법과 e-Learning을 연계하는 것에 대해서는 모든 기업들이 적극적으로 활용하거나, 활용을 긍정적으로 검토하고 있었다. 인적자원관리와의 연계측면에서 보다 구체적으로 살펴보면 자격증 취득의 기회를 제공함으로써 학습자의 동기유발과 실질적인 도움을 주고자 하는 시도를 지속적으로 하고 있었다"(이건웅, 2002).

결론적으로 과거의 경험 유무에 관계없이 대규모 사업장을 가진

기업들은 e-Learning의 필요성을 인식하고 이를 기업현장에 도입하고 있으며 교육과정도 다양해지고 있다. 이와 같은 양적인 성장이 의미 있는 질적 효과를 얻기 위해서는 인적자원관리 시스템과 e-Learning의 연계를 강화하고 개개인의 학습의욕을 자극하는 노력과 시스템을 구축하는 것이 필요하다.

3. 중소기업의 e-Learning 상황

위에서 살펴본 바와 같이 우리나라의 e-Learning은 대기업이 주도하여 발전해 온 점이 특징이라고 볼 수 있다. 그러나 만성적인 인력부족에 시달리며 기업성장에 필요한 유능한 인적자원에 목말라하는 중소기업에 있어서 인적자원개발은 매우 중요한 과제임에도 이에 대한 관심과 지원은 아직까지 부족한 상황이다.

언론 보도를 종합해보면, 2002년도에 종업원 150명 미만의 중소기업의 근무자 중에서 e-Learning을 통하여 직무교육을 이수한 인원은 5%도 채 되지 않았다. 앞 서 언급한 대기업의 상황과 비교해보면 격차를 명확하게 알 수 있다. 이렇게 된 원인은 무엇보다도 중소기업 입장에서 볼 때, e-Learning을 제공하기 위한 독자적인 시스템을 구축하고, 교육과정을 개발하는 데 드는 재무적, 비재무적 자원에 여유가 없기 때문일 것이다.

"흔히 중소기업 인적자원관리의 문제점으로 중소기업 인력부족 현상의 고착화 경향, 기술연구 인력의 부족, 이직, 열악한 임금 및 근로조건이 거론된다. 2001년 중소기업협동중앙회의 조사에 따르면 중소기업에서는 특히 생산인력의 부족현상이 심각한 것으로 나타났다. 이 조사가 다소 시간이 지난 것이라고는 하지만, 현재도 이와 같은 현상은 그리 달라지지 않은 것으로 보인다. 청년 실업율이 사상 최대로 높아지고 있지만 그래도 대기업을 선호하는 취업 성향은 변하지 않고 있는 것은 주지의 사실이다. 따라서 이와 같은 상습적이고 반복적인 인력자원의 부족은 중소기업이 교육훈련관리를 통한 인적자원개발 여유를 상실하게 만든다. 결국 중소기업들은 장기적 경쟁력 향상을 위해 교육훈련의 필요성을 느끼고 있지만, 생산인력을 비롯한 종업원들이 잠깐이라도 현업을 떠날 수 없다는 점에서 제약을 받고 있는 것이다. 아울러 연수시설에 자원을 투자할 수 없는 문제점도 교육훈련의 강화를 통한 중소기업 경쟁력 향상에 어려움으로 작용하고 있다"(이건웅, 2001).

그러나, 위와 같은 현상은 그 이후에도 별로 개선되는 형태를 보여주지 못하고 있다. 수년간 문제제기만 많이 되었을 뿐 실제적으로 바뀐 모습은 없다보니 기업 특성상 여러 사람의 몫을 수행해야 하는 중소기업의 학습자들은 현장의 업무 때문에 학습의 기회를 갖지 못하고 있는 상황이다. 이러한 열악한 현실에 대한 대안으로 등장한 것이 e-Learning이다. 사실 e-Learning의 특성을 잘 살린다면 인적자원개발에 어려움을 겪고 있는 중소기업에 매우 큰 도움을 줄 수 있을 것으로 기대된다. 그러나, 아직까지 e-Learning과 관련하여 중소기업의 니즈에 맞는 다양한 교육과정은 충분히 제공되지 못하고 있다는 지적이 있다.

e-Learning이 중소기업의 인적자원개발에 공헌한다는 것은 생산적인 시간에 다양한 부문에서 일하는 종업원들에게 업무효율을 증대시킬 수 있는 고품질의 새로운 지식을 지속적으로 학습할 기회를 제공함으로써 재훈련이 일어나도록 하고 궁극적으로 기업의 경

쟁력이 강화되는 효과가 나타나도록 해야 함을 의미한다.

위에서 살펴본 바와 같이 한국기업의 e-Learning에서 가장 두드러진 특징 중의 하나는 대기업 위주의 편중현상을 들 수 있다. e-Learning이 당초의 기대와는 달리 오히려 교육기회의 불균형 현상을 심화시키는 원인이 될 수 있다는 점에서 양극화 현상이라는 주제는 경제소득의 측면 뿐 아니라, 오늘을 사는 교육공학도들에게 또 하나의 무거운 숙제를 던져주고 있다는 생각이다.

4. 기업 e-Learning의 새로운 지향점 탐색

다음 장에서는 이와 같은 양극화 현상의 극복이라는 주제에더 더하여, 다가올 미래지향적 e-Learning을 위하여 제기되고 있는 이슈들을 중심으로 새로운 지향점을 모색해보고자 한다. 이제까지 살펴본 바와 같이 e-Learning은 양적 성장을 급속도로 달성해왔지만, 현실적 적용에 있어서 장밋빛 기대를 안고 출발했던 초창기와는 달리 현장 학습자의 목소리를 제대로 담아내는 데에는 미진한 부분이 있음을 부인하기 어렵다. e-Learning에 문제가 있다고 해서 희망의 메시지가 없는 것은 아니며, 이를 포기하거나, 다시 전통적인 교육방법만을 고집하는 시대로 회귀할 상황은 더욱 아닌 것이다. 많은 연구들이 향후 상당기간 동안 국내의 e-Learning 산업이 지속적으로 성장할 것으로 예상하고 있다.

기업 e-Learning의 새로운 지향점 탐색은 앞에서 살펴본 e-Learning의 급속한 성장과 그 과정에서 발생한 양극화 현상 등을 극복하고 앞으로 더욱 발전적인 방향으로 나아가기 위한 방안을 제안해보고자 한다.

1) 글로벌화를 통한 지속적인 성장

한국의 e-Learning은 해외 진출을 활발히 모색하고 있다. 기술적 인프라는 이미 세계적인 수준에 도달한 것으로 평가되고 있어 향후로는 글로벌 환경에서의 e-Learning은 어떻게 구현할 것인지 해당 국가의 문화에 적합한 컨텐츠 개발 및 교수-학습 전략에 대한 논의와 관심이 높아져야 할 것으로 생각된다. 이미 e-Learning 전문업체들은 해외로 눈을 돌리고 있다. IT 선진국으로서 자리매김하려는 국가차원의 전략은 이를 지원하기 위한 시도를 다양하게 전개하고 있다. 이미 일본, 영국, 동남아 국가 등 다양한 형태로 시장을 확대하려는 노력이 일어나고 있음은 주지의 사실이다. 위와 같이 해외기업과의 협력모델을 통한 e-Learning의 해외진출은 앞으로 중요한 이슈가 될 것이다. 국내 시장에 국한되지 않고, 그 외연을 확대하는 노력을 병행하는 것은 우리 e-Learning을 수출하는 효과 외에도 해외의 상황을 보다 구체적으로 파악하고, 이를 다시 국내의 e-Learning을 발전시키기 위한 재생산으로 심화시킬 수 있는 기회가 될 수 있을 것이다.

기업 e-Learning에 있어서 또 하나 중요한 이슈는 이미 글로벌 기업으로 성장한 한국 기업들의 해외 현지채용인력(이하 현채인)에 대한 교육이 될 것이다. 해외 현채인은 한국기업에 있어서 빼놓을 수 없는 경쟁력의 원천이 되어있으며 이들을 어떻게 활용하는가가 향후 한국기업의 발전을 좌우할 수 있는 요소가 될 것이다. 이러한 현상은 글로벌화가 지속되는 상황에서 앞으로 중요성이 더해질 것으로 보인다. 따라서 앞으로 e-Learning을 통해서 한국기업의 인적자원개발을 논하고자 할 때 해외 현채인에 대한 이슈를 반드시 고려해야 하며, 기존의 국내 종업원들의 교육을 위하여 개발한 e-Learning 시스템이나 컨텐츠를 어떻게 해외 현지의 사정에 맞게 적용할 것인지에 대한 연구가 필요해질 것으로 생각된다. 단순히 한국어 교재내용을 번역하는 수준으로는 해외 현채인의 문화적 컨텍스트에 적합한 e-Learning이 이루어지지 못할 것이다. 기업 e-Learning의 미래 경쟁력은 바로 이러한 문화적 컨텍스트에 여하히 적응하느냐의 여부에 달려있다고 하겠다. 많은 기업들이 해외 사업의 성공 여부에 따라 성과에 미치는 영향이 확대되고 있다. 따라서, 국내 본사의 정책을 해외 각 지점, 법인으로 전파하고, 한 방향으로 만들어가는 데에 e-Learning이 기여할 수 있는 바가 크다고 할 수 있다. 또한, 본사의 수준으로 기술과 서비스, 직무 역량을 업그레이드시키기 위하여 필요한 활동들을 e-Learning을 통해서 추진함으로써 시간, 비용효과적인 e-Learning의 장점을 충분히 활용할 필요성이 있다고 여겨진다. e-Learning은 이제 국내 중심의 컨텐츠와 과정개발에서 한 걸음 더 나아가 글로벌 차원에서 어떻게 새로운 변화 방향을 찾을 것인지 생각해야 할 시점이다.

2) e-Learning 학습기회의 확대

앞에서 살펴본 바와 같이 e-Learning의 적용에 있어서 대기업과 중소기업은 현격한 차이를 보이고 있으며, 이와 같은 격차는 앞으로도 확대될 우려가 있다. 따라서 이러한 양극화 현상의 극복을 위한 정책적 지원과 이해관계자들의 인식전환이 필요할 것으로 생각된다. 물론 이익을 추구하는 기업의 본질적 특성 때문에 양극화 현상은 쉽게 극복되기 어려운 이슈가 될 수 있다. 이 경우 국가 인적자원개발이라는 차원에서 정부의 중재적 지원역할이 더욱 필요할 것이다. 본 장에서는 선행연구를 기반으로 다음과 같이 양극화 현상 극복을 위한 대안을 제시하고자 한다.

(1) 정책지원과 현실의 격차 해소필요

먼저, 제도적인 측면에서 살펴보면, 고용보험을 통한 교육비 지원 프로그램은 중소기업의 상시적인 인적자원 부족문제 해결을 위한 대표적인 정책지원수단이다. 이는 교육과정에 참여하는 참여자들의 학습에 대한 경제적 부담을 감소시켜 줌으로써 잠재적인 인적자원을 공급해주거나 중소기업의 경제적 부담을 경감시키는 가운데 소속 종업원들의 능력향상의 기회를 제공해 준다는 점에서 도움을 준다. 그러나, 중소기업을 위한 교육프로그램이 다양하게 제공되지 못하고 있는 것이 사실이다. "다양한 교육과정을 제공하기 위해서는 이러한 기능을 담당하는 다양한 e-Learning 교육기관의 육성이 시급하다. 고용보험 환급을 받는 교육기관이 되기 위해서는 컨텐츠 개발이 용이하고 시장이 큰 분야에서만 교육과정을 개발하는 경우가 많다"(이건웅, 2001). 그러나, 중소기업의 인적자원개발에 도움을 줄 수 있는 교육과정은 특화된 교육기관에서 담당할 필요가 있으며 이렇게 전문화된 교육기관은 상대적으로 규모가 작은 경우가 많기 때문에 고용보험의 지원을 받지 못하는 경우가 생길 수 있다. 따라서, 중소기업청의 정책자금지원제도 및 벤처인증제도를 e-Learning 활성화에 연계시키는 노력도 필요하다.

2005년 2월부터 정부의 제도적 지원으로 근로자 수강지원금 제도를 개선하여 중소기업의 근로자들을 위한 해결대안을 제시한 바있다. 그러나, 정책적 제도와 현실은 여전히 그 격차가 줄어들지 못하고 있는 상황이다. 결국 이러한 현상은 문제를 큰 틀의 체제 속에서 보지 못하고, 단편적인 상황들을 대증적(對症的)으로 개선하고자 하는 데에서 발생한다고 볼 수 있다.

따라서, e-Learning을 포함한 전반적인 중소기업의 인적자원개발에 대하여 컨설팅 조직을 운영하여 지속적인 모니터링과 개선을 추진하는 것이 필요하다. 중소기업 단위에서는 이러한 컨설팅 조직을 운영하는 데 시간과 비용, 인적구성에 어려움이 있으므로 정부기관에서 상설 조직으로 운영하는 것이 필요하다. 결국 정책적 지원이 얼마나 형식이나 전시행정에 치우치지 않고 실질적으로 구성원들에게 도움을 주도록 운영하느냐가 중요한 관건이 될 수 있다.

(2) 컨소시엄 체제를 통한 공동 대응

중소기업에 도움이 되는 e-Learning 프로그램 개발은 중소기업이 속해있는 업종이 다양하고 관련 교육시장 규모가 작아서 참여자들의 수가 늘 소수에 그치고 개발요구도 제한적이라는 점에서 한계성을 갖고 있다. 이러한 문제를 극복하기 위해서는 정부산하의 교육훈련기관, 기능대학, 중소기업의 협동조합 등이 컨소시엄 형태로 관련기업들의 니즈를 파악하여 특색 있는 e-Learning 시스템을 구축하는 방안을 적극적으로 검토할 필요가 있다. 또한, e-Learning 솔루션을 전문적으로 공급하는 업체들을 육성하여 직접 외부에 필요한 교육을 위탁하기 어려운 중소기업들이 단독 혹은 유사한 업체와 연합하여 필요한 교육과정을 개발할 수 있도록 해야 할 것이다.

기업에서의 인적자원개발 문제에서 항상 제기되는 문제 중의 하나는 이벤트성, 일회성 교육의 문제이다. 기업의 규모가 영세하고 인력의 이동이 잦은 중소기업의 교육에서는 이러한 현상이 더욱 두드러질 수 밖에 없다. 중소기업 단위에서 정말 필요한 교육이 무엇인지, 또 그것에 연계되어 있는 교육은 무엇인지에 대한 교육과정의 체계적 분석과 개발이 중요한 문제가 된다. 한번 교육하고 모든 것을 다했다고 손을 놓아버리는 현상이 반복되어서는 안 될 것이다.

중소기업의 특성상, 교육과정을 개발하더라도 학습 대상자가 너무 적어서 개발자 입장에서 볼 때 교육과정의 유지가 어렵기 때문에 개발을 주저하게 되는 경우를 흔히 볼 수 있다. 컨소시엄으로 교육기회를 제공하는 문제는 학습대상자의 수를 늘리고 공동으로 교육과정을 유지함으로써 교육의 체계성과 지속성을 담보할 수 있는 좋은 대안이 될 수 있다.

특히 동일한 업종의 기업들이 연합되어 있는 업종별 중소기업 협동조합을 적극적으로 활용, 지원하는 것도 방법이 될 수 있으며, 기업 간 경쟁이 치열하여 공동 교육이 어려운 경우에는 정부에서 과정별 특화 컨소시엄을 만들어서 교육과정별로 학습할 기회를 제공하면 경쟁업체에 대한 우려를 최소화시킬 수 있을 것으로 생각된다. 과정별 특화 컨소시엄은 기업별 컨소시엄과는 달리 여러 업종의 중소기업들이 동시에 공유할 수 있도록 외국어 교육관련 컨소시엄, 리더십 교육관련 컨소시엄, 정보기술 교육관련 컨소시엄 등 여러 개의 클러스터(Cluster)를 만드는 방법을 고려할 수 있을 것이다.

(3) 대기업의 상생경영을 통한 중소기업 지원

한국의 경우 대기업을 중심으로 정부의 지원이 많이 이루어지면서 개발경제 시대를 거쳐 세계적으로 경쟁력 있는 대기업들을 다수 만들어낸 성과가 있다. 이러한 정책은 세계 속에 한국의 경쟁력을 제고 하는 데 큰 도움이 되고 있지만, 그 이면에는 대기업을 근저에서 지원해 온 중소기업들의 노력이 있었음을 잊어서는 안 된다. 양질의 제품을 납품하는 중소기업 협력업체들이 없다면 대기업의 경쟁력은 확보될 수 없는 것으로서, 양 기업주체는 상호보완적인 관계를 유지해야 경제의 건전성이 담보될 수 있다.

대기업의 입장에서는 다수의 공급자를 관리하면서 자신이 원하는 방향으로 하청기업을 교육시키는 과정에서 항상 인적, 물적 자원의 부족을 절감하게 된다. 한편 상대적으로 규모가 작은 협력업체들의 입장에서는 대기업의 요구조건에 맞추어 관련 종업원들을 교육시키는 것이 현업에 타격을 주게 될 수도 있다. 이와 같은 경제주체들의 위계구조는 e-Learning에서도 동일하게 적용해볼 수 있다. 이러한 어려움을 극복하기 위하여 대기업이 보유하고 있는 e-Learning 시스템을 중소기업들을 위하여 일부 제공해줌으로써 상생(相生)을 도모하고 대기업의 경쟁력 확보라는 소기 목적을 달성하는데 도움을 받을 수 있다. e-Learning을 통하여 중소기업 인적자원의 개발로 연결되면 궁극적으로는 대기업의 경쟁력 유지에 도움이 될 수 있게 되는 것이다.

최근 대기업을 중심으로 윤리경영과 이윤을 통한 사회적 공헌에 대한 문제가 경영에 있어서 주는 영향이 점차 증대되고 있다. 대기업에서 사회공헌 활동을 하는 데에는 여러 가지 형태가 있을 수 있는데 중소기업 종업원의 직무능력개발을 위한 시스템의 지원이나 대기업의 교육전문가들을 통하여 중소기업 인적자원개발 컨설팅이나 e-Learning 구축을 위한 지원을 하는 것도 좋은 예가 될 수 있을 것이다.

대기업에 있어서 훌륭한 협력업체의 확보는 매우 중요한 경쟁력의 원천이라는 점을 감안할 때, 사회적으로 위와 같은 협력활동을 지원해주고 격려해주는 분위기가 형성된다면 더욱 활성화될 수 있을 것이다.

(4) 중소기업의 학습문화 활성화

변화하는 환경에서 기업의 경쟁력을 지속적으로 유지하기 위해서는 기업의 학습역량을 강화할 필요가 있다. 학습역량의 강화는 단순히 관리차원보다는 조직적인 학습문화의 형성을 통하여 추진해야 지속성을 가질 수 있으리라 여겨진다.

이를 위하여 우선 CEO가 인적자원개발에 대한 필요성을 인식하고 e-Learning을 중소기업의 발전을 위한 중요한 수단으로 활용해야 한다. 특히 소규모로 경영되는 중소기업의 특성상 의사결정의 대부분을 CEO(또는 소유주)에 의존하기 때문에 이들이 어떠한 의사결정을 내리는 것인가의 문제가 매우 중요하게 영향을 미칠 수밖에 없다.

대기업의 예에서 보듯이 e-Learning의 활성화를 위해서는 시스템 정착을 위한 인센티브 제공과 함께, 인적자원관리와 연계시키는 것이 중요하다. 예를 들어 e-Learning 학습과정을 이수한 종업원들의 노력을 인사고과에 반영하고 경력개발과정에 반영하거나 혹은 임금보상을 달리 해줌으로써 e-Learning에 대한 참여를 높일 수 있을 것이다.

특히 중소기업의 경영자가 e-Learning을 비롯한 인적자원개발을 우수한 인력을 확보하고 유지할 수 있는 중요한 경영의 수단으로 생각하는 인식의 전환이 필요하다. 이제까지는 이렇게 교육에 투자

하는 것을 예산을 낭비하는 것으로 생각하여 마른 수건을 짜듯이 종업원들에게 당면한 업무를 수행하도록 하는 데에만 급급해왔기 때문에 종업원들의 직무역량 향상을 기대하기 어려웠다. 이렇게 현상유지의 틀에서 기업경영을 해오기 때문에 향상된 제품이나 서비스를 개발하기 어려웠고 이는 다시 시장에서의 실패로 이어지는 악순환으로 인하여 중소기업의 경쟁력이 약화되고 종업원의 처우가 열악해지는 원인이 되어온 것이 사실이다. 중소기업의 학습문화는 생존의 차원에서 경쟁력 제고를 위한 중요한 경영수단으로 인식되어야 하고, 경영자들이 이를 촉진하고 지원하도록 다양한 제도를 마련해주어야 할 것이다.

또, 정부차원에서는 학습문화 활성화를 통하여 성공적인 경영을 하고 있는 사례를 발굴하고 이를 공유함으로써 중소기업의 경영자들이 확신을 가지고 실제 현장에 적용할 수 있도록 지원해주는 것이 필요하다. 이러한 지원은 앞서 언급한 중소기업 협동조합이나 정부산하의 연구기관, 컨설팅 조직 등에서 수행할 수 있을 것이다.

결론적으로 국가경제의 건전하고 균형 있는 발전을 위해서는 대기업에 편중되어 있는 현재의 e-Learning 현상을 개선하여 중소기업에게도 다양한 혜택과 지원이 돌아갈 수 있도록 정부차원의 관심과 노력이 필요하며, 중소기업 자체적으로도 관련 업계나 협동조합 등 연계를 통하여 자구적인 활동을 펼치는 것이 중요할 것이다. 무엇보다도 e-Learning이 또 하나의 교육의 양극화 현상을 심화시키는 도구가 되지 않도록 모두의 인식 전환이 필요한 것이다.

또한, 중소기업의 종업원 뿐 아니라 비정규직 근로자에 대한 관심도 빼놓지 말아야 한다. 비정규직은 대기업 내에서도 정규직과 비교하여 여러 가지 다른 처우를 받고 있는 것이 사실이다. 이러한 관점에서 e-Learning의 학습기회에 대해서도 차별적인 대우를 받고 있지는 않은지 살펴봐야 할 것이다. 학습의 기회마저도 불균형적으로 제공된다면 이는 기업의 단기적인 인건비 절감 차원에서는 도움이 될지 모르겠지만, 결과적으로 비정규직의 지속적인 직업능력 정체 또는 퇴보로 인한 계층간 불균형마저도 조장할 우려가 있는 것이다. 기업 e-Learning의 화려한 성장 이면에 소외된 영역은 없는지 다시 한번 성찰해봐야 하는 이유가 여기에 있다.

사회의 모든 계층을 포괄하는 정책을 만들고 실행하는 것은 매우 어려운 일이기 때문에 정부에게만 책임을 미룰 수는 없지만, 적어도 경제활동을 하는 인력에 대해서만큼은 e-Learning의 학습기회가 골고루 주어질 수 있도록 제도적 차원의 관심이 필요할 것이다.

7장. 조직문화 차원의 기업 e-Learning 학습환경 개선을 위한 TQM 적용방안 탐색[9]

1. e-Learning에 대한 기대와 우려

정보통신기술의 발달은 모든 사람을 한 곳에 모아 놓고 가르치는 전통적인 교육 방법을 초월하여 언제 어디서나 원하는 교육을 받을 수 있는 e-Learning의 실현을 가능하게 하였다. e-Learning은 첫째, 학습자의 요구와 기대를 충족시켜 줄 수 있는 다양한 형태의 커뮤니케이션과 정보 제시 형태를 제공해 주고 둘째, 다양한 관점을 가지고 있는 동료들과의 협력작업을 통해 보다 고차적인 문제를 해결해나가는 것을 용이하게 해주며 셋째, 광범위한 지식과 정보에 대한 자유로운 접근이 가능해짐으로써 강사 한 사람의 역량에만 의존하는 전통적인 교육의 한계를 극복할 수 있고 넷째, 학습자의 학습 양식, 요구, 능력에 맞는 다양한 형태의 학습 자료를 제공함으로써 개인 학습자의 인지적 특성이나 개인적 배경 요인을 충분히 고려할 수 있다는 점에서, 교육의 새로운 대안으로 부각되고 있다.

그러나, 이러한 e-Learning의 도입과 활용에 대하여 얼마나 심도

---

[9] 본 장은 기업교육연구 7권 2호, pp. 27~49에 게재된 오동건(2005)의 논문을 수정, 보완하였음을 밝힌다.

있는 논의가 있는지에 대해서는 자문해보아야 할 필요성이 제기된다. e-Learning의 양적 증가는 자칫 장밋빛 환상을 갖게 할 수 있지만, 이에 대한 영향이나 효과에 대한 충분한 논의와 검토 없이 무분별하게 이루어지는 도입은 자칫 질 저하로 이어져 또 다른 부실을 낳을 수도 있기 때문이다. "따라서, 새로운 매체가 교육 분야에 도입될 때마다 경험했던 매체논쟁에 비추어 볼 때, 또 큰 기대를 안고 등장할 때와는 달리 별 실효를 거두지 못하고 사라져 간 여러 매체들의 경우를 돌이켜 볼 때, 새로운 것에 대한 섣부른 기대와 결과에 대한 앞 선 흥분이나 비판보다는 가상공간을 성공적인 교육적 환경으로 정착시키기 위한, 보다 구체적이고 실현 가능한 노력들이 체계적으로 조직될 필요가 있다"(김미량, 1998). 기업에서의 e-Learning은 시간과 비용의 효율성 측면에서 긍정적인 평가를 받으면서, 급속하게 확대되어 왔지만, 이러한 양적인 증가가 곧 우수한 학습의 질을 보장해주는 것은 아니며, 전통적인 학습방법에 비해서 차별화될 수 있는 장점을 보여주지 못한다면, 엄청난 기대감은 실망으로 바뀌어 어쩌면 교육 분야에 도입되었다가 지속적으로 활용되지 못하고 사라진 미디어의 하나가 될지도 모른다는 우려가 현실화될 수도 있다.

이수경(2003)에 의하면, "기업 환경에서 e-Learning의 의미는 온라인 과정의 개발이나 운영만을 의미하지 않는다. e-Learning을 지탱하는 학습원리를 중심으로 기업 내 e-Learning과 관련되어 있는 다양한 요소들이 총체적으로 고려될 필요가 있다. 기업현장에서 e-Learning이 성공적으로 추진되기 위해서는 기획, 개발, 운영을 담당할 인력의 배치, 각종 지원제도 및 환경의 개선, e-Learning 관련 물리적 시스템의 구축 등이 중요한 요소로 작용하고 있는 것으로 나타났다. 따라서 기업에서는 e-Learning과 관련된 인적자원, 과정 개발 및 운영, 문화 및 제도, 시설 및 시스템이 유기적으로 통합될 수 있는 총체적 접근이 필요하다."

그러나, 현재 우리 기업에서 이루어지고 있는 e-Learning 프로그램이 과연 질적으로 우수한지, 학습자들에게 얼마나 교육적으로 도움을 주는지에 대하여 심도 있는 논의와 평가기준이 마련되어 있지 못하고, 학습자의 반응과 만족도 조사로써 프로그램의 질을 판단하는 경우가 많다.

기업 e-Learning의 성공적 정착을 위해서 필요한 총체적 접근방법은 교수자 중심에서 학습자 중심 교육체제로의 전환을 지향하는 관점에서 볼 때 Total Quality Management(이하 TQM)의 개념을 도입하여 설명할 수 있다(Herman & Herman, 1995). TQM은 학습자의 Needs를 충족시키면서 조직을 포괄적이고 통합적으로 관리하는 방법으로서 단지 교육프로그램의 품질이 확보될 때 완성되는 것이 아니라, 전반적으로 e-Learning을 추진하는 관련 인력의 마인드와 기업의 문화, 그리고 시스템과 제도적 뒷받침이 총체적으로 이루어져야 성공할 수 있다. 특히 기업에서 e-Learning의 성공적인 정착을 위해서는 위와 같은 총체적인 접근을 통하여 기술공학적 개선의 차원, 교수설계적 효과성의 차원, 조직문화적 적실성의 고려 등의 측면에서 생각해볼 수 있다. 그러나, 기업의 e-Learning에 대하여, 이와 같은 총체적 학습환경 개선의 관점을 채택한 연구는 활성화되어 있지 못하며, 주로 기술공학적 하드웨어 측면에서 효율적인지, 코스웨어적 관점에서 효과적인지에 대해서만 관심이 집중되어 왔다. 기술공학적 개선은 하드웨어적 인프라의 구축과 개선을 통하여 보다 현실감 있는 학습경험의 제공, 온라인 토론의 활성화와 다양한 정보와 자료의 검색을 가능하게 함으로써 e-Learning의 매체적 특성을 살릴 수 있도록 하는 것으로서, 하드웨어적 인프라는 최근 급속도로 발전하여, 이미 안정적인 학습 지원서비스를 제공할 수 있는 단계에 이르렀다고 해도 과언이 아니며, 특히 기업에서의 e-Learning은 이러한 하드웨어적 차원에서는 상대적으로 높은 수준에 있다고 볼 수 있다. 교수설계적 측면은 e-Learning의 효과성을 검증하기 위하여 현재까지 많은 연구가 수행되고 있으며, e-Learning 연구에 있어서 거의 모든 연구가 교수설계 차원의 학습효과성을 살펴보고자 하는 데에 초점을 맞추어 오고 있음은 주지의 사실이다. 그러나, 보다 거시적인 차원에서 기업현장에서 발생하는 학습방법이 해당 기업의 조직문화적 차원에서 적합한 것인지를 분석하는 것이나 e-Learning의 적용의 문화적 장애요소에 대한 연구는 부족한 상황이다.

따라서 본 장에서는 기업 e-Learning의 특성에 비추어 경영학의 이론인 TQM의 적용을 제안하면서 이제까지 관심을 두어온 위의 두 가지 관점이외에 e-Learning이 일어나고 있는 터전, 즉 해당기업의 조직문화적으로 지속적인 정착가능성이 있도록 하기 위한 요소를 도출하여 향후 기업에서 e-Learning의 학습을 촉진시키기 위한 학습환경 개선방안을 제안하고자 한다.

2. e-Learning에 대한 통합적 관점

e-Learning의 학습환경의 개선을 위해서는 체제를 구성하는 각 요소들이 얼마나 학습자들의 기대와 요구를 충족시키고, 양질의 교

육을 제공하는지에 대한 정보를 얻는 것이 필요하다.

　Freddolino(1997)는 e-Learning의 영역을 시스템 및 기술영역, 정치적 영역, 교수개발 영역, 참여자 성과 영역 등 네 가지로 분류하였다. 각 영역을 보다 구체적으로 살펴보면 첫째, 시스템 및 기술영역은 하드웨어 시스템이 얼마나 잘 유지되고 관리되는지, 사용자들이 얼마나 쉽게 이용할 수 있는지 등을 의미하며 둘째, 정치적인 영역은 e-Learning 프로그램을 운영하고, 관리하는 행정적인 차원에서의 e-Learning 제공기관 내, 외부참여자간의 상호작용 및 관계형성이 얼마나 원활하게 이루어지는지를 모니터링하는 것이다. 또한, 교수개발 영역은 교수자 및 학습자에 대한 교육 및 지원, 수강등록에 대한 서비스에서부터 실제 코스의 설계 및 개발 등에 대한 과정을 의미하며, 마지막으로 참여자 성과 영역은 프로그램을 마치고 난 후에 교수자, 학습자, 지원 Staff 등이 나타내는 수행상의 성과 및 발전 정도를 말한다. 이렇게 각 영역에서 얻어진 자료를 토대로 상호간에 지속적인 피드백을 제공함으로써 e-Learning의 전체적인 질을 향상시키는 것을 목표로 한다. 따라서 e-Learning에 영향을 미칠 수 있는 경제적, 교육적 환경의 변화에 대하여 통합적인 관점에서 세심하게 고려해야 한다.

　한편, Robinson(1999)에 의하면 e-Learning의 질을 높이기 위해서는 학습자를 관리하고 지원해 주는 지원 서비스 측면, 코스를 관리하는 행정적 측면, 학습자료와 코스 측면, 자료를 개발하고 전달하며 학습자를 지원하는 인적 자원의 측면, 교육 프로그램의 질을 향상시키기 위한 제반 연구 활동에 대한 측면을 고려해야한다. e-Learning의 각 영역들은 상호관계를 맺고 있기 때문에 e-Learning의 학습 환경 개선을 위해서는 이러한 제반 요소들에 대하여 총괄적이며 동시적인 고려가 이루어져야 한다. 특히 Robinson의 연구는 e-Learning 프로그램의 질 향상을 위하여 구체적인 원칙을 제시하고 각각의 원칙과 항목에 맞는 기준이나 가이드라인을 제안하였으며, e-Learning 의 학습 환경을 지속적으로 개선시키기 위해서는 학습과정 자체에만 국한되어서는 안 되고, e-Learning체제의 모든 측면에 걸쳐서 전반적으로 실시되어야 한다고 제시하였다는 점에서 TQM과의 통합적 연계 가능성에 대한 시사점을 얻을 수 있다.

3. 기업 e-Learning 학습환경으로서의 조직문화

"교육현상에 대한 이해는 사회, 문화적 관점에서 폭넓게 다루어져야 한다. 교육은 단순한 정보의 전달과 획득의 차원을 넘어 사회구성원들의 성향, 행동양식, 견해 등 사회 속에서 발생하는 모든 것을 파악해나가는 과정으로 인식되어야 한다" (권성호, 2002). 기업 e-Learning도 이와 같은 관점을 채택하면 조직문화를 학습환경의 중요한 요소로서 인식할 수 있게 되며 교육현상을 문화적 관점에서 접근하여 e-Learning의 확산현상을 이해하고, 분석함으로써 교육현장에 실천 가능한 대안을 제시할 필요성이 제기된다.

"조직문화는 거시적인 사회체계를 미시적 조직체계에 적용한 것이다. 조직문화는 그동안 기업경영과 조직연구에서 많은 주목을 받아왔다. 이는 조직문화가 조직의 경쟁력을 유지시키고 조직을 활성화시킬 수 있는 경영자원으로 여겨졌기 때문이다"(이학종, 1997).

조직문화를 정의하는 견해는 학자들마다 다양하게 제시하고 있다. 이는 문화를 정의하는 노력이 많은 학자들에 의해서 이루어졌던 것과 마찬가지 현상이라고 할 수 있다. 한 연구에 의하면 160개의 각기 다른 문화에 대한 정의가 있다(Smit, 2001). 어떤 관점을 가지고 조직문화를 바라보는가에 따라서 이에 대한 개념 정의도 달라진다. 그러나, 비교적 공통적인 핵심단어를 사용하여 조직문화의 정의를 개념화할 수 있다. 예를 들어, Denison(1990)은 조직의 핵심적인 정체성을 형성해주는 가치, 신념, 행동유형의 집합이라고 조직문화를 정의하였다. Cameron과 Quinn(1999)에 의하면 조직문화는 리더십 유형, 언어와 상징, 절차와 일상업무, 그리고 성공의 기준을 통해서 조직 구성원들에게 가치 있다고 여겨지는 것의 총체이다. 또, Schein(2004)은 조직문화란 기업이 외부환경에 대해 어떻게 적응하며 조직 내의 문제들을 어떻게 해결할 것인가를 위해 학습해 온 것으로서 집단에 의해 이러한 패턴이 타당성이 있다고 검증됨에 따라 새로 들어온 구성원들이 문제해결을 위해 어떻게 행동하는 것이 올바른 방법인가를 가르치는 틀이라고 정의하였다. 이러한 틀은 조직구성원이 공통적으로 인정하는 것이어야 한다고 정의하고 있다.

Robbins(2003)에 의하면 일반적으로 조직구성원들이 공유하고 있는 가치관, 신념, 전통, 의식구조, 행동양식 등의 패턴으로서 조직 내의 모든 개인이나 집단의 행동에 영향을 미치는 요소를 말한다.

이처럼 조직문화는 학자들마다 매우 다양하게 정의되고 있으나, 공통적인 핵심단어를 중심으로 정의를 풀어보면, 조직구성원들이 조직의 목표를 성취해나가는 과정에서 직면하는 다양한 문제들을 어떻게 해결할 것인가에 대한 방법을 결정하는 공유된 가치관과 행동양식으로 정의할 수 있다.

한편, "조직문화는 조직의 목표와 사명을 성취시키기 위하여 리더십 관행, 규범과 표준, 규칙과 규정, 태도와 가치관, 윤리와 원칙, 정책과 관행, 구조와 기술, 제품과 서비스, 역할과 관계 등에 의하여 영향을 받는다. 이러한 활동을 촉진하기 위하여 문화적 질서와 전통은 여러 가지 인사규정을 포함하여 복장규정, 작업시간 및 근로조건, 기계시설 및 도구, 의사소통 절차 및 용어, 평가 및 보상 등을 설정한다. 이러한 결과로 나타나는 문화적 행동과 활동은 제품 및 서비스, 직원의 능력 등과 같은 산출로 명백히 나타나게 된다"(신철우, 2000).

조직문화가 조직에 주는 영향 외에 종업원 개인의 사기, 몰입, 생산성, 신체적 건강, 정서적 건강에 미치는 영향에 대해서도 많은 연구가 되고 있다. 조직문화의 변화는 개인의 변화를 수반하지 않고서는 이루어지기 어렵다는 점에서 개인차원과 집단차원이 조화를 이루어야 하는 e-Learning에서의 협력학습과 연계성을 찾을 수 있다.

조직문화는 조직과 그 구성원에 대하여 중요한 영향을 미친다는 것에 주목하고 많은 연구자들이 관심을 가져 왔지만 대부분의 기존 연구에서는 문화를 기술하기만 할 뿐 문화적 패턴과 조직의 수행성과와의 관계에 대해서는 규명하거나 시사점을 주지 못하고 있다(Denison & Mishra, 1995). 사실 조직문화와 수행성과간의 관계는 어느 한 쪽에 의해서 결정되는 일방향이 아니라 서로 영향을 주고받는 순환적 관계를 갖고 있다고 할 수 있다.

문화기술적 접근을 하는 연구자들은 문화를 요인별로 분석하고 이를 효과성과 연관 짓는 것은 타당하지 않다는 주장을 하기도 한다. 사실 문화를 효과성의 관점에서 바라보는 것은 기업에 있어서 경쟁이 치열해지고 수행성과를 높이는 것이 기업의 생존요인이 된다고 여겨지기 시작한 비교적 최근의 일이라고 할 수 있다 (Denison, 1995). 문화를 특질별로 요인을 잡아서 연구하는 방법은 선행연구자들에게서 볼 수 있으며, 문화는 조직 효과성에 영향을 미친다고 결론을 내릴 수 있다(Kotter & Heskett, 1992; Denison, 1995).

조직문화를 유형화하는 것은 문화를 구분하고 이들을 가치판단하기 위한 작업이 아니라 조직의 공통적 특성을 중심으로 조직문화를 고찰하기 위한 편의성 때문이며, 이러한 구분이 현실적으로 의사전달의 효과성을 높일 수 있다. 조직문화의 유형에 대한 학자들의 관점은 다양하나, 많은 연구자들은 차원(dimension)이라는 개념을 사용하여 조직문화 간 차이를 설명하고 있다. 조직문화가 매우 광범위하고 많은 요소를 포함하고 있기 때문에 모든 상황을 다 포괄하는 완전한 분류는 불가능하며(Meyer et al., 1993), 각 차원들은 복잡하고 상호 연관되어 있으며 복합적이고 애매모호한 요소들을 포함하고 있다. 따라서, 조직문화 진단과 관련하여 모든 관련된 요인을 포함하는 것은 불가능하며 (Schein, 2004), 가장 중요한 영역에 초점을 맞추기 위해서 프레임웍을 정하고 이론적 기반에 대하여 연구해야 한다. 절대적으로 정확한 프레임웍이 있는 것은 아니며, 경험적 실증 연구에 기반을 두고 현실을 되도록 정확하게 반영하는 가장 적합한 프레임웍을 찾는 것이 필요하다.

따라서, 새로운 제도나 정책이 시행될 때는 조직문화에 얼마나 적합한지를 고려해야 할 필요가 있다. 이러한 관점에서 영향을 주고받는 이해 관계자들간의 가치관과 상황적 맥락에 얼마나 적합한지에 대한 적실성 차원과 이를 얼마나 능동적으로 받아들일 것인가에 대한 수용성 차원으로 생각해볼 수 있다.

이를 e-Learning의 학습환경과 관련지어 생각해보면 먼저 적실성의 관점에서 e-Learning의 학습촉진을 위한 조직문화를 논의해볼 수 있다. "적실성(適實性)이란 새로운 이론이나 기술체제를 도입, 적용하고자 했을 때, 과연 그러한 지식 및 기술체제가 적용되는 곳의 사회문화적 맥락에 얼마나 적합하며, 실제적인 해결방법을 제시할 수 있는지에 대한 문제를 다루는 일종의 개념적 준거(conceptual criteria)이다"(김희배, 1997).

적실성의 관점에서 기업 e-Learning의 현상을 바라보게 되면 e-Learning의 개발과 실행, 교수-학습과정과 사후평가 등에서 얼마나 해당조직의 구성원들이 갖고 있는 문화적 맥락과 특성을 적합하게 반영하는가에 대한 시사점을 얻을 수 있다. "e-Learning은 일상적 삶과 연동되는 학습활동이 지속적으로 전개될 수 있도록 지원하고 촉진하는 문화, 제도, 시스템이 완비되어 있지 않은 상태에서 전개되는 경우가 많으며, 특히 도저히 학습이 일어날 수 없는 대내외적 여건과 풍토는 e-Learning이 학습활동의 중요한 수단으로 자리 잡는 것을 어렵게 하고 있다. 따라서, 기업에서 e-Learning을 통하여 학습효과가 창출되고 업무성과로 직결되도록 하기 위해서는 학습조건, 환경, 문화를 어떻게 구축해야 할 것인지에 대하여 거시적인 관점에서의 연구가 필요하다"(유영만, 2001).

조직문화적 적실성의 문제제기는 e-Learning이 기업현장에서 성공적으로 정착되는데 어려움을 겪고 있는 이유에 대한 분석의 틀을 제공해줄 수 있다. 새롭게 기업현장에 도입된 e-Learning은 새로운 학습체제에 대한 조직구성원들의 상황맥락적 공감대 형성이 부족하여 원래의 기대만큼 성과를 거두는데 어려움을 겪고 있는지도 모른다.

사실 기업 e-Learning 교육과정을 개발하고, 실제적인 교수-학습

과정을 실행하는 과정에서 이러한 조직문화적 맥락에 대한 관심은 최근까지 별로 크지 못했다. 앞으로도 교육과정을 개발할 때 이러한 점에 대한 충분한 고려를 하지 않는다면 현실과의 괴리현상은 더욱 심화될 것이다. 바로 그것이 HRD부서와 현장의 미스매치 현상이 일어나는 원인 중 하나가 될 수 있다.

e-Learning은 그 자체로 학습자가 학습목표를 달성할 수 있도록 하기 위한 하나의 목표를 가지고 학습자, 교수자, 하드웨어, 학습내용, 교수-학습과정 등 다양한 구성요소들이 상호연관성을 띠고 있는 학습환경으로 볼 수 있다. 이는 기업을 상위체제로 볼 때, e-Learning 학습환경은 조직의 다른 구성요소들과 조화롭게 관계를 형성해야만 제 기능을 발휘할 수 있음을 시사한다. 즉, e-Learning 학습환경이 단독으로 분절화되어 기능할 경우 정해진 시간과 학습내용의 틀을 극복하지 못하고 현업에 전혀 적용할 수 없는 죽은 체제로 전락될 우려가 있다. 이렇게 e-Learning을 하나의 학습환경으로 바라보는 것은 단순하게 정보기술을 이용한 교육이 아니라, 정보기술을 하나의 수단으로 활용하여 조직 내에 어떻게 학습활동을 촉진시킬 것인지에 대한 조직문화적 관점의 논의를 촉진시킬 수 있다.

다음으로 e-Learning에 대한 조직문화의 수용성의 측면을 살펴보면 얼마나 해당조직의 구성원들이 e-Learning을 일상의 필요한 요소로 받아들이고, 학습자들이 e-Learning을 통해 학습한 지식을 자신의 업무에 적용함으로써 업무성과를 제고하는 데 활용할 수 있도록 협력적, 지원적인 제도가 얼마나 준비되어 있는지, 조직의 구성원들은 이러한 과정을 이해하고 협력적으로 지원하고 있는지에 대한 논의가 필요하다.

유영만(2002)에 의하면, "e-Learning이 발생하는 사이버공간은 이제 더 이상 일상적 삶과 유리 또는 격리된 상태에서 전개되는 가상과 허구의 공간이 아니라 실제로 존재하면서 일상적 삶을 살아가는 사람들의 학습에 직접적인 영향을 미치고 있는 또 하나의 삶의 터이다. 즉, 물리적 공간(Space)이 아니라 일상적 삶이 전개되는 인간적 만남의 터(Place)이다. e-Learning이 교과서적 지식을 전달하고 습득하는 전통적인 교실학습 모델을 벗어나 인간적 만남의 터를 만들어 가는 과정에서 삶과 학습, 학습과 삶을 유기적으로 통합하는 일상생활의 일부로서 자리매김을 할 필요가 있다."

조직문화가 한 조직의 특성을 결정지어주는 기능을 가지고 있다면, 특정한 조직내에서 발현되고, 만들어지는 제도를 비롯한 각종 산출물들은 바로 그 조직의 문화를 반영하고 있다고 말할 수 있다. 이는 조직을 하나의 종합적인 체제(system)로 인식하고, 체제를 구성하는 각종 요소들을 하위체제(sub-system)로 인식하는 단계로 지평을 확대시킬 수 있는 단서를 제공할 수 있으리라고 여겨진다.

따라서 하나의 조직 내에서 발생하는 모든 현상은 그 하나하나가 독립적으로 존재하지 않고 모든 것들이 연결되어져 있는 맥락 속에서 나타나게 되는 것이라고 할 수 있으며, e-Learning도 이러한 체제이론의 관점에서 학습환경으로서의 조직문화 구축의 필요성을 생각해 볼 수 있다.

기업조직 내에서의 학습은 권한위양, 실패의 용인, 임직원 상호 간 신뢰, 의사결정의 투명성, 조직 구성원의 응집력과 같은 조직문화적 요인에 의하여 영향을 받는다. 따라서, 조직문화는 기업 학습자들의 학습과정과 결과의 현업적용에 중요한 영향을 미치는 요인이라고 할 수 있다. 학습을 촉진하는 환경으로서의 조직문화는 조직 구성원이 가지는 공통의 정체성, 문제해결을 위한 협력, 팀 빌딩, 정보공유, 커뮤니케이션, 조직 구성원 개인의 전문성 개발, 문화적 적응력 등을 통해서 창출해나갈 수 있으며, 이들은 상호 관련성을 맺고 있다(Irena, Celina & Leoni, 2002).

따라서, e-Learning과 직접 또는 간접적으로 관련을 맺고 있는 학습의 촉진요인과 장애요인을 보다 거시적인 관점에서 조망해야 할 것이며, 이와 같은 문제인식을 가진다면 결국 e-Learning이 기업에서 성공적으로 정착하기 위해서는 학습이 발생하고 있는 토양인 해당기업의 조직문화적 맥락과 코드를 일치시켜 나가는 노력이 교수설계의 단계나 학습과정, 결과평가에 이르는 제반과정에 병행되어야 함을 알 수 있다. e-Learning을 문화적 적실성 관점에서 접근하고자하는 노력은 기업을 하나의 체제로 바라보고 e-Learning을 하위체제로 인식하고자하는 것에서부터 출발할 수 있을 것이다. 이를 통해서 기업의 전체 메커니즘 속에서 살아 있는 e-Learning을 만들어 나갈 수 있는 기본적인 관점이 확립된다.

기업에서 일하는 학습자의 특성상, 업무시간 중에 별도로 시간을 내서 e-Learning을 통해 학습하는 것은 매우 어려운 일이다. 업무를 하면서 학습활동을 전개하는 문화적 여건이 조성되어 있지 않기 때문이다.

아무리 훌륭한 교수설계 컨텐츠를 개발하더라도 실제 업무현장에서 학습이 발생할 수 없도록 방해하고 있는 시스템적, 문화적 장애요인이 존재한다면 당초의 의도대로 효과적으로 구현될 수 없다. 따라서 e-Learning을 통해서 실질적인 학습이 발생하기 위해서는 e-Learning을 통한 학습활동을 촉진하거나 방해하는 요인을 복합적으로 고려하고 이들 변수를 어떻게 조정해야 되는지에 대한 방안의 고려가 필요하다. 이를 위해서는 미시적 관점에서 e-Learning을 매개로 학습활동을 전개하는 개별학습 또는 개별 학습자에 대한 미시적 연구와 아울러 개별학습자가 어떠한 상황 맥락 속에서 학습활동을 전개하고 있는지에 대한 학습관계의 양상을 유기적으로 통합해내는 거시적 관점의 통합이 필요하다. "미시적 관점과 거시적 관점간의 관계는 전자의 품질수준을 충족하지 않은 상태에서 후자가 발생하지 않으며, 후자의 배려 없이 전자의 관심만으로 e-Learning의 효율과 효과가 제고되지 않는다. 따라서, 이를 해결하기 위해서는 e-Learning에 대한 거시적인 배려가 뒷받침되는 가운데 미시적인 관심이 동반될 필요가 있다"(유영만, 2001).

조직문화의 관점에서 e-Learning의 성공적인 추진을 위하여 Rosenberg(2001)가 제시한 바에 의하면, 업무현장의 e-Learning에 대해서는 저항이 따르며, 이러한 저항에는 학습을 업무와 융화하는 활동의 어려움, e-Learning의 학습가치를 인정하지 않는데서 오는 어려움 등이 있으며, 이를 극복하기 위해서는 학습문화(Culture), 리더의 지원(Champion), e-Learning의 가치에 대한 의사소통(Communication), 그리고 통합적인 변화전략(Change) 등 4C에 대한 고려가 필요하다. Rosenberg의 연구는 상대적으로 관심이 미흡하고, 구체적인 방안을 모색하기 어려웠던 거시적 관점의 전략을 보다 명확하고 구체화시켰다는 데에서 의의를 찾을 수 있다. 앞에서 언급한 기업 e-Learning의 미시적 관점과 거시적 관점의 통합적 방안은 근본적으로 양자의 품질확보가 필수적으로 선행되어야 한다는 잠정적 결론을 도출할 수 있으며, 어떤 조직문화의 토양위에서 e-Learning의 학습을 촉진하고 양질의 학습경험을 학습자들이 할 수 있을지에 대한 고려가 필요하다.

4. 기업 e-Learning과 TQM(Total Quality Management)

TQM의 핵심개념을 기업의 e-Learning 학습환경 개선에 적용할 때, 고려해야 할 측면은 첫째, 학습자의 기대와 필요 충족 관점이다. 고객인 학습자를 이해하고 학습자의 Needs에 적합한 e-Learning 프로그램을 개발하기 위해서는 학습자의 요구를 수렴하기 위한 전략과 제도를 마련하는 것이 필요하다. 학습자의 니즈는 인적자원을 활용하는 방법과 지원 시스템을 개발하는 방법을 통해서 수용할 수 있다. 인적자원을 활용하는 방법은 온라인 튜터를 활용해서 학습자를 지원하는 것을 들 수 생각해볼 수 있다. Freeman(1997)은 이를 실행하기 위하여 온라인 튜터가 학습자 개개인의 학습요구를 규명하고, 원거리에 있는 학습자와 신뢰관계를 형성해야 하며, 교수자 및 학습자들을 연결시켜주는 역할을 지속적으로 담당해야 한다고 제안하였다. 그리고, 지원 시스템의 구축과 관련하여 Gibson(1997)의 연구에 따르면 학습자의 요구를 효과적으로 수용하고, e-Learning을 성공적으로 만들기 위한 요인으로 쉽고 편리한 인터페이스, 학습자와 교수자에 대한 정보제공, 모든 상호작용이 수용될 수 있는 웹 사이트의 구축, 전체 학습자들이 알 수 있도록 필요한 모든 교육적인 상호작용을 위한 포럼의 구축, 학습결과와 평가 제출을 위한 효율적인 시스템의 구축, 학습자를 위한 모든 안내의 지속적인 제공, 제출된 과제에 대한 피드백과 교수자와 학습자간의 상호작용을 위한 채널로서 이메일의 효과적인 활용이 필요하다.

둘째, 지속적인 프로세스 관리가 필요하다. e-Learning에 있어서의 프로세스는 사이버공간에서 이루어지는 교수-학습 자체활동과 이를 지원하는 조직차원 의 활동으로 구성된다. 이러한 제반 활동에 TQM을 적용하기 위해서는 e-Learning에서 일어나는 먼저 교수-학습 과정상의 특성과 요인을 파악하는 것이 필요하다. 이와 관련하여 정인성(1998)은 "e-Learning에서 양질의 교수-학습이 이루어지기 위한 고려요인으로서 수업 주제 및 학습자료를 학습자들의 실제생활에 관련있는 것으로 선정해야 하며, e-Learning 플랫폼 활용을 다양한 교수-학습 활동을 지원할 수 있도록 구성하여 상호작용을 활성화해야 하며 이를 위하여 학습자료의 사전제시, 매체 리터러시 교육의 실시가 필요하다"고 제시하였다. 또한 TQM적 관점에서 자원배정을 위한 의사결정, 재무적 지원, 인사 및 교육 지원제도의 수립 등 조직 구성원을 위한 프로세스 관리에 대한 측면을 고려해야 할 것이다.

셋째, 참여인력의 질 제고가 필요하다. e-Learning에 참여하는 인력은 기업의 관점에서 볼 때, 개발자, 교수자, 튜터 등의 교육 서비스를 제공하는 측 뿐 아니라, 학습자를 둘러 싼 모든 사람, 즉 CEO로부터 현장의 부서장, 동료 등을 모두 포함한다고 볼 수 있다. 이와 관련하여 Porter(1997)는 성공적인 e-Learning을 위한 전략을 인적자원의 개발과 관리의 측면에서 e-Learning의 철학, 준거, 목적의 맥락 내에서 인적자원 개발계획의 수립, e-Learning을 구현하고 유지하기 위하여 요구되는 기술, 능력, 지식의 확인, 현재의 기술과 지식수준을 확인하고 사람들이 훈련과 개발을 필요로 하는 영역의 규명, 명확한 역할과 책임의 부여, 공식적/비공식적 커뮤니케이션 네트워크의 개발, 개인과 팀의 성과물을 인정하고 칭찬하는 문화의 구축, 프로그램의 전체과정에 대한 모니터링이 중요하다고 제시하였다.

양질의 e-Learning 프로그램을 구현하기 위해서는 높은 수준의 교수자와 지원 스탭의 확보가 필수적이다. 류완영과 안미리(1999)의 연구에 따르면, 교수자들이 e-Learning 프로그램을 준비함에 있어 기존의 전통적인 수업방식에 비해서 준비시간이 많이 걸리고, 학습자들의 보고서 및 질문에 대한 피드백을 e-mail로 제공하는 등 관심을 가져야 할 부분이 더 많다는 점을 애로사항으로 들었으며, e-Learning 프로그램을 진행하기 위해서는 교수보조 인력이 더 많이 필요하다는 점을 지적했다. 또, e-Learning 프로그램의 강의를 어느정도 수준에 맞춰야 할지 명확한 기준이 없다는 것을 애로사항으로 들었으며, 교수자들이 아직까지 e-Learning 프로그램을 진행하는 데 있어 익숙하지 않기 때문에 어떻게 운영을 해야할지 어려움을 겪는 것으로 나타났다. 또, 정인성(1998)의 연구에서는 이러한 문제점의 해결을 위하여 "교수자와 지원 Staff, 학습자들을 대상으로 e-Learning에 대한 연수제도를 강화해야 하며, 온라인 튜터에 대한 업무 내용 파악 및 훈련에도 관심을 가져야 한다"고 지적하고 있다.

TQM을 실현하는 데 가장 중요한 요인은 인적자원이며, 양질의 e-Learning을 제공할 수 있게 하는 것도 교수자, 학습자, 지원 Staff과 같은 인적자원의 역량에 의존되기 때문에 이에 대한 관심과 투자가 필수적이라고 할 수 있다. 또한, 학습자들이 e-Learning에서 학습한 지식을 현장의 업무에 적용함으로써 업무성과를 높일 수 있도록 격려하고 지원하는 문화를 형성하기 위해서는 CEO, 부서장 등 리더와 동료들의 이해와 관심이 중요함을 간과해서는 안 될 것이다.

5. 기업 e-Learning 학습환경 개선을 위한 TQM

e-Learning의 성공적인 정착을 위한 전제조건은 양질의 학습경험을 제공하여 업무성과에 직결되는 지식을 창출할 수 있도록 하는 것이 중요하며, 이를 위하여 e-Learning에 대한 TQM을 적용한 조직문화차원의 학습환경 개선이 필수적인 요소이다. 이러한 관점에서 미국 상무부 연계기관으로서 볼드리지 품질 프로그램을 주관하는 NIST(National Institute of Standards and Technology)의 기준에 따르면 조직차원에서 총체적인 학습환경 개선을 위한 통합적 관점을 [그림 7-1]과 같이 제시하고 있다.

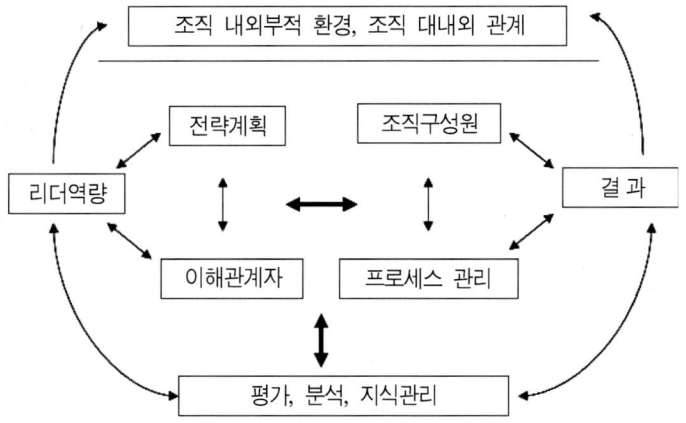

[그림 7-1] 통합적 관점의 TQM 준거 개념도 (NIST, 2005에서 재구성)

위 그림에서 제시하고 있는 바와 같이, 조직 환경의 특성을 전체적으로 조망하여, 체제적이고 통합적인 관점에서 TQM 준거가 구성되어 있다. 첫째, 리더역량 영역에서는 조직 구성원들과의 의사소통, 동기유발, 격려를 통해서 어떻게 조직구성원의 학습을 지원하는지에 대한 준거를 제시하고 있다. 둘째, 전략계획의 측면에서는 조직의 장기적 목표를 수립하고 이를 성취하기 위한 액션플랜의 개발과 적용이 얼마나 잘 되는지에 대한 진단을 하고 있으며 셋째, 이해관계자 영역에서는 조직구성원(학습자)들의 만족도를 제고시키기 위하여 니즈를 어떻게 반영하며, 불만과 고충처리를 얼마나 잘 하고 있는지에 대한 항목을 열거하고 있다. 넷째, 평가, 분석, 지식관리 영역은 조직구성원들이 실시한 학습의 결과물을 평가하고, 효과성을 분석하며 이를 어떻게 조직의 지식으로서 축적하여 관리할 것인지에 대한 준비정도를 측정하고 있다. 다섯째, 조직구성원 영역에서는 조직구성원의 잠재역량을 규명하고 이 역량을 향상시키기 위하여 학습의 기회를 어떻게 부여하고, 지원하여 높은 업무성과를 창출하도록 할 것인가에 대한 조직 상황을 진단하고 있으며, 여섯째 프로세스 관리 영역에서는 제반 학습과정에 있어서 장애요인은 없는지 모니터링하며 주요단계별로 기업 학습자들의 학습 프로세스를 어떻게 관리하고 있는지에 대한 준거로 구성되어 있다. 이러한 여섯 가지 영역을 통합하는 TQM 준거를 활용하여 조직의 학습상황을 진단할 것을 제안하고 있다. e-Learning의 학습환경 관점에서 볼 때 TQM을 조직문화 차원에서 통합적으로 적용하는 방법은 여러 가지 대안이 있을 수 있으나, 인재개발 부서와 같은 전담조직에서 조직 내 현상을 진단하고 조직의 문화적 맥락에 맞는 전략을 수립하여 추진하기 위한 수단으로서 준거를 개발하여 활용하는 것이 좋은 방안이 될 것으로 생각된다.

6. TQM의 적용가능성 탐색을 위한 형성적 준거

본 장에서는 기업 e-Learning의 학습환경 개선을 위한 방안으로 형성적 개념차원의 준거를 제시하고자 한다. 각 준거들은 TQM을 교육적 차원에 적용하고 있는 NIST(National Institute of Standards and Technology)에서 구안한 통합적 관점의 TQM 준거와 문헌연구를 통하여 도출한 TQM의 핵심요소 및 Rosenberg(2001)의 조직문화 구축전략을 참조하여 본 연구의 목적에 적합하게 수정하여 구성하였다.

준거는 TQM의 핵심요소인 Customer(학습자 기대충족), Process(과정개선), People(인력개발)의 차원으로 분류하고 학습환경 개선의 측면에서 조직문화관점을 중요한 요인으로 제시하고, Learning Culture(학습문화), Champion(리더의 지원), Communication(의사소통)의 요소를 도출하여 각 영역별로 적합한 준거를 문헌조사를 통하여 구성하였다. 본 준거는 앞으로 더욱 항목을 정교화 할 필요가 있으며, 각 기업별로 특성과 상황에 맞도록 항목을 가감하여 활용할 수 있을 것으로 생각된다. 지속적인 과정개선을 추구하는 TQM의 관점에서 보면, 완벽한 틀을 개발한 후 적용하는 것보다는 전체적인 프레임을 구성하여 적용과정에서 개선해나가는 형성적 준거의 틀을 취함이 적합할 것으로 판단되며, 이와 같은 준거를 통해서 각 기업에서 자체적으로 조직을 진단해볼 수 있는 방안으로 제안코자 한다. HRD 부서에서 해당 기업의 e-Learning이 현장에 제대로 정착하여 기여하고 있는지 판단해 볼 수 있는 준거로 생각해도 좋을 것이다.

먼저, 학습자 기대의 충족을 위한 준거는 <표 7-1>과 같이 제시할 수 있다. 학습자 기대의 충족을 위해 학습문화의 형성이 중요하며, 기본적으로 양질의 학습경험을 제공할 수 있어야 할 것이다. 양질의 학습경험은 교수-학습의 제반과정에서 얼마나 학습자의 실제 업무에 도움을 주는 내용을 학습할 수 있도록 할 것인지, 이를

〈표 7-1〉 학습자 기대 충족 차원의 준거

구분	영역	준거
Customer (학습자 기대)	Learning Culture (학습문화)	**학습자 Needs 충족** 학습목표의 명확한 제시 학습자 관심분야와의 일치도 학습자 직무분야와의 관련성 선수지식의 명확한 제시 학습자 수준별 난이도 적절성 제시하는 내용의 양의 적절성 **학습자원의 적합성** 학습자료의 풍부성과 적합성 학습자료의 유용성 전문용어 설명의 명확성 학습사례와 실제업무와의 연관성 **교수-학습 방법의 적합성** 학습자의 학습방법 선택 가능정도 학습자간 협력학습의 기회 제공정도 학습자 진도관리 및 학습안내 적절성 학습 공동체 운영의 활성화 도움말의 유용성 관련 자료 참조를 위한 안내 적절성 수준별 학습의 가능 정도 **학습과제 평가의 적합성** 학습내용 반영의 적절성 학습과제 평가의 공정성 학습성취도 평가의 다양한 방법 활용 평가후 피드백의 적절성 **학습지원서비스** 교육담당자와 학습자간 신뢰도 교수자에 대한 신뢰도 수강신청의 편의성 시스템 접속의 용이성

구분	영역	준거
Customer (학습자 기대)	Champion (리더의 지원)	교육비용의 적절한 지원 교육과 인사제도의 연계 현업부서장의 부서원 양성책임 부여 업무시간 중 학습의 허용정도
	Communication (의사소통)	학습자 불만 해결에 대한 지침수립 학습자료의 추가 및 업데이트 정도 평가와 과제제출을 위한 보안성 학습자 의견의 반영과 피드백 학습결과의 현업부서 피드백

지원하기 위하여 어떤 서비스를 할 것인지에 대한 고려가 필요하다. 이를 위하여 리더는 제도차원의 지원을 중점적으로 해야 하며, 특히 현업부서장에게 부서원 양성에 대한 책임을 부여해서, 이를 부서장 인사평가 항목에 포함을 시키는 방안을 적극적으로 검토해야 할 것이다. 본 준거 중에서 업무시간 중 e-Learning 학습의 허용과 같은 항목은 업무와 학습의 일치를 추구하는 측면에서 조직의 리더가 정책적으로 결정하지 않으면 실제 현장에서는 일어나기 어려운 측면이 있다. 본 영역에서 의사소통에 관련된 준거는 주로 학습자 지원을 어떻게 할 것인가에 대한 부분으로서 특히, 학습을 지원하기 위해서 현업부서와 e-Learning을 주관하는 부서간의 커뮤니케이션의 중요성을 강조하고 있다.

과정개선 차원의 준거에서는 과정개발부터 평가까지의 제반단계에서 개선할 점은 없는지 수시로 피드백을 실시해야 학습자들이 자연스러운 학습문화를 형성해가는 기반이 될 수 있을 것이다. 본 영역에서 리더는 장기적인 전략과 비전의 공유를 통해서 중간의 과정이 이에 적합하게 실시되고 있는지, 실제적인 실행을 위한 재정적 지원이 제대로 되고 있는지 살펴봐야 할 것이다. 의사소통의 영역에서는 학습자들이 e-Learning이 얼마나 효과적인지 신뢰감을 가질 수 있도록 성공사례를 발굴하여 공유하는 것이 중요하며, 현업부서 관리자와 학습에 직접 참여하는 임직원의 의견을 수렴하여 과정개선에 반영해야 할 것이다. 과정개선 차원의 준거는 다음의 표와 같이 제시할 수 있다.

〈표 7-2〉 과정개선 차원의 준거

구분	영역	준거
Process (과정개선)	Learning Culture (학습문화)	교육과정 개발을 위한 요구분석 과정별 형성평가 실시 교육프로그램의 질 관리를 위한 평가 현업 Needs를 교육과정 개선에 반영
	Champion (리더의 지원)	장기적인 전략과 계획의 수립 정책에 대한 비전 공유 리더와 구성원간의 신뢰관계 e-Learning 학습효과 제시 재정적인 자원의 확보와 분배
	Communication (의사소통)	학습결과의 업무적용 성공사례의 공유 조직내 권위자를 활용한 효과성 전파 현업부서 관리자 및 학습자의 의견수렴 외부기관 벤치마킹 및 교류

인력개발 차원은 특히, e-Learning을 주관하는 부서 구성원들의 수준을 높여야 하며, 이들을 위한 조직차원의 직무능력 개발 노력이 필요하다는 차원에 중점을 두고 있다. TQM을 추진하기 위해서는 조직 전체의 구성원들이 함께 각자의 책임과 역할을 충실히 수행해야 한다는 관점에서 볼 때, 학습자들에게 어떤 컨텐츠를 제공하고, 어떻게 지원 서비스를 해야 한다는 논의는 활발한 반면, 정작 e-Learning을 개발, 운영, 서비스하는 지원 Staff들의 수준을 어떻게 향상시킬 것인가에 대한 연구는 다소 부족한 것이 사실이다. 따라서 리더는 e-Learning 추진조직의 구성원들이 명확한 업무분장과 의사

결정권한을 갖고 업무를 할 수 있도록 지원해주어야 하며, 구성원 각 개인별로 의견교류를 활성화함으로써 새로운 아이디어를 창출하여 적용할 수 있도록 의사소통의 측면에도 관심을 가져야 할 것이다. 인력개발 차원의 준거는 <표 7-3>과 같이 제시할 수 있다.

〈표 7-3〉 인력개발 차원의 준거

구분	영역	준거
People (인력개발)	Learning Culture (학습문화)	교육담당자 업무 전문성 향상을 위한 조직차원의 노력 정도 교육담당자 업무 전문성 향상을 위한 개인차원의 노력 정도 담당자 인센티브 제도 정립
	Champion (리더의 지원)	담당자간 신뢰관계 형성을 위한 조직차원의 노력 정도 담당자의 업무분장 명확도 담당업무에 대한 자부심 제고 적절한 의사결정권 위양
	Communication (의사소통)	교수자–담당자간 의견교류 정도 담당자–학습자간 상호작용 정도 리더–담당자간 의견교류 정도 새로운 방법과 대안 적용의 수용성

7. 바람직한 e-Learning을 위한 방향모색

기업 e-Learning분야가 최근 몇 년간 이루어온 외형적인 성장은 매우 괄목할만하다. 특히 인터넷 통신훈련이라는 제도의 확산을 통한 정책적 지원에 힘입어 대단한 양적인 성장이 진행되고 있다고 할 수 있다. 한국기업은 그 성장속도만큼이나 빠르게 e-Learning이라는 교육체제를 무비판적으로 수용해왔다. 이는 새로운 교육매체가 나타날 때 일반적으로 나타나는 신기효과(Novel Effect)와 같이 마치 인터넷을 활용한 교육으로 많은 문제를 해결해 줄 것이라는 기대와 환상을 가짐에 다름 아니라고 볼 수 있다. e-Learning은 이를 제공하는 교육기관과 교육담당자에게는 양적인 실적을 안겨다 주었지만, 과연 실제로 교육과정을 통하여 학습하는 기업의 임직원들은 어떤 생각과 인식을 가지고 e-Learning을 대하고 있는지 현장의 진솔한 목소리에 귀를 기울여야 할 시점이다.

한때의 유행이 아닌 지속적으로 기업 e-Learning을 발전시켜나가기 위해서는 근본적으로 이를 실행하는 조직의 문화적 맥락과 조화를 이루는 것이 중요하다. 그러나, 이에 대한 연구는 아직 부족한 상황이며, 그만큼 e-Learning을 제공하는 교육기관은 물론, e-Learning을 활용하는 학습자나 기업의 리더들도 비용 효과성에 관심이 집중되고 있는 것이 현실이다.

그러나, 이와 같은 여러 가지 현실적 어려움에도 불구하고 e-Learning은 기업 학습자들의 학습욕구를 충족시켜줄 수 있는 해결대안이 될 수 있는 가능성을 가지고 있다는 점을 상기하며, 조직문화 차원의 e-Learning 학습 환경의 개선 차원에서 다음과 같이 제언하고자 한다.

첫째, 현재 e-Learning체제는 얼마나 학습자에게 자기주도적인 학습기회를 부여하고 있는지 성찰해볼 필요가 있다. e-Learning을 기존 교육의 패러다임을 대체할 수 있는 획기적인 학습무대의 전환이라는 주장과는 달리, 결국 이제까지 산업사회에서 이루어져 온 교실의 강의식 수업형태를 그대로 텍스트와 함께 인터넷에 올려놓은 단계에 그치고 있는 것은 아닌지 돌이켜봐야 할 것이다. 기업현장에서 이루어지고 있는 e-Learning도 결과적으로 매체의 하드웨어적인 요소만 변화되었을 뿐 교수-학습이 이루어지는 형태는 일방적인 주입식 강의에 다름 아닌 한계를 가지고 있다. 매체의 비교연구 관점에 볼 때 교수-학습과정에 별다른 차이가 없다면 On-Line으로 이루어지는 간접적인 경험보다는 면대면으로 진행되는 집합식 강의가 학습자들에게 매력적인 것은 당연한 결과일 것이다.

둘째, 학습할 시간이 없어서 진도 따라가기에 바쁘고 결국 교육 종료 마감시간이 다 되어서야 어쩔 수 없는 마우스 클릭으로 의무적인 학습을 마쳐야 하는 현실을 해결하기 위한 대안을 모색해야 할 필요가 있다. 이와 같은 문제가 발생하는 것은 e-Learning체제가 기업현장을 구성하고 있는 요인들의 조직문화적 맥락과 불일치하는 요소를 갖고 있기 때문인 것으로 생각된다. 기업현장은 매일 급변하는 상황에 끊임없이 대응해나가야 하고, 미래의 전략을 모색하는 활동으로 이루어지고 있어서 업무시간에 인터넷을 통하여 학습을 위한 학습을 하고 있는 것은 기업문화의 정서상 용인되기 어려운 요소를 갖고 있다. 본래 e-Learning은 기업에 도입될 때 임직원들을 집합교육이나 합숙교육에 입과 시키는데서 오는 시간과 비용의 부담을 감소시키고, 언제 어디서나 원하는 내용을 학습하여 업무에 직간접적으로 연결시킴으로써 학습과 업무수행의 일치를 도모할 수 있는 대안을 모색한 데서 비롯된 측면이 있다. 그러나, 현재 e-Learning이라는 이름으로 제공되는 교육 컨텐츠는 살아있는 지식도 아니고, 학습자들의 업무에 직접 활용할 수 있는 내용도 별로 많지 않다는 의견도 설득력 있게 제기되고 있다. 즉, 정해진 교육체계의 틀 속에서 학습이 제공되다보니 몇 개월만 지나면, 기존의 교육과정 중 개인의 직무에 필요한 대부분의 내용을 학습할 수 있게 되는 단점을 갖고 있다. 그러나, 초기투자비용과 개발시간이 막대하게 들어가는 e-Learning의 특성상 교육과정의 업데이트는 수

시로 이루어지기 어려운 실정이다.

e-Learning이라고는 하지만, 결국 미리 만들어져 있는 교육내용을 인터넷에 올려서 일방적으로 전달하는 것은 디지털 시대에 필요한 학습자들의 창의적 사고, 통합적 사고, 비판적 사고의 제고와 별다른 연관성을 찾기 어렵다. e-Learning 연구의 관심이 교수설계상의 미시적 처방에 초점을 맞추고 있는 현실에서 근본적인 학습관이 바뀌지 않는다면 결과적으로 큰 효과를 발휘하기 어렵다. 최근 대두되고 있는 구성주의적인 관점을 도입하여 교수설계에 반영하고 학습운영상에서도 토론과 학습자의 참여 및 상호작용에 관심을 보이는 시도가 점차 증가하고는 있으나 현실적으로 미시적인 부분에서 반영이 된다고 하더라도 학습자의 참여와 호응이 동반되지 않는다면 결국 외면받을 수 밖에 없다. 이런 측면에서 교수설계자들만의 구성주의를 실행하고 있는 것은 아닌지 진지하게 고민해 볼 필요가 있다.

셋째, 기업에서의 e-Learning을 의무적으로 교육 입과인원을 채워 넣기 위한 수단으로 생각하고, Off-Line교육에 대한 경영의 편리성 차원에서 인식하고 있지는 않은지 냉철한 성찰이 필요하다.

개인의 역량개발은 이제 기업에 몸담고 있는 모든 사람들의 필수적인 요소가 되었다. 교육이수 내역을 점수화하여 평가하는 제도를 갖고 있는 현실도 문제지만, 그렇게라도 하지 않으면 학습의 기회를 찾기 어려운 기업 임직원들의 현실적 상황이 e-Learning에 대한 인식과 활용에 큰 영향을 미치고 있다. 즉, 이 문제는 e-Learning이 기술공학적으로 효율적인지(efficient), 또는 교수설계를 통하여 학습효과가 있는 것인지(effective)의 차원을 넘어서 기업의 현실과 조직문화적 차원에서 지속적인 성장과 정착의 가능성이 있는 것인지(sustainable)의 차원에서 논의되어야 할 것이다.

　미리 짜여진 과정에 따라서 e-Learning 학습자들이 진도를 따라가는 형태가 반복된다면 교수설계의 단계에서 학습자들의 상호작용을 촉진시키는 미시적인 처방이 몇 가지 추가된다고 하더라도 실제 업무 및 생활에 그다지 유의미하게 작용하지는 않을 것이라는 시사점을 주고 있다. 이는 e-Learning의 교수설계가 이제 단순한 교육과정의 개발차원을 넘어서서 학습환경의 총체적 설계라는 관점으로 지평을 넓혀야 한다는 것을 의미한다.

　TQM은 이러한 "총체적"이라는 관점에서 e-Learning을 구성하는 미시적, 거시적 관점의 통합전략에 대한 시사점을 주고 있다. TQM은 새롭게 대두되는 개념은 아니며, 수십년의 시행과정을 이미 다른 분야에서 겪어왔던 검증된 전략이다. 학습촉진을 위한 조직문화의 구축도 e-Learning을 구성하는 여러 요인의 통합적 고려와 조화로운 발전방안의 모색을 통하여 이루어질 수 있다. 이제까지 기업에서는 e-Learning을 새로운 학습방법이기 때문에, 도입하지 않으면 변화에 뒤떨어질지 모른다는 막연한 위기의식을 극복하기 위한 방안으로만 생각해오지는 않았는지 깊이 성찰해볼 필요가 있다. 본 장에서 TQM과 조직문화적 관점을 e-Learning과 연계시켜 생각해 본 것은 e-Learning이 기업 현장에서 일회성 교육으로 그치지 않고, 지속적인 정착과 성장이 가능하도록 만드는 데 필요한 것으로 여겨지기 때문이다.

　가장 근본적으로 생각해야 할 고객인 학습자와 현업부서의 Needs는 뒤로 한 채 제공자의 입장에서 Push해오고 있는 측면은 없는지, 따라서 그러한 Push형 전략으로 인하여 고객에게 저항감을 갖도록 함으로써 기업 내에서 e-Learning을 지원하는 조직문화의 형성을 저해해오지는 않았는지 TQM의 관점에서 생각해볼 필요가 있다. 이와 같은 관점의 도입은 비록 e-Learning의 학습촉진을 위한 조직문화 구축이라는 거대한 명제에 대하여 명쾌한 해답을 제시하기에는 아직 개념적 논의를 시작하는 수준에 있는 한계성을 가지고 있음은 부인할 수 없으나, 이제는 TQM을 적용한 통합적 관점에서 기업의 교육담당자나 리더, 나아가서는 CEO가 e-Learning을 생각하고 지원하도록 노력해야 한다는 하나의 방향성을 제시할 수 있다는 점에서 의미가 있을 것으로 생각된다. 또한, 향후로는 조직문화에 대한 논의 뿐 아니라, 전체적인 학습환경 차원에서 시스템 및 기술영역, 제도적 차원에서 인사와 교육의 연계방안으로까지 심층적인 연구의 범위를 확대할 필요가 있다.

때가 되어 어쩔 수 없이 참여하는 교육이 아닌, 언제든지 학습할 수 있는 환경을 제공하고, 공통의 관심을 가진 사람들끼리 On-Line과 Off-Line을 넘나들면서 서로의 생각과 학습을 나누고 새로운 지식을 창출해나가는 모습이 비로소 진정한 의미의 e-Learning의 학습촉진을 가능하게 하는 시금석이 될 수 있을 것이라는 공감대가 형성될 때, 기업의 e-Learning은 해당 조직의 문화 속에 융화되어 자연스러운 일상으로 다가올 수 있을 것이다.

e-Learning에서 협력적 지식구축을 위한 조정지원도구의 개발과 적용[10]

1. 필요성

e-Learning의 중요한 목적 중 하나는 협력활동을 촉진하여 학습자 개개인의 학습 뿐 아니라 집단에 속한 학습자 공동의 지적결과를 만들어내는데 있다. 이러한 지적 결과물을 획득하기 위하여 학습자들은 공동의 공간에서 함께 해결해야 할 과제가 무엇인지를 정의하고, 이를 해결하기 위한 일련의 계획을 세우며, 진행사항을 점검하고 필요한 정보를 탐색하거나 인출하고, 저장하는 등의 협력 활동을 필요로 한다.

Rummel과 Spada(2005)에 의하면 e-Learning에서의 이러한 협력활동은 거시적 차원인 조정활동(coordination)과 미시적 차원의 커뮤니케이션으로 분류할 수 있다. 여기에서 거시적 차원의 협력활동인 조정은 학습 공동체에 참여하는 과정으로서 과제를 수행하는 데에 필요한 협력활동의 규칙 수립, 역할의 분담, 일정관리, 그리고 목표 공유 등을 포함한다. 이와 같은 활동을 통해서 학습자들은 자신의 학습계획이나 해야 할 일을 성찰하고 수립하는 데 도움을 받을 수

---

10) 본 장은 기업교육연구 10권 1호, pp. 65~95에 게재된 오동건(2008)의 논문을 수정, 보완하였음을 밝힌다.

있다. 또한 협력적 탐구 활동이 진행되는 방향을 인식하고 개인의 학습상황이나 방향이 학습집단 전체의 방향과 어떻게 다르고 같은 지를 인식하고 조율해나갈 수 있다. 한편, 미시적 차원의 커뮤니케이션은 구성원 참여에서 이루어지는 세부적인 메시지 상호작용을 의미하며 학습자들의 사고가 개선되고 수정되는 과정이라고 할 수 있다.

협력적 탐구활동을 성공적으로 하기 위해서는 학습집단의 구성원들이 협력적으로 문제해결을 하는 프로세스를 지원할 필요가 있다. 문제해결을 위한 상호작용의 과정에서는 갈등이 유발될 수도 있고, 공동의 목표가 명확하게 정해지지 못하여 혼란을 겪는 경우도 발생할 수 있다. 이를 방지하기 위하여 학습 참여자들은 이미 작업이 완료된 내용과 앞으로 논의하고 작업해야 할 항목을 구분할 필요가 있다(Barron, 2000). 특히 개인적인 학습과 공동의 작업이 학습의 진행에 따라 교차되어 나타나는 협력학습에서는 학습을 진행하는 프로세스에 대하여 참여자들이 인지하고, 공유하는 것이 중요하다(Cannon-Bowers & Salas, 2001).

e-Learning에서는 직면한 과제의 공동해결과 같은 협력활동의 조정에 많은 어려움이 따른다. 특히, 과제의 초기단계에 시간관리, 업무분담, 개별적 지식의 융합, 개인작업과 공동작업의 적절한 조화 등을 조정하는 과정이 필요하다(Rummel & Spada, 2005). 여기에서의 조정은 상호의존적인 속성을 가지고 있으며, 각기 다른 특성을 가진 요소들을 전체의 틀 속에서 하나로 모아나가는 과정이다(Malone & Crowston, 1994).

e-Learning에서 조정을 역할분담, 목표공유, 규칙수립, 시간관리 등으로 규정한 연구(Rummel & Spada, 2005; Malone & Crowstone,

1994)는 활동이론(activity theory)의 틀로 분석할 수 있다. 최근, 활동이론을 활용하여 학교교육 뿐 아니라 기업조직에서의 협력학습 과정을 분석하는 연구가 다양하게 시도되고 있다(Marken, 2006; Yamagata-Lynch, 2003; Oshima & Oshima, 2001).

활동이론은 본래 조직 차원에서 공동의 목표를 달성해가는 과정에서 협력작업을 어떻게 하는지, 역할의 분담과 작업규칙의 수립은 어떻게 이루어지는 지에 대한 분석 논리를 제공해주는 이론으로서 작업과정을 분석하는 데 활용되기도 하였다(Engeström, 1999).

특히 Engeström(1999)이 활동이론을 적용하여 고안한 활동시스템(activity system)은 개인차원, 집단차원, 도구, 역할분담, 규칙 등의 구성요소의 관계를 조정하여 공동의 목표를 성취해가는 과정을 분석할 수 있도록 하고 있다.

조정활동은 본질적으로 협력적 활동의 과정에서 이루어지는 것으로서 독립적인 변인으로서 접근하기 보다는 전체적인 분석 프레임 차원에서 상호 의존되는 제반 구성요인들 간의 관계를 분석해야 한다. 따라서, e-Learning에서 성공적인 협력학습이 이루어지기 위해서는 앞에서 언급한 바와 같이 거시적 차원의 협력과 미시적 차원의 협력이 조화를 이루어야 할 필요가 있다. 그러나, 이제까지 e-Learning에서의 연구는 미시적 차원에서 메시지 분석, 커뮤니케이션 유형 분석 등을 통한 학습자간 상호작용에 대한 분석과 연구가 많이 진행되어 왔다(Rourke, Anderson, Garrison, & Archer, 2001; Thomas & MacGregor, 2005).

이러한 차원에서 조정은 주로 협력학습 집단을 처치변인에 따라 구성하여 협력학습 결과를 측정하는 종속변인으로 연구되었다 (Rummel & Spada, 2005; Barron, 2000). 처치의 결과로서 주로 논의되는 조정활동을 직접적으로 지원해주는 도구를 e-Learning에서 제공한다면 조정활동이 자체적으로 활성화되는 것은 물론 협력적 탐구활동의 산출물에도 긍정적 효과를 줄 수 있을 것이라는 추론이 가능하다. 이러한 조정지원도구는 기업교육에서 온라인 학습 커뮤니티를 활용하고자 할 때에도 가이드라인으로서 적용이 가능하다. 조정활동 자체로서 이미 기업조직에서 일하는 메커니즘에 매우 밀접한 관계가 있기 때문이다.

본 장에서는 e-Learning의 다양한 영역 중에서 학습 참여자들의 협력적 탐구활동을 수행하는 상호작용에 초점을 맞추고자 한다. 다양한 상호작용 중에서도 조정활동을 지원하는 도구를 설계기반연구를 통하여 개발하는 것을 연구의 목적으로 한다. 이를 위하여 조정지원도구의 개발원리를 도출하여, 조정지원도구를 개발하고 실제 현장에서의 적용 효과성을 검증함으로써 e-Learning에서의 협력적 탐구활동을 촉진하는 데 기여하고자 한다. 본 연구는 대학에서의 학습 상황을 대상으로 이루어졌으나, 이 과정에서 도출한 개발원리 및 연구결과는 향후 기업교육 상황에서도 적용할 수 있는 시사점을 제공할 수 있을 것으로 생각된다. 또한 앞 장에서 언급한 바 있는 설계기반연구를 실제 적용하는 과정과 방법에 대해서도 의미 있는 사례를 제공할 수 있다는 점에서 의의가 있다고 할 수 있을 것이다.

2. 이론적 배경

1) 협력적 탐구활동의 사회적 측면

협력적 탐구활동은 개인이 다른 참여자들과 상호작용하고 협상하는 과정을 통해서 하나의 과제에 대하여 서로 다른 관점을 심층적으로 상호 이해하는 과정이라고 할 수 있다. 이를 통해서 개인차원의 지식을 재구성하고 재해석함으로써 과제에 대하여 공동의 이해 틀을 갖게 된다(Stoyannova & Kommers, 2001).

Dillenbourg와 Traum(2006)에 따르면 공동의 이해 틀을 만들어가는 작업은 이해공유(Shared Understanding)의 과정이라고 할 수 있다. 이해공유는 과제에 대한 참여자간 상호이해를 증진시켜가는 과정에서 나온 의견들을 정교화하고 유지시켜가는 과정이다. 정교화시키는 과정에서는 다른 사람의 의견을 개정, 질문제기, 편집 등의 활동을 하며 유지시키는 과정에서는 다른 참여자들과의 커뮤니케이션, 진단, 피드백과 같은 활동이 이루어진다. 이러한 활동들은 개인차원과 집단차원이 연계되고 통합됨으로써 이루어지게 된다.

협력적 탐구활동은 집단의 구성원들이 상호작용을 통하여 과제수행에 대한 공동의 이해를 넓혀나가는 과정이라고 할 수 있다. 협력적 탐구활동의 미시적인 차원에서는 이와 같은 상호작용을 통해서 공동의 합의에 이르기 위한 의견들을 표현하고 다른 사람의 의견에 대하여 인식하고 피드백하는 과정이 중요하다. 특히 의견을 교환하기 위해서는 표상(representation)이 시각적으로 이루어져야 한다. e-Learning에서 표상이 갖는 의미는 참여자가 e-Learning에서 학습한 내용을 표상하여 학습 참여자들이 볼 수 있도록 하는 것이며 이를 통하여 의견의 의미에 대한 협상과 합의과정이 촉진된다. 여기서, e-Learning의 외적 표상(external representation)은 학습의 출발점이 될 수 있으며 상호작용을 위한 매개물이 될 수 있다. 따라서 e-Learning에서는 학습자들의 협력활동을 외현적으로 나타낼 수 있는 도구를 지원하는 것이 필요하다.

협력적 탐구 활동은 학습의 사회적 측면에 초점을 두고 있다. 학습의 사회적 측면은 다른 사람과 협력하는 과정에 참여함으로써 학습이 이루어진다는 Vygotsky의 관점을 채택하고 있다. Vygotsky는 학습하는 과정을 첫째, 여러 사람들이 각기 다른 전문성의 차이를 통해 서로 학습하고, 둘째 학습한 내용이 결국 개인에게 내재화되는 것으로 설명하였다. 즉, 다른 학습자의 영향을 받아 개인의 주관이 새롭게 형성되고, 그 학습결과는 또 다른 사람에게 영향을 미치는 순환고리로 파악할 수 있다. 특히, Vygotsky는 학습을 근접발달영역(Zone of Proximal Development)에서 개인이 독립적으로 문제를 해결함으로써 개발되는 수준과 전문가나 능력이 더 뛰어난 동료 학습자와의 협력학습을 통해서 문제를 해결했을 때 도달하는 수준간의 차이로 설명함으로써 개인 학습자는 다른 사람과의 협력을 통해서 더 높은 수준의 학습을 수행할 수 있다는 점을 강조하였다(Kaptelinin & Cole, 2002).

이러한 Vygotsky의 견해에 따라 협력적 탐구 활동의 과정을 분석하는 것은 학습을 개인의 내면적 인지과정으로 생각하기 보다는 사회적 체제 속에서 전체적인 관점으로 해석할 수 있다. 즉, 성공적인 협력적 탐구활동을 위해서는 사회적 기반구조(social infrastructure)를 적절하게 구성하는 것이 필요하다는 것을 의미한다. 또한 협력적 탐구 과정에서는 대립, 갈등, 경쟁의 형태가 나타날 수 있다. 따라서 진정한 의미에서의 협력은 이러한 문제를 고려해야 한다.

2) 조정활동의 의미

조정(Coordination)은 조직이론에서 매우 전통적인 문제로서 하나의 체제 내에서 일어나는 행위들 간의 다양한 의존성에 관련된 문제이다. 즉, 조정은 이러한 다양한 행위들을 통해서 공동의 목표를 향해 나아가는 프로세스를 재설계하는 활동이라고 할 수 있으며 비즈니스 관리와 밀접한 관련이 있다. 최근에는 교수-학습과정의 구조와 요소를 이해하는 데 조정을 접목하려는 노력이 시도되고 있다(Hedestig & Kaptelinin, 2002). Malone과 Crowston(1994)에 의하면 조정의 목적은 시스템을 구성하는 요소들을 하나의 전체로서 묶어나가는 것이다.

조정은 의존성에 의해서 필요성이 제기된다. 만약 시스템을 구성하는 각 요소들이 서로 의존할 필요 없이 독립적으로 존재한다면 조정도 필요하지 않을 것이다. 그러나, 이러한 상호의존성은 인간 활동의 모든 측면에서 실제적으로 일어나고 있다. 전통적인 경제학 분야에서는 조정을 위해서 분업의 필요성을 강조해왔다. 조정은 상호의존성(interdependence)을 관리하는 노력이다. 이상적으로는 의도적인 전체로서 행위들이 부분을 이루며, 통상 커뮤니케이션이나 정보의 교환에 의하여 달성된다(Weigand, Poll & Moor, 2003). 또한 조정을 통해서 상호지식과 공동의 이해를 넓혀가는 과정의 기반을 제공할 수 있다. 한편 문제해결을 위한 대화는 상호전문성의 교환에서 갈등을 일으킬 수 있다. 또한 협력과정에서 제기되는 의견은 생소하고 무엇이 공동의 목표인지 애매할 수 있다. 또한 현재상태가 매우 유동적일 수도 있다. 따라서 참여자들은 무엇이 이제까지 완료되었고 앞으로 무엇이 개정되어야 하는지를 알아야 할 필요가 있다. Barron(2000)에 의하면 조정에는 세 가지 측면이 있다. 첫째는 상호작용성으로서 모든 구성원들이 서로 기여하는 데 따른 상호작용을 의미한다. 둘째는 공동의 주의집중이며, 셋째는 공유된 과제의 연계이다. 이러한 조정은 학습의 사회적 측면을 반영하고 있다. Malone과 Crowston(1994)에 의하면 조정활동의 프로세스는 자원관리, 과제할당과 같은 우선순위 선정, 이해관계의 관리, 일정관리, 목표분석을 통한 과제관리, 집단적 의사결정, 상호작용 등으로 이루어진다. Kraut와 Streeter(1995)에 의하면 동료간의 토론은 조정을 위한 가장 효과적인 방법이다. 조정활동은 협력적 작업도구(cooperative work tool)를 통하여 더욱 촉진될 수 있으며 협력적 작업환경에서 광범위하게 활용되고 있다. 이러한 협력적 작업도구는 기업의 업무과정에서도 컴퓨터 컨퍼런싱, 전자메일, 일정관리 도구 등의 형태로 적용되고 있다. 본 연구에서는 선행연구를 종합하여 조정을 '공동의 목표를 공유하고, 이를 성취하기 위하여 학습 참여자들 간의 행위와 의사결정의 조화를 이루도록 하는 제반 프로세스'라고 정의하기로 한다. 이를 위해서는 목표공유, 시간관리, 역할분담, 개인학습과 집단학습의 통합 등이 이루어져야 한다. 따라서 e-Learning에서의 조정활동은 협력작업 지원도구를 학습에 활용하여 협력적 탐구활동을 촉진하는 것을 의미한다.

3) 협력적 탐구활동의 분석

협력적 탐구활동을 분석할 수 있는 이론적 틀로서 활동이론을 적용하는 연구가 최근 활발하게 진행되고 있다(Marken, 2006; Yamagata-Lynch, 2003; Oshima & Oshima, 2001). 활동이론은 본래 매개(mediation)의 개념을 적용한 Vygotsky의 이론으로부터 근원을 찾을 수 있으며 현대에 와서 Leont'ev와 Engeström을 거치면서 활동의 개념이 도입되었다. Engeström(1999)은 활동이론을 토대로 활동시스템을 개발하였다. 활동시스템은 초기의 활동이론에서 사회문화적인 관점을 보완한 것으로 도구(instrument)에 의해서 중재되는 활동은 서로 분리되어 있는 것이 아니라 공동체의 구성원들에 의해서 동시에 수행되는 활동으로서 서로 상호의존적이라는 점을 강조하고 있다. 따라서 활동이론은 Vygotsky의 근접발달영역의 개념과 그 이론적 토대를 같이 한다고 할 수 있다. 활동이론은 다음과 같은 전제를 하고 있다(Kaptelinin & Cole, 2002).

첫째, 인간은 상호작용적 활동에 의하여 사고가 촉진된다. 둘째, 활동은 사회문화적인 특성을 가지고 있어서 특정 문화의 규범, 관례, 기대 등과 같은 사회문화적 환경의 다양한 부분들에 의해 결정된다. 활동이론은 활동시스템을 통하여 구체적인 모형으로 제시되었으며 인간의 활동을 분석하는 프레임웍으로서 활용될 수 있게 되었다.

활동시스템을 통해서 인간의 활동은 매우 복잡하면서도 발달적인 성향을 갖고 있으며 이러한 변화는 인간이 단순히 생존하기 위해 환경에 수동적으로 적응해가는 것이 아니라 오히려 보다 능동적인 자세로 환경을 스스로 변화시킨다는 점이 파악된다. 여기서 활동시스템을 구성하는 요소는 개인(subject), 목표(object), 성과(outcomes), 도구(instrument), 규칙(rule), 공동체(community), 분업(division of labor)이다. 개인은 활동시스템의 참여자로서 개인을 포함한 집단을 의미하며 목표는 활동의 대상으로서 도구 등의 매개체를 통하여 활동의 결과를 산출하게 된다. 규칙은 집단 구성원의 행동과 상호작용을 규제하는 일련의 규칙을 의미하며 커뮤니티는 동일한 목적을 갖고 주체와 함께 활동에 참여하는 보다 상위의 집단을 말한다. 또, 분업은 목표를 달성하기 위해 필요한 공동체 구성원간의 역할분담을 의미한다. 활동시스템을 학습상황에 적용해보면 어떻게 학습공동체의 구성원으로서 활동하는지, 어떻게 각자의 활동이 학습 활동을 구성하는 데 조직화되는지에 대한 관점을 도출해낼 수 있다(Oshima & Oshima, 2001).

활동이론을 e-Learning 연구에 접목시킨 연구가 최근 활발하게 시도되고 있다. 특히 학습집단 간 또는 집단 내에서 협력학습과정의 갈등구조를 연구한다든지, 지식의 발달이 어떻게 이루어지는지를 분석하는 틀로 활용하는 사례가 있다(Halloran et al., 2002; Oshima & Oshima, 2001). 활동이론을 e-Learning 환경으로 접목시켜 보면, 개인은 개인 학습자로, 목표는 학습내용과 학습과제로, 도구는 e-Learning 환경, 규칙은 협력학습 공동체 참여자간 상호 약속이나 내규로, 공동체는 협력학습 참여자들이 모여서 지식을 구성(Knowledge Construction)을 하는 학습집단으로, 그리고 학습에 투입되는 노동의 분업은 협력학습을 위한 과제의 분담으로 생각해볼 수 있다.

활동시스템을 구성하는 요소는 개인, 목표 및 성과, 도구, 규칙, 공동체, 분업이다. 개인은 활동시스템의 각 참여자를 의미하며, 활동의 목표는 과제수행 활동의 결과로 나타나는 산출물이라고 할 수 있다. 규칙은 과제수행 과정에서 집단 구성원간에 공유된 일련의 원칙을 의미하며, 공동체는 동일한 목적을 갖고 주체와 함께 활동에 참여하는 보다 상위의 집단을 말한다. 분업은 목표를 달성하기 위해 필요한 커뮤니티 구성원간의 역할분담을 의미한다. 따라서 활동시스템의 관점에서 볼 때 협력활동의 조정을 촉진하기 위해서는 개인과 공동체 영역이 서로 구분되거나 통합되는 상호작용이 이루어지도록 할 필요가 있다. 이러한 상호작용을 매개하기 위해서는 도구가 필요하며, e-Learning 프로그램의 협력적 탐구활동 조정 지원도구를 제공하는 것으로 생각해볼 수 있다. 조정지원도구는 개인차원과 공동체 차원에 모두 영향을 주고받으면서 이를 통하여 참여자들간에 공유된 규칙을 정하고, 과제수행 작업을 분담함으로써 목표를 성취해가는 과정으로 협력적 탐구활동에 대한 이론적 분석 근거를 제공해준다.

3. 조정지원도구의 개발 및 적용

1) 개발원리 도출

과제 수행을 위한 협력활동의 조정은 과제의 목표를 규명하고 과제수행을 위한 일정수립이 필요한 협력학습의 초기단계에서 이루어져야 한다. 협력활동은 특히 복잡하고 비구조화된 영역에서 학습자들이 주도적으로 문제를 규명하고 해결방안을 도출해가는 과정에서 중요한 의미를 가진다.

Rummel과 Spada(2005)는 협력적 탐구활동을 거시적 차원과 미시적 차원으로 나누었다. 거시적 차원에서의 협력활동은 시간관리, 작업의 분담, 개인차원과 협력활동간 균형, 개인 학습자의 기여 등을 협력활동에 통합하는 것이다. 협력활동이 잘 되도록 하기 위해서는 협력학습 과정에서 참여자들 간에 해야 할 일을 명확하게 규정하고 제시할 필요가 있다. 또, 개인차원의 학습을 위한 시간을 충분히 부여하고 이를 다시 집합적인 학습차원에 통합하는 활동이 균형을 이루어야 모범적인 협력이 될 수 있다. 이러한 조정활동은 과제의 목표를 규명하고 과제수행을 위한 일정수립이 필요한 협력학습의 초기단계에서부터 효과적으로 이루어져야 한다.

미시적인 차원에서 협력적 탐구활동은 메시지 상호작용으로 이루어진다. 메시지들은 학습참여자들의 대화로서 주로 학습과제 내용과 관련된 상호작용 메시지가 해당된다. e-Learning에서는 학습과제를 수행하고 공동의 학습결과를 만들어나가기 위하여 학습 참여자들 간에 교환되는 게시판, 또는 토론의 과정에서 의견이 교환된다. 미시적인 차원의 상호작용 메시지는 공동의 이해 과정으로 해석될 수 있다(Dillenbourg & Traum, 2006; Rummel & Spada, 2005). 특히 학습내용과 관련하여 공동의 개념을 만들기 위하여 편집, 개정, 질문, 피드백을 거쳐서 아이디어를 확장시켜 나가는 개념이며 이 과정에서 공동의 이해가 이루어질 경우 아이디어가 확장되는 단계에서 유지되는 단계에 도달하게 된다.

목표공유라는 개발원리의 차원에서 볼 때 협력학습의 참여자 개인이 설정한 목표들을 서로 볼 수 있도록 함으로써 전체적인 그룹 차원의 목표를 수립할 수 있도록 하며, 이를 통해서 전체 그룹의 목표를 달성하기 위하여 개인이 가져야 할 책임감을 가질 수 있도록 지원하는 기능이 있어야 할 필요가 있다. 또한 팀원으로서 책임감을 서로 갖기 위해서는 학습집단의 한 구성원으로서 개인이 다른 참여자들에게 자신과 자신의 목표와 학습과정에서 기대하는 바를 소개하고 이에 대한 피드백을 상호교환할 수 있도록 함으로써 소속감을 갖도록 하는 것이 필요하다. 또한, 구성원간의 상호작용을 상호질문이나, 격려, 공감, 혹은 반론 등을 통하여 촉진할 수 있도록 도구를 제공할 필요가 있다.

Makittalo 등(2005)에 의하면 학습 환경에 대한 새로움과 그 사회적 맥락의 복잡성 때문에 학습자들은 온라인 협력학습 상황에서 불확실성을 쉽게 느낄 수 있다. 이러한 불확실성은 수많은 방식으로 협력학습에 영향을 미친다. 예를 들어, 그룹 내 학습자들이 불확실성을 느낀다면, 문제 해결 등의 공유된 목표 달성과 관련해서 동료들과 의사소통을 적게 하는 경향이 있다. 협력학습은 학습자들 사이의 상호작용에 기초하여 공유된 지식이나 이해를 함께 만들어가는 과정이다. 따라서 학습자들이 불확실함을 느낀다면 상호작용이 줄어들 수 밖에 없다. 상호작용을 통해 깊이 있는 토론을 하기 위해서 학습자들은 불확실성을 줄이기 위한 지원을 받을 필요가 있다. 둘째, 다양한 스캐폴드의 제공이다. 학습자의 문제해결 활동을 돕기 위해 개념적, 절차적, 전략적 스캐폴딩을 다양하게 제공할 필요가 있다. 조정활동 자체는 이미 절차적 차원의 의미를 내포하고 있다는 점에서 특히 절차적 스캐폴딩의 제공을 중심으로 협력적 탐구활동을 잘 할 수 있도록 지원하는 것이 중요하다. 온라인 학습 환경은 학습자들에게 공유된 학습공간을 제공하여 협력 학습을 향상시킬 수는 있지만, 그 환경 자체만으로는 학습자들간의 상호작용을 보장해줄 수는 없다. 그 이유는 온라인 학습 과정에 참여하는 사람들은 서로에 대해 잘 모르는 경우가 많고, 이 환경 내에서 자신이 어떻게 행동해야 할지를 잘 모르기 때문이다. 예를 들어 어떤 제안에 찬성이나 반대를 할 때, 또는 공동 작업을 어떻게 조직하여 수행할 것인지에 대해 즉각적인 피드백이 없다면, 불확실성이 생길 수 있다. 한편, 사회적 활동 지원도구는 학습자들 각각의 역할을 구체화시켜줌으로써 그들 간의 상호작용을 촉진시키는 데 그 목적이 있다. 사회적 활동 지원도구는 역할 분담을 도와줄 뿐만 아니라 해결해야 할 문제에 이론적 개념을 적용하고, 그 문제에 대해 다양한 관점을 갖도록 해준다. 또한 학습자들이 상호작용 하도록 만들기 위해 그들의 역할 분담에 있어 가이드를 해주기 때문에 학습자들 간의 사회적인 불확실성을 감소시켜 준다. 셋째, 집단협상의 과정을 지원해야 한다. 학습자 간의 효율적인 업무분담과 일정관리에 대해서 집단을 구성하는 참여자들간에 토론과 협의를 할 수 있도록 지원할 필요가 있다.

Stoyannova와 Kommers(2001)에 따르면 이를 위해서는 전체 과정을 보여주고, 전체 속에서 각자의 역할을 어떻게 나누어야 할지, 어떠한 일정으로 과제를 수행할 것인지에 대한 논의를 진행할 수 있도록 해야 할 것이다. 학습자 자신의 역할과 작업 진행 정도, 작업의 우선순위를 쉽고 빠르게 체크할 수 있도록 해주어야 한다. 또한, 다른 학습자들에 의해 만들어진 전체 그림을 봄으로써 다른 학습자들의 의견에 대한 성찰과 의견을 제시할 수 있도록 지원할 필요가 있다. 한편, 일정관리는 단순히 평면적으로 날짜를 나열하는 수준에 그치지 않고 개인이 해야 할 우선순위를 정하고 자신의 역할별로 세울 수 있도록 해야 한다. 학습참여자가 자신의 역할에 따른 목표를 집단차원의 목표와 구분하여 수립할 수 있도록 도와줄 수 있다. 따라서, 일정관리는 통상 개인적인 차원에서만 사용하는 도구이므로 협력학습에서의 조정을 지원하기 위해서는 개인공간 뿐 아니라 집단차원의 공간을 함께 제공할 필요가 있다. 위와 같이 문헌연구를 통하여 도출한 개발원리들은 다음과 같이 정리해 볼 수 있다.

<표 8-1> 조정지원도구의 개발원리

개발원리	내용 및 필요기능
1. 목표 공유	도출 된 목표와 연구문제를 공유하고 볼 수 있는 공간이 필요 개인간 협의 기능 강화
2. 역할 분담	언제 어떤 일을 개인, 혹은 집단차원으로 수행할 것 인지에 대하여 참여자간의 분담을 지원하는 도구 공동작업을 위한 시각적 제시 기능
3. 일정 관리	작업의 우선순위를 정하고, 어디까지 작업이 진행 되고 있는지에 대하여 체크할 수 있는 도구 작업 진척도를 표시할 수 있도록 하는 기능 필요
4. 개인활동과 집단 활동의 통합	집단차원과 개인차원의 작업 통합공간을 별도로 제공
5. 교수자의 가이드 제공	교수자가 협력학습 과정을 모니터링하고 필요한 때 가이드를 제공할 수 있는 메뉴 필요 히스토리 관리기능 추가, 태그기능 추가를 통한 세부 스캐폴드 기능 강화
6. 자기성찰	태그를 활용한 댓글의견 기능 강화 성찰 및 점검기능 개발
7. 전체그림제시	도출된 목표와 연구문제, 문제를 해결하기 위한 전체 학습과정을 공유 과제별 연관관계의 시각적 제시

2) 조정지원도구의 개발 및 주요 기능

(1) 설계기반연구를 통한 개발과정

본 연구에서 적용한 조정지원도구는 설계기반연구의 과정을 거쳐서 개발하였다. 설계기반연구는 연구자가 관심 있는 현장과 이론의 요구를 접목하여 연구문제의 출발로 삼고 있다. 이는 설계기반연구의 중요한 특징으로서 이론에 기반한 설계와 개발을 진행하는 동안 현장의 의견과 목소리를 반영하여 실질적으로 연구 대상자에게 도움이 되고 현장을 개선하는 것을 목적으로 하고 있다. 앞 장에서도 언급된 바 있듯이 설계기반연구의 특성은 다음의 네 가지로 요약될 수 있다(장혜정, 류완영, 2006; Edelson, 2002; Reeves, 2000). 첫째, 연구문제를 교육현장에 기초하여 찾는다. 이는 연구자뿐 아니라 이해관계자들이 모두 참여하여 현장의 문제를 해결하고자 하는 목적을 가지고 있기 때문이다. 둘째, 설계기반연구에서는 실제 현장에서 활용하고 지속적으로 적용할 수 있는 해결대안의 제시를 목적으로 하기 때문에 설계원리가 이론에 근거하여 나올뿐 아니라 현장의 의견이나 피드백이 중요하게 반영될 수 있다. 셋째, 반복적이고 순환적인 과정을 거친다. 연구 참여자들의 제안에 따라 반복적이고 순환적으로 설계가 수정되고 정련되는 것이다. 초기에는 프로토타입의 형태부터 시작하여 대략적으로 몇 가지의 설계원리를 적용하고 현장에 잘 적용되는 것을 추려서 정교화시키는 과정을 취하고 있다. 넷째, 설계와 연구가 동시에 일어난다. 연구를 계획하고 난 이후에 순차적으로 실시하는 것이 아니라 계획과 실행의 경계가 없이 진행된다는 점이 특징이라고 할 수 있다.

조정지원도구의 설계와 개발을 위해서 다음과 같은 설계 프레임웍을 도출할 수 있다. 설계 프레임웍은 먼저 조정지원도구의 설계를 위해서는 조정지원도구를 활용하는 이해관계자들의 의견을 반영할 필요가 있다. 설계 프레임웍은 e-Learning에서 성찰지원도구를 설계연구를 통하여 개발한 장혜정과 류완영(2006)의 연구에서도 제시된 바 있다. 설계 프레임웍은 조정지원도구를 실제로 설계하고 개발하기 위한 문서화된 가이드라인을 의미한다. 설계 프레임웍의 내용은 실제로 조정지원도구를 어떻게 개발할 것인지, 조정지원도구를 개발하기 위해서 이해관계자별 역할분담은 어떻게 되어야 할 것인지에 대한 사항을 기술하였다.

본 연구에서 활용된 설계 프레임웍은 설계기반연구를 거치면서 조정지원도구의 개발과정에서 일부 정련되는 과정을 거쳤다. 이를 통하여 설계원리와 실행원리의 일부가 수정되었으며, 조정지원도구의 개발결과물에도 반영되었다.

설계기반연구를 통하여 얻을 수 있는 시사점은 조정지원도구의 설계는 협력적 탐구활동이 일어나는 학습환경에 반드시 필요하다는 것이다. 이런 관점에서 교수자, 학습자, 개발자가 함께 참여하여야 한다. 교수자에게는 조정지원도구를 통하여 협력적 탐구활동에 있어서 가이드라인을 제공할 것인지에 대한 정보를 얻을 필요가 있다. 개발자들에게서는 현장적용성과 실제적인 개발 실현성에 대한 조언을 얻어야 할 것이다. 결국 조정지원도구는 이러한 이해관계자들의 실질적인 적용을 통하여 실제 수업에 적용하는 과정에서 개발되어야 한다.

학습자에게는 협력적 탐구활동을 하는 과정에서 조정지원도구의 활용성 측면에서 얼마나 도움이 되는지에 대한 정보를 얻어야 한다.

위의 설계원리와 실행원리를 따르면 조정지원도구는 다음과 같은 기능을 갖추어야 한다. 첫째, 목표공유를 위하여 집단협상의 과정을 지원하는 학습참여자간 커뮤니케이션 공간을 갖추어야 한다. 이를 통해서 학습집단의 목표에 대한 공감대를 형성하도록 해야 할 것이다. 둘째, 역할분담을 지원하기 위하여 그룹과 개인의 상호 책무성을 부여할 수 있도록 해야 할 일의 개인간 분담과 이를 합쳐서 그룹 차원으로 발전시킬 수 있는 기능이 필요하다. 셋째, 일정 관리를 위하여 적절하게 자원을 활용할 수 있는 기능을 지원해야 한다. 이를 위해서는 개인별 작업현황을 전체적으로 조망할 수 있도록 일정관리 도구를 개발해야 할 것이다. 넷째, 교수자의 가이드 제공과 교수자-학습자간 상호작용을 촉진해야 하며, 다양한 스캐폴

드를 제공해야 한다. 이를 위해서 교수자가 학습자와 상호작용하기
위한 전용공간을 만들어야 할 필요가 있다. 다섯째, 학습자의 자율
권 확보를 위하여 비판적 성찰지원을 할 수 있는 협력적 탐구활동
의 성찰 점검 공간을 개발해야 할 것이다. 마지막으로 과제수행의
전체 그림을 보여줄 수 있는 도구를 구현하여 학습자와 교수자가
과제진행 상황을 인지하고 적절하게 자원활용과 과제분담을 할 수
있도록 해야 한다.

이와 같은 설계 프레임웍을 기반으로 조정지원도구를 개발하기
위한 개발주체간 역할분담은 다음과 같이 정리할 수 있다. 학습자
는 조정지원도구를 협력적 탐구활동에 활용하고, 현장 적용에 대한
유용성을 평가하여 연구자에게 피드백을 해주어야 할 것이다. 교
수자는 실제 수업에 적용하는 과정에서 가이드를 제공하고 학습자
들의 협력적 탐구활동을 지원하면서 현장 적용에 대한 아이디어를
제공해야 할 것이다. 개발자는 연구자가 제시하는 설계원리와 실행

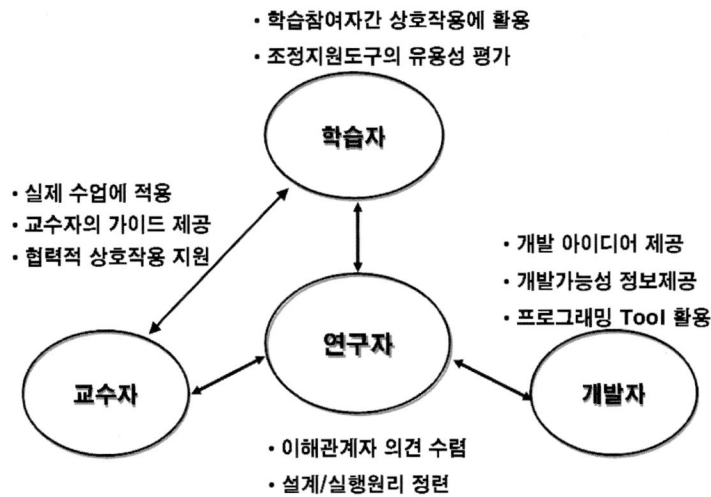

[그림 8-1] 조정지원도구의 개발주체간 역할분담

원리가 실제로 조정지원도구로서 구현될 수 있는지 기술적인 문제와 개발에 대한 조언을 제공해야 할 것이다. 마지막으로 연구자는 이해관계자 간 의견에 대한 조정활동을 수행하고, 현장에 실질적으로 도움을 줄 수 있는 조정지원도구를 개발할 수 있도록 해야 할 것이다. 이는 [그림 8-1]과 같이 도식화할 수 있다.

① 개발과정 참여자

본 연구는 성공적인 협력적 탐구활동을 수행하는 데 있어서 조정의 역할과 필요성을 알아보고 이를 촉진하는 지원도구를 개발하고자 하는 설계기반연구이다. 따라서 본 연구에서는 연구자, 교수자, 현장 개발자, 학습자가 공동으로 연구기간 동안 지속적으로 참여하기 때문에 관련 분야에 관심을 갖고 있는 집단으로 선정할 필요가 있다. 본 연구에서는 A대학교 교육공학 전공학생 28명이 학습자로서 설계기반연구에 참여하였다.

교수자로는 본 연구에 대한 전문성과 관심을 갖고 온라인 교육과정을 설계해 본 경험이 있으며, 3년이상 교육공학 과목을 강의한 경험이 있는 전문가 3명이 참여하였다. 또한 현장 개발자로는 3년 이상 온라인 학습과정의 개발 및 운영업무를 경험한 바 있는 전문인력 3명이 참여하였다.

② 개발과정

설계기반연구는 연구자에 의해서 단독으로 이루어지는 교수설계 분석이나 기존의 실증주의적 연구방법에서는 발견하기 어려운 새롭고 유용한 해결방안을 제시하기 위하여 실시되었다. 따라서 연구자를 비롯하여 교수자, 학습자, 개발자가 설계기반연구의 공동 참여자 및 이해관계자로서 참여하도록 하였다. 설계기반연구를 위해서 연구 과정에서 지속적으로 공동 참여자들의 의견과 반응에 대한 자료를 수집하였다. 특히 연구자가 도출한 개발원리의 적정성과 기능이 제대로 반영되었는지, 또 현장에서 필요한 기능은 무엇인지에 대하여 의견을 수렴하여 개발과정에 반영하였다. 본 연구는 문헌연구에 이어 1차 개발~3차 개발까지 정련과정을 거쳤다. 3차에 걸친 설계기반연구를 거쳐 개발한 조정지원도구의 개발과정은 다음과 같이 요약할 수 있다. 이는 조정지원도구를 실제로 활용하는 과정에서 나타난 현장의 니즈를 반영한 결과로서 지속적인 현장 적용을 통해서 정교화의 과정을 거칠 수 있을 것으로 생각된다.

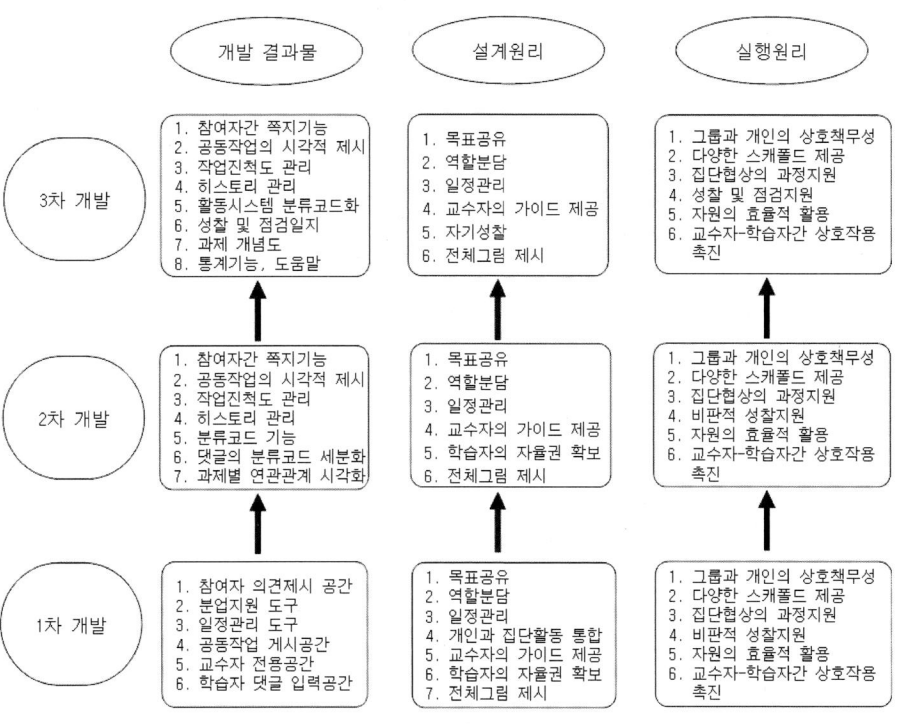

[그림 8-2] 조정지원도구의 개발과정과 결과물

(2) 조정지원도구의 주요 기능

① 목표공유 및 공동작업

공동작업을 위한 시각적 제시기능을 위하여 화면에서 공동작업을 표시하는 기능을 추가하였다. 또한 공동작업을 표시하기 위해서는 학습자가 작업내용을 입력할 때 화면에서 사람을 지정할 수 있도록 하였다. 이와 같은 학습자간 역할분담을 통하여 공정한 과제수행을 지원할 수 있도록 하였다. 즉, 팀원 중 누군가가 지나치게 많은 양의 과제를 수행하지는 않는지 자신과 다른 동료의 상황을 함께 볼 수 있는 것이다.

② 일정관리

일정관리를 위해서 기존의 일 단위, 주간단위로만 표시할 수 있었던 작업진척도를 다음과 같이 표시할 수 있도록 개선하였다. 이를 통해서 지연되는 현황이나 빨리 끝나는 경우에 새로운 후속조치를 서로 논의할 수 있도록 가이드를 제공하는 효과를 기대하고자 하였다. 진척도를 나타내는 기준은 0%, 25%, 75%, 100%로 나누었으며 일정에 맞추지 못한 상태에서 진척이 안 되면 빨간색, 일정에 맞추어 완료되었으면 파란색, 일정대로 진행 중인 경우에는 노란색으로 제시됨으로써 시각적으로 조정활동에 도움을 주도록 개발하였다.

③ 교수자의 가이드 제공

교수자의 가이드를 제공하는 기능을 반영하기 위하여 교수자가 스캐폴드를 제공할 수 있도록 태그 기능을 추가하였다. 이를 통하여 교수자는 할 일, 공지사항, 주요행사 등의 태그를 사용하여 보다 체계적으로 가이드를 제공할 수 있게 되었다. 또한 '모두보기' 기능을 통해서 해당 학습 커뮤니티에서 교수자가 등록했던 가이드 내용은 모두 히스토리 관리를 함으로써 협력적 탐구활동 과정에서 학습 참여자들이 성찰할 수 있는 기회를 제공하였다.

④ 전체그림 제시

학습자들이 수행하는 과제간 연관관계를 제시하기 위하여 게시판에서 선행작업과 후행작업을 구분하여 표기할 수 있도록 하였다. 하나의 선행과제가 뒤로 밀리면 다른 후행과제들이 연동하여 뒤로 밀리도록 조정할 수 있는 기능을 추가하였다. 텍스트 기반에서 화살표로서 과제의 선후관계를 표시할 수 있도록 하였다.

이와 같은 기능을 통하여 협력적 탐구활동의 과정이 어떻게 진행되고 있는지 한 눈에 살펴볼 수 있도록 하였으며, 학습자들이 자신의 작업이 전체 과정 속에서 어떤 역할을 담당하는지 알 수 있도록 하는 효과를 기대하며 개발하였다.

과제의 전체그림을 제시하여 과제간 연관관계를 개념화시키기 위하여 시각적 제시기능을 구현하였다. 조정지원도구에 입력한 작업화면들을 시각적으로 개념화시켜 나타내었다. 전체그림은 조정지원도구에 입력한 모든 작업내용을 한 화면에 보이도록 개발되었다. 이를 통하여 개념도(Concept Map)를 하나의 조정지원도구로서 구현하였다는 데에 의미를 찾을 수 있다. 개념도는 본래 학습 내용의 개념적 이해를 돕기 위하여 전체 개념에 연관된 하위 개념들을 그려보는 것으로서 많은 선행연구에서 효과성이 입증된 바 있다. 본 연구에서는 내용 개념에 대한 이해차원을 확장하여 협력적 탐구활동 자체를 전체로 놓고, 학습자 개인이 수행하는 작업들을 단위로 하여 전체 그림을 제시하는 것으로 개발하였다.

입력창에서 작업을 입력하면, 자동으로 작업 개념도에서 보이도록 함으로써 보다 시각적으로 학습자들이 과제 수행의 과정을 알 수 있게 하였다.

⑤ 자기성찰

자기성찰을 위한 도구는 다음과 같이 개발하였다. 자기성찰을 지원하기 위해서는 성찰과 점검 기능이 있어야 한다는 현장의 의견을 수렴하여 조정지원도구 내에 성찰 및 점검기능을 다음과 같이 추가하였다.

성찰 및 점검기능은 최종목표 설정단계, 시작단계, 진행단계, 마무리 단계 등 4개의 단계로 나누어서 각 단계별로 학습 참여자들이 개인적인 성찰과 점검을 하면서 과제를 진행할 수 있도록 하였다. 각 단계는 교수자 의사소통 공간에서 제시하는 가이드에 따라서 실제 학습을 진행하면서 자신이 생각한 바를 쓰고, 자신만이 볼 수 있도록 하는 기능이다. 최종목표는 협력과제 수행 초기에 설정함으로써 향후 과제를 수행함에 있어서 방향성과 목표를 공유할 수 있도록 하였다. 세부 내용은 협력과제 수행에 있어서 개인의 목표, 팀의 목표, 최종 결과물에 대한 기대를 쓰도록 하였다.

그 밖에 성찰 점검기능의 시작단계는 성찰질문으로서 앞으로 수행할 과제의 순서, 자신 및 다른 참여자의 역할, 역할분담의 공정성과 만족도에 대한 성찰, 그리고 기타 추가적인 생각들을 적을 수 있도록 하였다. 성찰 점검기능의 진행단계에서는 성찰질문으로서 과제초기 계획의 이행 여부, 계획 수정의 필요성 검토, 일정대비

과제진행의 진척도, 협력과제 수행에서 본인이 기여한 일, 최종 결과물까지 팀과 본인이 해야 할 일을 적어보고 성찰할 수 있도록 하였다. 마지막으로 성찰 점검기능의 마무리단계에서는 성찰질문으로서 협력과제의 수행과정을 성찰해보고, 팀 활동에 기여한 점, 개인적으로 잘한 점과 보완할 점을 작성하도록 하였다. 이를 통하여 향후 협력과제를 수행할 때 필요한 개선점을 찾고, 향상된 협력적 탐구활동이 이루어질 수 있도록 하였다.

(3) 현장적용 및 연구설계

① 연구 참여자

본 연구에서는 현재 수업을 진행하고 있는 실제 학습상황을 그대로 활용하는 준실험설계를 실시하였다. 현장에서의 적용 가능성을 있는 그대로 알아보기 위하여 인위적인 집단편성을 하지 않았다. 연구 참여자는 현재 B대학교 학부과정에서 교육공학 관련 과목을 수강하는 학습자들로 구성하였다. 학습과제는 중고생을 대상으로 한 수업설계안을 협력적 탐구활동의 과정을 통하여 작성하는 것이었으며, 3~4명의 소집단으로 협력활동을 수행하였다. 협력과제를 수행하기 위하여 학습자들은 주제의 선정, 역할의 분담, 일정관리, 작업 진행상황에 대한 협의 등의 과정을 거치도록 하였다. 실험집단의 참여자는 36명이었으며, 조정지원도구를 제공하지 않은 학습집단의 학습자는 28명이었다.

② 연구도구

가. 사전검사

조정지원도구의 효과성을 검증하기 위해서 우선 두 집단의 동질성 여부를 검증할 필요가 있었다. 이를 위하여 사전지식과 학습전략에 대한 검사를 실시하였다. 사전지식 검사는 협력적 탐구활동의 주제인 학습지도안 만들기에 대하여 사전지식을 묻는 검사도구를 해당 과목의 교수자와 함께 개발하였다. 학습전략 검사도구는 Zimmerman & Martinez-Pons(1988), 이인숙(2003), 장혜정, 류완영(2006)의 연구에서 사용한 검사도구를 수정하여 개발하였다. 검사도구는 교육공학 박사학위 소지자 2인의 검토를 받았으며, Cronbach α계수는 .82로 나타났다.

나. 조정차원의 협력활동 분석도구

조정지원도구의 효과성을 검증하기 위해서는 학습 참여자간의 상호작용 메시지를 통하여 실제 학습의 과정에서 어떤 변화가 있는지 분석하는 것이 필요하다. Rourke 등(2001)이 내용분석 틀에 대한 선행연구를 분석한 결과를 고려하면 메시지의 내용, 연구설계의 방법, 분석단위, 윤리적 문제, 연구에 사용된 프로그램의 기능 등을 고려하여, 연구에 적합한 분석 틀을 선택할 수 있다.

선행연구에서 나온 내용분석 프레임을 검토한 후, 협력적 탐구활동의 조정 지원도구의 효과성을 검증하려는 목적과 가장 적합하게 일치하는 프레임웍으로 활동시스템을 활용하였다. 활동시스템은 활동이론(activity theory)를 기반으로 구안된 이론적 틀로서 e-Learning 프로그램의 적용에 대한 학습 공동체의 반응, 교육과정에 대한 사회문화적 특성요인의 규명, 학습자와 컴퓨터의 상호작용에 관한 연구, 협력적 지식창출과정의 분석 등 다양한 교육장면에 활용되고 있다(한정선, 이경순, 2005; Liu & Schwen, 2006; Marken, 2006; Maier, 2005; Yamagata-Lynch, 2003; Oshima & Oshima, 2001).

본 연구에서는 협력적 지식창출과정의 내용분석을 수행한 Yamagata - Lynch(2003), 한정선과 이경순(2005)의 활동시스템(activity system)의 분석 프레임을 본 연구에 적합하게 수정하여 활용하되, 특히 조정활동의 차원에서 메시지 내용을 분석하였다. 학습자들이 학습활동을 통해서 생성하는 상호작용 메시지를 분류하고 이를 연구자와 교육공학 박사학위 소지자인 교수자가 정해진 메시지 틀에 의거하여 평정하였다. 평정 및 분석은 학습자들이 상호작용을 위하여 등록한 메시지의 문장을 단위로 하였다. 총 50개를 교차하여 평정한 결과 일치도는 .90으로 나타났다. 본 연구에서 활용한 메시지 분석 틀은 다음과 같다.

〈표 8-2〉 메시지 분석 틀

범주	세부항목	정의
1. 규칙 (Rule)	활동의 계획	협력적 지식창출 활동을 수행하기 위하여 일정, 개인별 역할분담 등의 세부적인 사항을 계획하는 일련의 행동
	활동수행 지침	교수자의 가이드, 최종 산출물의 형태와 같은 협력적 탐구활동을 위한 수행지침
2. 도구 (Instrument)	자료찾기	활동수행에 필요한 자원을 확보하기 위하여 자료 검색 및 확보에 대한 노력을 기울이는 행동
	도움요청	활동수행에 필요한 자원을 확보하기 위하여 동료 및 팀 외부에 도움을 청하는 행동
	자료확보 및 공유	자원을 확보하고 이를 집단 구성원과 함께 공유하는 행동
3. 개인 (Subject)	자기효능감	자신 또는 참여한 집단의 능력과 효율성에 대한 믿음
	자기성찰	협력적 지식창출 활동에서 자신의 잘한 점과 못한 점을 스스로 반추함
	가치부여	활동내용 또는 협력작업을 자신의 궁극적 목적에 비추어 그 관련성에 따라 중요성을 인식하는 정도

범주	세부항목	정의
4. 공동체 (Community)	상호 친밀감 형성	인간적 유대관계 형성을 위한 노력과 행동
	상호 신뢰성 구축	집단 구성원 서로를 믿고 신뢰하는 토대가 형성되어 있는 상태
	집단 정체성 확립	개인의 특성을 조화롭게 반영하여 하나의 집단으로서의 정체성을 획득하게 된 상태
5. 분업 (Division of Labor)	역할분담	협력적 활동에 있어서 개인별 책임을 나누고 이를 결합시키는 형태
	공동의 목표 설정	집단 구성원들이 협력적 지식창출 활동을 수행함으로써 어떠한 결과를 얻게 될 것인지에 대한 목표를 세우고 공유함
6. 목표 (Object)	지식의 생성	초기적인 지식의 발산 및 생성
	중간적 지식의 평가	중간적인 지식에 대한 성찰을 통한 평가
	지식의 발전	창출된 지식의 정교화 및 체계화를 통한 발전
	지식의 완성	활동의 산출물로 창출된 지식을 외면화

다. 학습효과의 측정

본 연구에서는 조정 지원도구의 제공여부에 따른 학습집단간 학습효과의 차이를 측정하기 위하여 포트폴리오 평가를 실시하였다.

포트폴리오 평가는 팀별 프로젝트를 통하여 학습자들을 위한 수업지도안을 개발하고 이에 대한 평가를 실시하였다. 포트폴리오 평가는 100점을 만점으로 하되 교수자, 연구자, 현직교사의 평균점수를 계산하였다. 포트폴리오 평가기준은 하동환(2005)의 연구에서 Dick & Carey의 연구(2003)를 참조하여 개발한 기준을 본 연구의 목적에 맞게 수정하여 교육공학 박사학위 소지자인 교수자와 함께 개발하였으며 교육학 석사학위를 소지한 교육경력 7년의 현직교사에게 검토를 받았다. 본 연구에 활용된 포트폴리오 평가기준은 다음과 같이 개발하였다.

〈표 8-3〉 포트폴리오 평가기준

하위구분	내용		준거	배점
학습지도안의 내용	현장성	현장적용을 위한 고려	현장적용 가능성에 대한 검토를 통해 해결안을 평가한다.	10
	대상분석	수업 참여자 특성에 대한 고려와 분석	학습지도안에 학습자의 특성이 얼마나 반영되었는지 평가한다.	10
	내용의 적절성	주제의 적절성	학습대상과 과목에 맞는 적절한 주제인지 평가한다.	10
	완성도	내용의 완결성	필요한 내용이 빠짐없이 포함되었는지 확인한다.	10
학습지도안의 수업방법	수업시 흥미유도	수업방법의 동기유발	학습자의 동기와 흥미를 유발하는 수업방법이 사용되었는지 평가한다.	10
	수업방법의 참신성	수업방법의 창의적 개선	수업방법에 얼마나 창의적인 아이디어가 들어갔는지 평가한다.	10
	전개의 정밀성	수업전개의 논리	수업이 얼마나 논리 정연하게 전개되는지 평가한다.	10
학습지도안의 조직화	정보수집	이용한 정보의 양	얼마나 다양한 정보를 활용하였는지를 평가한다.	10
	정보출처	정보출처의 다양성	학습자가 얼마나 독자적으로 새로운 관련 자료를 검색하여 사용하였는가를 평가한다.	10
	정보조직	인용한 정보를 이해하여 자신의 언어로 재조직	정보들이 논리적이고 일관성있게 연합되어 있는지 문장의 전체적인 전개가 자연스러운지를 평가한다.	10
합 계				100

라. 분석방법

조정지원도구의 제공여부에 다른 학습결과, 학습자 활동, 학습자 반응을 알아보기 위해 다음과 같은 통계처리 기법을 사용하여 자료를 분석하였다. 먼저 실험집단과 비교집단의 동질성 검증을 위해서 t 검정을 실시하였다.

또한 조정지원도구의 제공여부에 따른 협력적 탐구활동을 분석하기 위하여 협력적 탐구활동 사이트에 저장되어 있는 메시지를 모두 수집한 후 메시지 유형별 빈도를 분석하고 조정 지원도구 제공여부에 따른 상호작용 메시지의 유의미성 검증을 위해서 χ^2 검증을 실시하였다. 포트폴리오 평가는 두 집단간의 차이를 살펴봄으로써 조정지원도구의 제공유무가 학습결과에 미치는 영향을 알아보기 위하여 t 검정을 실시하였고, 연구도구의 신뢰도 검증을 위해서 설문문항의 내적 합치도인 Cronbach α계수를 측정하였다. 분석도구는 SPSS Windows 12.0을 활용하였다.

(4) 효과성 검증 결과

① 사전검사 결과

사전지식과 학습전략에 대하여 검사한 결과는 다음과 같다. 사전지식 검사는 지필평가로 실시하였다. 학습전략의 설문 문항간 내적 합치도를 알아보기 위해 실시한 신뢰도 검사결과, Cronbach α 계수는 .82로 나타났다. 집단 1과 집단 2의 동질성을 확인하기 위하여 실시한 사전검사에서 얻은 평균과 표준편차, t 검증 결과는 다음과 같다. 사전지식 검사에서 지원도구를 제공받은 집단은 평균 25.39(표준편차 3.71)이고, 지원도구를 제공받지 않은 집단의 평균은 26.18(표준편차 3.66)이었다. 두 집단의 동질성을 알아보기 위해 실시한 t 검정결과, 두 집단간에는 유의미한 차이가 나타나지 않았다 (t(62)=-.85, p=.399).

또한 학습전략 검사의 결과를 보면 조정지원도구를 제공받은 집단은 평균 3.40(표준편차 .38)이고, 조정지원도구를 제공받지 않은 집단은 평균 3.47(표준편차 .34)이었다. t 검정 결과 두 집단에는 유의미한 차이가 나타나지 않았다(t(62)=-.84, p=.404). 사전검사 결과는 <표 8-4>와 같이 요약할 수 있다.

〈표 8-4〉 사전검사 결과

사전검사	집단	사례 수	평균	표준편차	자유도	t값	유의도
사전지식	지원도구 제공	36	25.39	3.71	62	-.85	.399
	지원도구 미제공	28	26.18	3.66			
자기조절 학습 전략 검사	지원도구 제공	36	3.40	.38	62	-.84	.404
	지원도구 미제공	28	3.47	.34			

② 사후검사 결과

가. 학습활동 분석

학습활동 분석은 전체 메시지의 양과 메시지 내용의 유형 분석을 실시하였다. 앞에서 밝힌 바와 같이 상호작용 메시지 분석 틀을 활동시스템에 기초한 선행연구를 바탕으로 본 연구에 적합하게 수정 보완하여 개발하였다. 앞에서 제시한 메시지 분석 틀에 의거하여 학습자간 상호작용 메시지를 연구자와 해당과목의 교수자가 교차하여 분석하였다. 본 연구에서 제시한 분석기준에 따라 메시지를 분류하는 방법을 파악한 후 메시지를 활동시스템의 요소에 따라 유목화하고 구성요소별로 발생빈도를 평정한 것이다.

본 연구에서는 조정지원도구의 제공에 따라 협력적 탐구활동을 수행하는 학습참여자들의 학습활동에 어떠한 차이가 있는지 알아보기 위해 학습자간의 상호작용 메시지를 분석하였다. 이를 통해서 조정지원도구의 제공여부와 메시지 유형간은 독립적인가를 검증해보고자 하였다. 조정지원도구의 제공여부에 따른 학습자의 상호작용 메시지 빈도를 x^2 검정한 결과는 <표 8-5>와 같은데, 조정지원도구의 제공 유무에 따른 전체적인 상호작용 메시지 유형 간에는 유의한 차이가 나타났다(x^2 = 15.28, p=.009). 이는 조정지원도구의 제공 유무와 전체 상호작용 메시지 유형이 서로 독립적이지 않음을 나타내 준다.

<표 8-5> 집단간 전체 상호작용 메시지 분석결과

메시지 유형	지원도구 제공	지원도구 미제공	전체	x^2	df	p
규칙	33	20	53			
도구	55	17	72			
개인차원	94	66	160			
공동체	66	33	99	15.28	5	.009
분업	44	17	61			
목표	67	17	84			
전 체	359	170	529			

한편, 전체 상호작용 메시지 수에 있어서 조정지원도구가 제공된 집단은 상대적으로 많은 양의 메시지 교환이 이루어졌음을 알 수 있다. 이는 조정지원도구가 제공되는 집단에는 조정지원도구를 활용하여 학습할 수 있는 공간과 기능을 활용한 반면, 조정지원도구가 제공되지 않은 집단에서는 그와 같은 물리적 공간 및 기능이 부족하여 원래의 온라인 학습 커뮤니티의 개인학습공간 및 그룹토론 공간을 활용할 수 밖에 없었기 때문으로 해석할 수 있다.

나. 학습효과 분석

실험연구에서 조정지원도구의 제공을 독립변인으로 했을 때 이에 따른 학습효과는 포트폴리오 평가결과와 공유정신모형의 형성으로 알아볼 수 있다. 이를 위하여 본 연구에서는 먼저, 협력적 탐구활동의 결과물인 포트폴리오 평가를 연구자, 교수자, 고등학교

교사 등 3인이 평정한 점수로서 평가하였다. 평정자간 평정척도의 신뢰도는 실험집단의 경우 .94로 나타났으며, 통제집단의 경우는 .89로 나타났다.

조정지원도구의 제공여부가 학습결과에 어떤 영향을 미치는 지 알아보기 위하여 협력적 탐구활동의 결과물로서 학습지도안에 대한 포트폴리오 평가를 실시하였다. 포트폴리오 평가기준은 수업지도안의 내용, 수업방법, 조직화 정도로 크게 구분하였다

조정지원도구가 제공된 집단과 그렇지 않은 집단 간의 포트폴리오 점수에 대한 평균과 표준편차는 다음과 같다. 조정지원도구가 제공된 집단의 점수는 평균 91.59(표준편차 3.02), 그렇지 않은 집단의 포트폴리오 점수는 평균 86.97(표준편차 3.58)로 조정지원도구가 제공된 집단이 평균 4.62 높게 나타났다. 조정지원도구가 제공된 집단과 그렇지 않은 집단의 포트폴리오 점수가 통계적으로 유의한 차이가 있는지 알아보기 위하여 t 검정을 실시하였다. 그 결과는 다음과 같이 신뢰도 95% 수준에서 통계적으로 유의한 차이가 나타났다(t=5.60, p=.000). 이는 조정지원도구의 제공이 협력적 탐구 활동의 결과물인 포트폴리오 점수에 유의미한 영향을 끼쳤음을 의미한다. 이는 조정지원도구가 학습자들에게 전체적인 과정에 대한 의견을 공유하고 개인과 그룹의 의견들을 조화롭게 조정하도록 한 점이 학습 결과물에 긍정적인 영향을 미친 결과로 볼 수 있다.

〈표 8-6〉 집단간 포트폴리오 점수 비교

집단	사례 수	평균	표준편차	자유도	t값	유의도
지원도구 제공	36	91.59	3.02	62	5.60	.000
지원도구 미제공	28	86.97	3.58			

4. 결론 및 제언

본 연구에서는 조정지원도구가 제공된 집단과 그렇지 않은 집단 간에 학습활동에 있어서 유의미한 차이가 있는지를 살펴보기 위해서 학습자간의 상호작용 메시지를 분석하였다. 상호작용 메시지 유형분석은 활동이론에 근거한 활동시스템의 요소에 따라서 분류하였다. 활동 시스템은 조정의 주요요소인 목표공유, 역할분담, 도구 활용, 집단활동과 개인활동의 조화 등의 요소와 연계성이 높음으로 인하여 특히 새로운 테크놀로지의 교육적 활용에 있어서 적용이 이루어지고 있다. 본 연구에서는 활동시스템을 교육연구에 활용한 선행연구에 기초하여 메시지 분석 프레임웍을 개발하여 학습자들의 메시지를 분류하였다. 하위메시지 유형은 개인, 공동체, 도구, 분업, 규칙, 목표로 차원을 분류하였다.

조정지원도구의 제공여부에 따른 학습자의 상호작용 메시지 빈도를 분석한 결과, 조정지원도구의 제공 유무에 따른 전체적인 상호작용 메시지 유형 간에는 유의한 차이가 나타났다. 이는 조정지원도구가 보다 목표 지향적이고 집단의 성과를 중시하는 방향으로 학습 참여자들을 유도하는 효과가 있음을 말해준다고 할 수 있다. 이는 협력적 탐구활동에 있어서 참여자간 활동과 의견에 대한 조정을 지원함으로써 개인차원의 의견과 임무수행을 집단 차원으로 발전시키는 데 도움을 준다는 의미라고 할 수 있다. 반면, 조정지원도구를 제공하지 않은 집단에서는 개인차원의 메시지가 상대적으로 활발했는데 조정지원도구는 비록 지원되지 않았으나 원래 기능을 활용하여 개인차원의 의견이나 과제 수행을 비교적 활발하게 했음을 의미한다.

결과적으로 조정지원도구는 전체적으로 조정지원도구를 제공하지 않은 집단에 비해서 메시지의 양이 많아질 뿐 아니라 다양한 측면에서 상호작용을 촉진한다는 결론을 얻을 수 있다. 특히 학습활동에 있어서 목표 및 성과에 대하여 많은 의견을 나눌 수 있도록 하는 기능과 공간을 제공한다는 것을 알 수 있다.

집단별로 상호교환된 메시지를 심층적으로 분석해 본 결과, 먼저 규칙과 관련된 메시지를 살펴보면, 조정지원도구를 활용한 집단에서는 협력적 탐구활동의 활동계획을 수립하고 학습집단에서 지켜야 할 지침을 공유하는 데 보다 세부적인 내용까지 전달하는 현상이 두드러졌다. 조정지원도구를 활용한 집단에서 나온 메시지들은 단순한 규칙 전달의 차원을 넘어서 팀 활동을 수행하는 자세나 태도와 관련한 성찰적 내용을 담고 있었다. 그러나, 조정지원도구를 활용하지 않은 집단에서는 과제수행을 위한 단순한 규칙을 전달하는 내용이 많았다. 따라서 조정지원도구를 활용한다면, 협력적 탐구활동을 위한 규칙 공유에 있어서 보다 성찰적인 메시지 교환이 가능할 것으로 생각된다. 둘째, 도구와 관련된 상호작용 메시지를 살펴보면, 도구와 관련된 하위영역은 자료찾기, 도움요청, 자료확보 및 공유 관련 메시지였다. 조정지원도구를 제공받은 집단이나 제공받지 않은 집단은 모두 유사한 내용의 메시지를 교환하였다. 따라서, 자료찾기, 도움요청, 자료확보 및 공유와 같은 활동은 조정지원도구 이외에 외부자료의 풍부성이나 학습참여자간의 신뢰, 학습주제에 대한 익숙함 등과 같은 다른 요인에 의해서 영향을 받는다고 생각할 수 있을 것이다. 셋째, 개인차원과 관련된 상호작용 메시지를 분석한 결과, 가치부여에 관해서 특별하게 두 집단간 메시지 내용의 차이는 나타나지 않았다. 또한, 자기효능감과 관련하여 조정지원도구를 활용한 집단과 조정지원도구를 활용하지 않은 집단간에 큰 차이가 없음을 알 수 있다. 가치부여에 대해서도 두 집단에서 나온 메시지는 모두 협력적 탐구활동을 통해서 학습자 개인의 능력이 향상되었으며, 수업에 참여한 것에 대하여 매우 긍정적으로 가치를 부여하고 있음을 알 수 있다. 넷째, 분업과 관련된 상호작용 메시지의 하위영역은 역할분담과 공동의 목표설정이었다. 학습 참여자간 역할분담에 대하여 구체적으로 나누고 정리한 메시지들이 소집단별로도 골고루 분포되었던 반면, 조정지원도구를 활용하지 않은 집단에서는 일부 집단에만 편중되는 현상을 보였다. 공동의 목표 설정에 있어서 조정지원도구를 활용한 집단에서는 구체적인 학습지도안의 내용과 목표에 대하여 메시지를 교환한 반면, 조정지원도구를 활용하지 않은 집단에서는 공동의 목표 설정을 구체적으로 명시한 메시지가 나타나지 않았다. 마지막으로 목표와 관련된 상호작용 메시지 결과는 다음과 같다. 목표와 관련 된 상호작용 메시지의 하위영역은 지식의 생성, 중간적 지식의 평가, 지식의 발전, 지식의 완성으로 나누어진다. 우선 지식의 생성에 대한 메시지는 조정지원도구를 활용한 집단에서 두드러지게 많이 나타났다. 조정지원도구를 초기 활동에 있어서 방향을 정립하고 지식을 생성하는 데에 활용 가능성이 높음을 의미한다. 조정지원도구를 활용하면서 학습자간 상호작용은 보다 중간과정의 성찰과 점검 기능에 매우 유용한 역할을 할 수 있다는 시사점을 얻을 수 있다. 지식의 발전과 관련된 메시지를 살펴보면, 조정지원도구를 활용한 집단에서 협력적 탐구활동의 결과물을 만들어가는 과정에서 메시지가 활발히 교환되었다. 또, 조정지원도구를 활용하지 않은 집단에서는 지식의 완성을 나타내는 메시지가 거의 나타나지 않았다. 이러한 현상에서 알 수 있듯이 조정지원도구는 지식의 생성과 완성을 구체적으로 명시하고 공유하는 데 보다 효과적이었다.

조정지원도구의 제공여부와 학습결과의 관계를 살펴보기 위하여 본 연구에서는 포트폴리오 결과를 분석하였다. 포트폴리오 점수는 조정지원도구를 제공받은 집단이 높게 나타났다. 이는 조정지원도구가 학습자들에게 전체적인 과정에 대한 의견을 공유하고 개인과 그룹의 의견들을 조화롭게 조정하도록 한 점이 학습 결과물에 영향을 미친 결과로 볼 수 있다.

특히 조정지원활동은 학습 컨텐츠보다도 학습 프로세스에 있어서 학습 참여자들을 도와주는 활동이기 때문에 이제까지 내용 중심적인 가이드와 지도에 초점을 맞춘 교수활동의 영역을 학습 프로세스의 지원까지 확대할 필요가 있다. 이는 e-Learning 환경에서 교수자들이 해야 할 역할이 심화되어야 함을 의미한다.

후속연구에서는 본 연구를 기반으로 다양한 분야에 걸쳐 조정지원도구를 활용함으로써 정련하고 검증할 필요가 있다. 특히 기업교육에서 e-Learning을 활용한 협력적 탐구활동에서 유용하게 활용될 수 있을 것이다. 또한, 학습과 연구활동에 있어서 국제적 협력과 공동 참여가 중요해지고 있는 점으로 감안하여 e-Learning을 기반으로 한 글로벌 공동 프로젝트에도 조정활동을 지원하는 하나의 매개체로서 기여할 수 있는 부분이 있을 것으로 생각된다.

본 연구는 e-Learning에서 협력적 과제를 수행하는 과정에 대한 메시지 분석을 통하여 조정지원도구가 다양한 형태와 양의 메시지가 생성되는 데 도움을 줄 수 있음을 증명하였다. 이러한 분석결과는 향후 조정지원도구가 e-Learning의 과정과 환경을 설계함에 있어서 중요한 요소가 된다는 것을 제기했다는 점에서 본 연구의 의의를 찾을 수 있을 것으로 생각된다.

3부

지속가능한 인적자원개발을 위한
지평의 확대

1. 공유가치(Shared Value)의 정의와 의미

아무리 경쟁력이 강한 기업일지라도 철학과 정체성을 공유하지 못한 기업은 방향타 없는 배와 마찬가지로 시대변화의 격렬한 흐름을 이겨내기 어렵다. 세계적 초일류 기업으로서 100년 이상 장수하는 기업들의 공통점은 모든 구성원이 기업 특유의 가치와 비전을 확실하게 공유하고 꾸준하게 실천해 왔다는 데 있다. 최근 기업 경영활동은 구성원의 다양성이 증대되고 경영의 분권화가 확대되고 있다. 이는 기업 경영, 조직관리에 있어서 일종의 원심력(遠心力)이 급격히 강화되는 추세를 반영하는 것이라고 할 수 있다. 이러한 상황에서 모든 조직 구성원을 하나로 묶는 정신적인 구심점(求心點) 확보의 필요성이 대두되고 있다. 기업 공유가치는 '우리가 누구인가'를 알려 주는 기업인의 정체성이자 강력한 구심점 역할을 할 것이다. 공유가치는 기업 공동체의 정신적 기반으로 하여 조직간 개인간 벽을 허물고 서로 협력할 때 미래의 어떠한 위기도 함께 헤쳐 나갈 수 있는 기업 문화를 만드는 데 기여할 수 있다.

공유가치란 무엇인가? 공유가치는 여러 가지 용어로 사용되고 있다. 공유가치의 정의에 대해서는 여러 가지 이론이 있겠으나, 경영 컨설팅 회사인 Bain & Company의 오릿 가디쉬 회장은 공유가치란 기업마다의 특징을 규정짓고 기업의 존재의의나 경영목적으로 가이드 해주는 기업 고유의 특징으로 정의한 바 있다. 그는 또한 "공유가치란 조직 내에서 바람직한 행동들을 제시하는 기본적인 규범이며, 기업구성원들이 공유하고 있는 가치관이자 신념이고 장기간 변하지 않는 특징들의 결합체"라고 정의하였다. 이러한 공유가치는 결국 기업 경영의 목적은 무엇이며, 어떻게 이루어 나갈 것인지를 설명해주는 기업 구성원간의 공통된 생각이자, 효율적인 경영활동을 위해 도출한 기업 경영의 핵심요소라고 할 수 있을 것이다.

기업은 유기체라는 관점에서 공유가치는 기업을 대표하는 유전자인 DNA라고 볼 수 있을 것이다. 하나의 기업이 창업 이래로 다양한 경영활동을 수년에 걸쳐서 수행하는 과정에서 수많은 의사결정과 조직행동을 보일 수 있다. 기업의 공유가치는 이런 과정에서 나타나는 패턴을 분석해보면 역추적하여 도출할 수 있기도 하다. 암묵적으로 일상에서 이루어지는 경영활동들을 반추해보면 그러한 결정이나 행동이 어떤 기준에서 판단되고 행해졌는지를 밝힐 수 있게 된다. 이러한 관점에서 볼 때 공유가치는 조직의 구심점 형성 및 방향성을 제시한다. Schein(2004)은 공유가치를 주요한 기업문화의 요소로서 기업 내부적인 통합과 외부에 대한 적응을 가이드하는 기준이라고 하였다. 따라서 공유가치는 기업이 지향하는 신념과 기준으로서 해당 기업의 경영행위나 의사결정 방식을 결정하는 기능을 한다고 할 수 있다.

이와 같이 공유가치에 대한 여러 정의를 살펴보면, 공유가치란 조직 내에서 바람직한 행동을 제시하는 기본적인 규범이며, 기업 구성원들이 공유하고 있는 가치관이자 신념이고 장기간 변하지 않는 특징들의 결합체라고 할 수 있다.

공유가치는 기업문화의 한 요소가 되면서, 기업문화를 대표적으로 설명할 수 있는 그 무엇이 되기도 한다. Robbins(2003)에 의하면 기업문화의 형성과정에 있어 창업자의 철학이 기업문화 형성과정의 시발점이 될 수 있다. 즉, 창업자가 기업을 경영하기 위한 기본적인 가치관이나 철학을 갖고 새로운 구성원을 채용하고, 조직 구성원으로서 갖추어야 할 소양, 직무능력에 대한 교육을 통하여 사회화 과정을 거치게 된다. 이렇게 교육받은 조직 구성원들이 현업의 각 부서에 배치되고 업무를 수행하게 되는 과정을 반복함으로써 기업 내부의 구성원들 간에는 암묵적으로 느껴지는 업무수행의 기준, 의사결정의 기준들이 정해지게 되는 것이다. 공유가치는 이러한 암묵적인 기준이나 가치관을 명시적으로 나타낸 것이라고 할 수 있다. 물론 공유가치가 반드시 명시화되어야 하는가라는 점에서는 여러 의견이 있을 수 있다. 몇 마디의 말로 그 기업의 모든 가치관을 대표한다는 것이 쉬운 일은 아닐 것이기 때문이다. 그러나, 이렇게 명시적으로 나타내는 것은 대외적으로는 책임 있는 기업으로서, 사회를 구성하는 하나의 하부체제로서 보편적으로 타당하고 윤리적인 기준을 갖고 기업을 경영하겠다는 의지를 천명한다고 하는 의미를 찾을 수 있을 것이다. 또한 대내적으로는 조직 구성원들을 하나로 묶는 결속력의 의미를 가질 수 있다.

사실 이러한 공유가치를 강조하는 것은 장기적으로 지속적인 성과를 내고 있는 유수한 기업들에게서 일반적으로 나타나는 현상이다. GE, 도요타, 존슨&존슨, IBM 등과 같은 기업에서는 경영활동의 모든 분야에 공유가치가 공유되고 뿌리내릴 수 있도록 하는 데 많은 노력을 기울이고 있다. 이들은 수십년, 또는 백년 이상의 기업활동을 이어오는 과정에서 발생했던 경영상의 위기를 극복하기 위한 방법으로 공유가치의 중요성을 인식하게 된 경우가 많다. 가령 1982년에 발생했던 존슨&존슨의 타이레놀 사건으로 기업의 생존이 위협받는 상황에서 투명성이 최선이라는 존슨&존슨의 우리의 신조(Our Credo)에 맞추어 제조과정을 언론에 공개하고 출시된 모든 제품을 수거함으로써 고객의 신뢰를 회복했던 경우는 공유가치를 경영에 적용하는 것이 얼마나 중요한지를 단적으로 보여주는 사례라고 할 수 있다.

그렇다면, 공유가치는 역사가 깊은 기업에서만 필요한 것인가. 그렇지 않다는 것이 우리의 생각이다. 오랜 역사의 과정을 통해서 공유가치가 정립될 수도 있겠지만, 새롭게 시작하는 기업에게도 지향해야 할 방향성을 제시하기 위하여 반드시 필요한 것이 또한 공유가치라고 할 수 있다. 일례로 2009년 Fortune誌에서 선정한 일하기 좋은 기업(Great Place to Work) 1위에 선정된 미국의 IT기업 NetAPP은 1992년에 설립된 종업원 5천명 정도의 기업이다. 이들은 "Simplicity & Trust"라는 간결한 용어로 자신들의 공유가치를 제시하고 있다. 다양한 사내 커뮤니케이션 채널의 활용을 통한 경영정보의 공유, 수평적인 조직문화를 만들어나감으로써 특히 신뢰(Trust)라는 공유가치를 구체적으로 구현하고 있다. 이러한 다각적인 노력들이 결실을 맺어 가장 일하기 좋은 기업의 반열에도 오를 수 있게 되었던 것이다. 창업 초기부터 기업이 지향해야 할 바를 명확히 도출하고 이를 구체화시키기 위하여 실천하는 노력이야말로 단순히 재무적 성과만 좋은 기업이 아닌 지속적인 성장(Sustainable Growth)을 견인할 수 있는 중요한 초석이 될 수 있다.

공유가치는 우리 기업의 존재 목적이 무엇인지, 우리 조직의 구성원들은 어떻게 행동하고 의사 결정하는 것이 올바른 것인지, 또한 중요 과제의 우선순위는 어떻게 되는지 등 경영활동의 목적과 과정에서 중요한 방향타, 또는 지침의 의미를 지닌다. 사실 많은 기업들이 경영이념 등을 통해서 기업의 지향점을 명시하고는 있지만 이를 경영에 직접적으로 활용하는 경우는 그리 많지 않다. 특히 비즈니스의 범위가 글로벌로 확대되는 시점에서 어떻게 다른 나라 임직원들의 다양한 생각과 문화적 배경을 하나의 목표와 비전으로 모으고 경영의 지향점을 정해야 할지 고민해야 할 필요가 있다. 공유가치는 그러한 차원에서 경영활동의 방향을 정해주고 하나가 됨으로써 조직 몰입도, 충성도를 높이는 데 기여할 수 있다. 조직 구성원들의 마음을 하나로 모으고 각각의 업무에 의미를 부여하며, 그것이 우리 기업이 지향하는 바와 어떻게 일치되고 연계될 수 있는지를 보여준다면 성과는 자연스럽게 창출될 것이 아니겠는가. 경영환경의 급격한 변화로 어려움을 겪는 기업들이 많은 요즘, 조직 내부의 결속력을 제고하고 이를 성과로 연결시키는 노력에 관심을 가짐으로써 더 이상 벽에 걸린 화석화된 공유가치로 머무르지 않고, 공유가치가 경영현장 속에서 살아 숨 쉬는 생명력을 갖도록 하는 것이 중요할 것이다. 그것은 더 이상 듣기 좋은 구호가 아니라, 생명체로서의 기업이 제대로 호흡하고 활동하며, 오래도록 그 건강함을 유지할 수 있도록 만드는 산소와 같은 존재라고 생각하는 지혜로움이 필요한 때이다.

2. 공유가치의 형성과 정립

한 기업의 공유가치가 어떻게 형성되고 정립되는지를 살펴보기 위해서는 그 기업의 문화가 만들어지는 과정을 짚어봐야 한다. 조직문화를 정의하는 견해는 학자들마다 다양하게 제시하고 있다. 이는 문화를 정의하는 노력이 많은 학자들에 의해서 이루어졌던 것과 마찬가지 현상이라고 할 수 있다. 한 연구에 의하면 160개의 각기 다른 문화에 대한 정의가 있다(Smit, 2001). 어떤 관점을 가지고 조직문화를 바라보는가에 따라서 이에 대한 개념 정의도 달라진다. 그러나, 비교적 공통적인 핵심단어를 사용하여 조직문화의 정의를 개념화할 수 있다. 예를 들어, Denison(1990)은 조직의 핵심적인 정체성을 형성해주는 가치, 신념, 행동유형의 집합이라고 조직문화를 정의하였다.

Cameron 과 Quinn(1999)에 의하면 조직문화는 리더십 유형, 언어와 상징, 절차와 일상업무, 그리고 성공의 기준을 통해서 조직구성원들에게 가치있다고 여겨지는 것의 총체이다. 또, Schein(2004)은 조직문화란 기업이 외부환경에 대해 어떻게 적응하며 조직 내의 문제들을 어떻게 해결할 것인가를 위해 학습해 온 것으로서 집단에 의해 이러한 패턴이 타당성이 있다고 검증됨에 따라 새로 들어온 구성원들이 문제해결을 위해 어떻게 행동하는 것이 올바른 방법인가를 가르치는 틀이라고 하였다. 이러한 틀은 조직구성원이 공통적으로 인정하는 것이어야 한다고 정의하고 있다. Robbins(2003)에 의하면 일반적으로 조직구성원들이 공유하고 있는 가치관, 신념, 전통, 의식구조, 행동양식 등의 패턴으로서 조직 내의 모든 개인이나 집단의 행동에 영향을 미치는 요소를 말한다.

이처럼 조직문화는 학자들마다 매우 다양하게 정의되고 있으나, 공통적인 핵심단어를 중심으로 정의를 풀어보면, 조직구성원들이 조직의 목표를 성취해나가는 과정에서 직면하는 다양한 문제들을 어떻게 해결할 것인가에 대한 방법을 결정하는 공유된 가치관과 행동양식으로 정의할 수 있다.

한편, "조직문화는 조직의 목표와 사명을 성취시키기 위하여 리더십 관행, 규범과 표준, 규칙과 규정, 태도와 가치관, 윤리와 원칙, 정책과 관행, 구조와 기술, 제품과 서비스, 역할과 관계 등에 의하여 영향을 받는다. 이러한 활동을 촉진하기 위하여 문화적 질서와 전통은 여러 가지 인사규정을 포함하여 복장규정, 작업시간 및 근로조건, 기계시설 및 도구, 의사소통 절차 및 용어, 평가 및 보상 등을 설정한다. 이러한 결과로 나타나는 문화적 행동과 활동은 제품 및 서비스, 직원의 능력 등과 같은 산출로 명백히 나타나게 된다"(신철우, 2000).

조직문화가 조직에 주는 영향 외에 종업원 개인의 사기, 몰입, 생산성, 신체적 건강, 정서적 건강에 미치는 영향에 대해서도 많은 연구가 되고 있다. 조직문화의 변화는 개인의 변화를 수반하지 않고서는 이루어지기 어렵다.

Schein(2004)에 의하면 조직문화의 요소는 기본가정, 공유가치, 인공물(artifacts)을 통해서 잠재적인 수준에서부터 인식적 수준, 가시적 수준으로 구성된다. 각 요소를 살펴보면, 첫째 기본가정은 그 문화권에 소속된 사람들이 당연하다고 믿고 있는 기본적인 믿음에 해당된다. 기본적인 가정은 모든 가시적 문화의 핵심적 부분으로 외부에서 관찰이 불가능할 뿐만 아니라 의식하지 못하는 상태에서 구성원들의 태도와 행동에 영향을 미치게 된다. 특히 문제해결에 사용되는 방법이 계속되고 또한 성공을 거두었을 때 구성원 전체에게 당연하게 받아들여지는 신념, 지각, 사고 및 감정을 기본가정이라고 할 수 있다. 조직 저변에 깔려있는 기본가정을 이해한다면 표면상으로 드러나는 인공물에 대해 더 쉽게 이해할 수 있다.

둘째, 공유가치는 기본적인 믿음이 표출되어 인식의 수준으로 나타난 것으로 구성원의 상황, 행동, 대상 사람들을 판단하기 위해서 사용하는 공유된 평가의 기초가 된다. 모든 조직은 다른 조직과 차별화되는 나름대로의 고유한 가치를 가지고 있다. 창업자 또는 최고경영자가 추구하는 가치가 경험을 통해서 옳다는 것이 입증되고 이것이 조직 구성원 전체의 동의를 얻어낸다면 그 가치는 공유된 가치나 신념이 된다. 마지막으로 가장 가시적인 수준인 인공물(artifacts)을 들 수 있다. 인공물은 가치관이 표출되어 인간이 창출한 인공물들, 기술이나 예술 또는 행동양식을 일컫는다. 이러한 가시적인 수준의 인공물들은 조직에 대한 전체적인 인상과 이미지, 조직의 문화적 특징을 형성하는 역할을 한다. 그러나 이런 가시적인 현상들이 왜, 어떻게 일어났는지, 그리고 그것이 무엇을 의미하는지에 대해서 이해하고 해석하는 것은 어렵다. 이러한 문제를 해결하기 위해서는 조직 구성원들 간에 공유된 가치나 규범을 분석해야 한다.

Schein의 관점을 채택한다면, 공유가치는 조직의 성장과 진화과정을 통해 그 조직에 깊이 뿌리내린 기본 신념을 이야기한다. 따라서 공유가치는 누군가에 의해 임의로 제정되거나 개발될 수 없다. 다만 그 조직에 이미 내재된 것을 발견할 수 있을 뿐이다. 공유가치는 또한 시대와 환경의 변화에 따라 여러 가지 방식으로 해석되거나 표현될 수 있다. 이런 의미에서 공유가치는 해당 기업이 그동안 지키고 가꾸어 온 기업정신을 재발견하고 현재 시점에 맞게 재해석한 것이라 할 수 있다.

본질적으로 기업 내부에 존재하는 공유가치를 재발견하고 정립하기 위해서는 암묵적으로 존재하는 것을 명시화하는 체계적인 작업이 필요하다. 해당 기업의 창업 이후에 발간된 각종 사내외 문헌자료, 최고경영자를 비롯한 경영진의 철학과 메시지, 조직 구성원들이 행한 각종 활동들이 축적된 역사적 자료 등을 통해서 그 기업의 구성원들에게 무의식적으로 체화되어 나타나는 행동양식, 또는 의사결정이나 커뮤니케이션에 있어서 보여지는 가치관 등의 공통된 키워드, 또는 카테고리를 도출하고, 이를 명시적으로 서술하는 것이 중요하다. 이를 위해서는 기업의 내력을 잘 알고 있는 경영진, 기업의 역사에서 중요하게 기여했던 조직 구성원들에 대한 인터뷰를 통해서 창업 이후부터 현재까지를 정리하는 것이 필요하다. 또한, 이러한 과정을 통해서 나온 키워드를 다시 한번 객관적으로 재검증하는 작업이 필요한 것은 물론이다.

그런데, 여기에서 간과하지 말아야 할 부분이 있다. 바로 기업이 지향해야 할 미래의 가치가 무엇이 되어야 하는지에 대한 문제이다. 위에서 논의한 것은 창업 이후의 과정을 돌아보면서 현재를 정리하는 단계라고 한다면, 그에 못지않게 중요한 것은 앞으로 해당 기업이 무엇을 지향하면서 경영활동을 해나가야 할 것인가에 대하여 조직 구성원들의 공감대를 이끌어낼 수 있는 가치기준을 정립하는 것이라고 할 수 있다. GE의 제프리 이멜트 회장이 취임 이후에 GE의 공유가치를 새롭게 정립한 것은 기업들이 앞으로 지향해야 할 방향을 정하고 조직 구성원들을 한 방향으로 결속하기 위하여 취해야 할 조치가 무엇이 되어야 하는지 잘 보여주는 사례이다.

GE의 예를 조금 더 자세히 살펴보자. 사실 GE는 세계 최고의 기업이다. 1895년 설립 된 이래 이미 110년이 넘는 오랜 시간 동안 지속적으로 성장해 온 경이로운 기업 가운데 하나라는 점에 대해서는 누구도 부인하기 어렵다. 기업의 공유가치를 논할 때 GE를 빼 놓고는 이야기하기 어렵다. 1986년 당시 잭 웰치 회장은 GE가 존중하는 전통들을 9 Value라는 이름으로 체계화시키고 이를 공유, 전파하는 데 많은 공을 들였다. 아무리 성과가 훌륭한 사람이라 할지라도 GE의 공유가치를 받아들이지 않거나 이에 적합하지 않은 경우에는 조직을 떠나야 한다고 할 정도로 강력한 공유가치 기반의 경영을 추진하였다. 이러한 잭 웰치 회장의 경영성과가 어떠했는지에 대해서는 널리 알려져 있기 때문에 굳이 언급할 필요가 없을 것이다. 잭 웰치의 뒤를 이어 회장에 취임한 제프리 이멜트는 앞에서 언급한대로 그동안의 공유가치를 업그레이드하여 8 Value, 4 Action으로 재정립하였다. 새로운 가치는 전통적이고 보수적인 가치 뿐 아니라 시대의 변화를 반영하여 창의적이고 혁신적인 의미를 담고 있다. 특히 4 Action에서는 임직원들이 경영활동의 과정에서 어떻게 행동하는 것이 GE의 가치에 부합하는 것인지에 대해서 구체적으로 명시하고 있다. GE의 공유가치 실천은 임원들부터 GE의 공유가치를 얼마나 잘 실천하는지 정기적으로 부하직원들에게 다면평가를 받으며, 경영진이 직접 공유가치에 대해서 부하직원들에게 교육을 실시하는 점에서 매우 특징적이다. 공유가치를 정립하고 나서 액자 속에만 걸어두는 것이 아니라 실제로 경영의 도구로서 활용하고 있으며 사고와 행동 속에 살아 있어야 비로소 공유가치의 의미를 올바로 찾을 수 있음을 보여주고 있는 것이다.

이와 같이 기업의 공유가치는 영원불변의 것은 아니다. 근원적으로 존재하는 기업의 공유가치도 있겠지만, 다른 한편으로는 시대의 흐름과 사회문화적인 변화, 조직 구성원의 다양화 등에 따라 새롭게 정립하고 담아야하는 가치도 반영해야 할 필요성이 제기된다.

그러한 점에서 기업의 공유가치를 정립할 때에는 다음과 같은 점을 고려할 필요가 있다. 첫째, 기업 경영철학에 근거하고 우리 기업에 깊이 체화된 가치인가를 감안해야 한다. 이는 기업의 창업이념과 기업의 경영철학이 생생하게 반영된 가치인가를 확인해야 한다는 의미이다. 현실적으로 볼 때, 최고경영진의 의지가 반영되고 직접 실천하는 가치들이 생명력을 가지고 오래 지속될 수 있으며, 조직 구성원들의 수용성을 높이는 데 비교적 용이하기 때문이다. 둘째, 글로벌 차원에서 모든 기업 구성원이 공유하고 실천할 수 있는 가치인가를 생각해야 한다. 기업경영의 무대가 글로벌 차원으로 확대되는 것은 앞으로 거스를 수 없는 큰 흐름이 되고 있다. 이는 조직의 구성원들의 문화적 다양성이 확대됨을 의미하며, 경영전략이나 목표를 한 방향으로 정립하고 수행성과를 창출하는 과정이 점점 더 어려워질 것임을 시사한다. 한국 기업의 입장에서 보면, 단일민족, 단일국적의 기업 구성원들의 가치만 반영한다면 글로벌적인 기업경영 무대에서 도태될 수 밖에 없다는 위기의 신호가 될 수 있음을 직시해야 한다는 것이다. 따라서, 기업의 공유가치는 '전세계 어느 지역·국가의 임직원들도 수용할 수 있는가'의 관점에서 보편성을 확보해야 할 것이다. 셋째, 충분히 미래 지향적이며, 미래의 변화방향을 제시하는 가치인가의 관점에서 생각해야 한다. 공유가치가 기업의 정체성과 전통을 강조하면서 과거에만 얽매인다면, 미래의 변화를 제약하는 요인이 될 수도 있다. 따라서 기업에 내재된 가치이면서도 앞으로 더욱 발전시켜 나가야할 미래지향적인 가치를 선정해야 할 필요가 있다.

기업별로 공유가치는 그 특성에 맞게 다양한 형태로 정립되어 사용되고 있다. 본래 존재하던 공유가치를 공식적으로 구체화시켜서 재발견, 재정립하는 것은 비교적 최근에 두드러진 특징이라고 할 수 있다. 특히 국내 기업들은 최근 본격적으로 그동안 존재해오던 기업의 공유가치를 공식적으로 정립, 선포하려는 움직임이 나타났다. 우리 기업들에게 맞는 공유가치를 발견하고 전파, 공유하기에 앞 서 먼저 글로벌 기업들은 어떻게 가치체계를 정립하고 운영하고 있는지 살펴 볼 필요가 있다.

글로벌 기업들은 급변하는 경영환경 속에서 회사의 정체성과 신념을 대내외에 명확히 인식시키고자 공유가치(Value)를 설정하여 운영하고 있다. 글로벌 기업들은 미래에 지속적인 성장과 존경받는 회사가 되기 위해 공유가치를 통해 자기 회사만의 명확한 정체성을 제시하고자 공유가치를 활용한다. 앞 장에서 언급한대로 글로벌 기업들은 단지 높은 경영성과를 내는 것만으로는 지속 성장이 불가능하며 이해관계자들로부터 고른 지지를 받는 것이 중요하다고 인식하고 있으며, 종업원들이 근무하고 싶어 하며, 투자자들이 투자하고 싶어 하고 사회 구성원들이 지지하는 회사가 될 때 지속 성장이 가능하다고 믿고 있다는 점을 알 수 있다. 사실 글로벌 기업들도 최근 경영환경 변화에 발맞춰 회사의 정체성을 새롭게 대내외에 각인시키기 위해 공유가치를 새롭게 정립하는 추세이다.

예를 들어, 도요타는 2001년, IBM은 2003년, GE는 2004년에 공유가치의 제정 또는 업데이트를 실시하였다. 그 변화의 과정에서 자신만의 정체성을 확인하고 역경 극복과 미래 지향점을 창출하는 구심점으로 공유가치를 적극 활용하고 있다. 공유가치들을 새롭게 정립하는 중요한 이유 중 하나는 임직원들의 행동이나 판단기준으로서 살아 있는 공유가치를 만들기 위해 '새롭고 쉬운 표현'으로 개정하는 것으로 볼 수 있다. 결국 이를 통해서 공유가치를 경영의 도구로서 활용하고자 하는 궁극적인 목적이 있음을 알 수 있다. 공유가치 자체가 목적이 아니라, 임직원들에게 자긍심과 동기를 부여하고 원칙과 방향 공유를 통해 불필요한 의사소통의 비용(Cost)을 절감하고 한 방향의 결속을 유도하고자 하는 것이다. 크게 보면 대내적으로는 경영에 대한 공감대를 이끌어내는 구심점이고, 대외적으로는 사회로부터 신뢰받는 기업이 되기 위한 노력의 일환으로 활용되고 있는 것이다.

3. 인적자원개발과 공유가치의 관계

기업은 성과가 말해준다고 한다. 비즈니스 세계에서는 손익이 인격이라는 말도 있다. 이익을 많이 올리면 그 사업을 담당하는 사람들은 그만큼 회사 내에서 높은 보상과 좋은 처우를 받게 된다는 의미일 것이다. 기업 전체를 놓고 생각해봐도 우리가 초일류 기업, 선진기업이라고 부르는 기업들은 대부분 높은 재무적 성과를 올리고 있다. 재무적인 이익의 규모가 기업의 이미지와 얼굴을 나타낸다고 생각하는 것은 일반적인 현상이다.

필자들 역시 이와 같은 일반적인 관점에 대해서 동의한다. 맞는 말이다. 기업의 목적이 무엇인가라고 물을 때 우리는 이익창출이라고 서슴없이 답한다. 이익을 창출하여 기업을 유지, 성장시키고, 그러한 과정을 통해서 일자리를 창출하는 것이 기업 본연의 역할이다. 물론 질 좋은 제품을 만들고 이를 합리적인 가격에 공급함으로써 고객에게 기여하는 과정이 병행되어야 함은 두말할 나위가 없다.

그런데, 우리는 여기서 다소 생경한 질문을 제기해보려고 한다. 과연 기업을 이야기할 때 재무적 관점, 사업적 관점으로만 모든 것을 설명할 수 있을까, 현재 이익을 올리고 있는 사업부문은 어떻게 만들어진 것일까, 기업의 구성원들은 그저 배정된 업무와 역할을 그대로 수행하기만 하면 되는 것인가, 현재의 잘 되고 있는 사업구조는 앞으로도 계속 좋은 성과를 이어갈 수 있을 것인가. 그렇게 하기 위해서는 무엇을 어떻게 준비해야 하는가와 같은 다소 근원적인 문제의식이 그것이다.

필자들이 가지는 문제의식은 기업의 흥망성쇠를 지켜보면서 현재 좋은 성과를 올리고 있는 기업이 얼마나 그것을 지속적으로 유지하고 발전시킬 수 있는 것인가에 대한 물음에서 비롯된다. 우리나라 기업의 역사는 비교적 짧다. 물론 백년이 넘은 기업도 몇 개 있고, 50년 이상 된 기업도 이제 조금씩 생겨나기 시작했지만 자본주의의 역사가 오래 된 국가의 기업들과는 여전히 그 비교의 체급에서 차이가 크다. 우리 기업들이 백년, 이백년이 가도록 지속될 수 있는 토대를 마련하기 위해서는 무엇이 필요하며, 인적자원개발의 측면에서는 무엇을 할 수 있을 것인가에 대한 담론을 생각해보려고 한다.

"기업은 사람"이라는 말을 많이 들어봤을 것이다. 흔히 하는 말이지만 그 의미를 곱씹어 보면 이 책에서의 문제의식을 들여다 볼 수 있을 것이다. 기업에서 제품과 서비스를 만들어 내는 것도 사람이요, 이를 고객에게 전달하는 것도 사람이다. 기업 내부의 프로세스를 유지하고 개선하는 것도 역시 사람이 해야 할 일이다. 이렇게 기업을 유지, 발전, 영속시키는 것은 사람의 생각과 노력을 거치지 않으면 안 되는 것이다. 여기까지만 생각하면 너무나 당연한 말이며, 또한 특별히 새로울 것도 없는 주장이다. 그러나, 이러한 일반적인 생각에서 한꺼풀만 더 들어가면 어떨까. 기업은 사람이 만들어가지만, 그 사람의 행동을 결정하는 것은 그 사람이 갖고 있는 생각이다. 달리 말하면 바로 가치관이다. 사람이 태어나고 성장하면서, 그리고 교육을 통한 사회화의 과정, 다른 사람과의 관계 맺음의 과정을 통해서 형성되는 것이 바로 인생관, 가치관인 것이다.

결국 기업은 기업을 구성하고 있는 사람들의 가치관에 의해서 그 성패가 좌우된다고 생각해도 지나치지 않을 것이다. 경영에 있어서 어떤 의사결정을 하는가, 일상적인 업무에 있어서 어떤 생각과 자세로 임하는가에 따라 같은 투입자원을 갖고도 전혀 다른 결과가 나올 수 있는 것이다.

개인적인 차원에서 생각할 때 인간 본연의 가치관이 있다면, 기업 차원에서는 기업의 공유가치(Shared Values)가 있다. 공유가치에 대한 논의는 다음 장에서 본격적으로 다루어질 것이지만, 간단하게 생각해본다면 기업 구성원들이 강하게 동의하고 있는 기업 고유의 가치관이라고 볼 수 있다. 기업의 공유가치는 기업의 창립 이래 여러 가지 과정을 거쳐 오면서 자연스럽게 다져지고, 기업 구성원들의 내면에 암묵적으로 자리 잡은 것으로 그야말로 비가시적인 (invisible) 영역이라고 할 수 있다. 이 시점에서 기업의 공유가치에 대하여 논의하고자 하는 이유는 그동안 이러한 영역이 기업의 경영활동에서 간과되어 온 측면이 다분히 있다는 점에서 문제의식을 갖기 때문이다.

과연 우리 기업에서는 어떻게 하는 것이 옳은 행동인지, 딜레마적 상황에서 어떻게 결정하는 것이 맞는 것인지에 대한 판단의 근거를 가지고 있는가. 상황에 따라서 임기응변적으로 대응하고 있거나 개인에게만 의존하고 있지는 않은지 성찰해볼 필요가 있다고 생각한다. 물론 조직의 가치가 얼마나 성인인 조직 구성원들에게 영향을 줄 수 있는지에 대해서는 또 다른 논의가 필요할 것이다. 그렇기 때문에 혹자는 기업이 지향하는 공유가치는 교과서적인 문구, 액자에만 걸려있는 사문화(死文化)된 것이 아니냐는 비판을 하기도 한다. 더욱이 이러한 영역과 인적자원개발과는 무슨 관계가 있는지에 대해서는 그리 중요하게 생각하지 않는 경우가 많다. 눈에 보이는 구체적인 수행성과를 올리기 위해서 교육하기도 바쁜 현실에서 과연 눈에 보이지 않는 영역까지 다루기에는 기업 인적자원개발 영역을 벗어나는 것은 아닌가 하는 반대의견도 있을 수 있다. 이제까지 인적자원개발이라는 타이틀을 가진 많은 선행 연구에서 기업, 기업 구성원의 정신적 가치에 대한 논문이나 저서가 극소수에 불과하다는 점이 이를 반증한다.

그러나, 다시 앞에서 언급했던 바로 되돌아가보자. 우리 기업이 지향하는 바가 무엇인지 잘 모르는 기업 구성원들이 올리는 재무적 이익과 성과라는 것은 과연 무엇을 의미하는 것일까. 기업은 과연 재무적인 이익으로만 설명될 수 있는 존재라고 할 수 있는가. 이런 차원에서 생각해본다면 인적자원개발을 담당하는 조직, 또는 그 담당자들이 생각해야 할 방향은 보다 새로운 시각에서 바라볼 필요가 있다. 그동안 직무중심교육, 성과향상을 위한 교육이라는 이름으로 수행되었던 많은 교육과정들을 통해서 우리가 얻은 것은 무엇이고, 미처 생각하지 못했던 것은 무엇인가. 오히려 기능 중심적 접근보다 한 차원 더 높은 단계에서 근본적으로 생각해봐야 할 기업 구성원의 의사결정, 행동양식의 판단 기준이 되어야 할 공유가치에 대해서는 인적자원개발 영역에서 어떻게 다루어져 왔는지 깊이 생각해야 하지 않을까.

　기업의 평균 수명은 생각보다 길지 않다. 삼성경제연구소(2008)에 따르면 1997년과 2007년의 우리나라 30대 기업집단을 비교해보면 10년간 13개 기업 집단이 사라졌다. 그만큼 기업을 둘러싼 환경변화가 급속하게 진행되고 있으며 그 속에서 발전은 고사하고 생존을 담보하는 것조차 쉽지 않다는 점을 의미한다. 그러나, 100년, 200년을 이어가는 장수기업도 많이 있다. 기업에서 인적자원개발의 목적은 무엇인가. 당장의 경영성과를 창출하기 위한 교육, 또는 인사정책을 펼치기 위한 것은 물론 중요한 목적이다. 그러나 이러한 성과가 지속적으로 이루어지도록 만드는 것은 더욱 중요하다. 그렇게 하기 위해서 필요한 것은 무엇인지 이제는 생각해야 할 시점이 아닌가 생각한다. 최근 우리는 10여년전에 겪었던 경제적 위기를 다시 겪고 있다. 이 위기가 지나간다고 하더라도 향후 10여년 이후에 이와 같은 위기를 다시 겪지 말라는 보장은 없다. 때가 되면 반복적으로 일어나는 이와 같은 현상 속에서 뛰어난 성과의 열매를 얻기 위해서는 기업의 뿌리가 든든하게 자리매김 되어야 한다. 그러나, 그 든든한 뿌리는 비단 기술력, 제품 경쟁력에서만 나오는 것은 아니다. 오히려 가시적인 영역보다 더 근원적인 기업 구성원이 공유하고 있는 공유가치가 어떤 것이냐에 따라서 수백년을 넘어가는 기업으로 갈 수 있느냐의 성패가 좌우된다고 할 수 있다. 이러한 관점에서 인적자원개발 담당자들과 그 조직이 어떠한 철학을 가지고 인사제도를 기획하고, 교육과정을 개발하고 운영하는지가 매우 중요하다고 믿는다. 인적자원개발을 하는 활동 자체도 기업 경영활동의 일부이다. 우리 기업의 인적자원개발은 과연 어떤 철학을 가지고, 무엇을 지향하면서 수행되고 있는가. 과연 우리 기업이 정말로 지속적인 성장을 이루어낼 수 있도록 하고자 하는 데에 어떻게 기여하고 있는지, 이러한 근본적인 물음에 인적자원개발 담당자로서 이제 답을 해야 할 시점이라고 생각된다.

4. 공유가치를 적용한 인적자원개발의 실천

공유가치를 적용한 인적자원개발을 실천하기 위해서는 우선 HRD부서의 역할에 대한 인식을 달리 해야 할 필요가 있다. HRD부서가 교육만을 담당하는 것으로 생각하는 평면적인 인식에서 벗어나서 경영의 한 축으로서 기업 구성원의 구심력을 확보하고 한 방향으로 모으는 역할로 인식을 전환해야 한다. 어느 기업이든 현재 수준에 이르기까지 창업 이후, 축적되어 온 그 기업만의 고유한 성공요인, 경영철학, 공유가치가 있다. HRD 부서는 이러한 것을 발굴, 축적, 연구, 해석하여 시대를 반영하는 새로운 철학으로 조직 내에 공유하고 전파하는 역할을 담당해야 한다. 이를 위하여 우선 공유가치 기반의 교육체계를 구축할 필요가 있다. 공유가치 기반의 교육체계는 경영철학, 공유가치를 교육 프로그램으로 개발하여 사원에서부터 경영진에 이르기까지 일관 된 메시지를 체계적으로 학습하도록 만드는 것을 의미한다. 이를 통해서 한 조직의 구성원으로서 각자 자신이 맡은 업무에서 철학과 가치를 담은 의사결정과 업무행위가 이루어질 수 있도록 하는 것이다. 이런 과정이 축적되면 하나의 조직문화로서 자리매김할 수 있는 바탕이 된다. HRD 부서는 이와 같이 여운이 길게 남는 교육을 제공해야 한다. 교육을 통해서 기업이 추구하는 가치와 철학을 조직 구성원 개개인이 내재적으로 체화될 수 있도록 하는 것은 HRD 부서가 앞으로 지향해야 할 중요한 기능이다. 둘째는 가치 기반의 리더 양성에 대한 것이다. 선진기업의 경우 연수원 또는 HRD 부서는 리더 양성의 중심으로 자리잡고 있다. GE의 크로톤빌에서 실시하는 Growth Value 기반의 리더 양성교육, 도요타 Way를 중심으로 한 도요타 인스티튜트의 리더 육성 등은 바로 가치기반 리더 양성의 좋은 사례이다. 결국 리더라는 것은 해당 조직이 추구하고 지향하는 바를 정확히 알고, 이를 경영의 목표로 도출해내며, 결과적으로 경영성과를 이끌어내는 일련의 과정을 주도하는 사람을 의미한다. 물론 그 과정에서 조직에 대한 관리, 조직 구성원에 대한 지원과 관리를 통한 리더십의 발휘가 필요함은 두말할 나위가 없다.

가치기반의 리더양성은 해당 기업이 가장 필요로 하는 리더상을 만들고 그에 걸맞은 리더십 역량을 갖추기 위하여 필요한 컨텐츠를 채워넣는 형태가 되어야 한다. 이제까지 수없이 많은 리더십 교육과정들이 개발되고 적용되어왔다. 리더양성이 HRD 부서의 중요한 역할과 기능이라는 말도 새로운 것이 아닌 것이 사실이다. 리더십 교육을 하지 않는 HRD 부서는 없다고 해도 과언이 아닐 것이다. 그러나, 현재 시행하고 있는 리더십 교육이 과연 우리 기업이 지향하는 가치와 얼마나 맥이 닿아있는 것인지 생각해본다면 '그렇다'라고 자신 있게 얘기할 수 있는 사례는 그리 많지 않다는 것이 필자들의 생각이다. 그 이유는 우리가 리더십 교육을 개발할 때에 기업의 공유가치나 경영철학을 중요한 요소로 고려하기 시작한 것이 얼마되지 않았기 때문이며, 주로 조직관리를 통해서 어떻게 성과를 향상시킬 것인가라는 주제로 리더십 교육을 바라보았기 때문이다. 바로 해당 기업이 궁극적으로 지향하는 것이 무엇인지에 대한 근본적 성찰 보다는 그때 그때 유행하는 기법이나 흐름을 쫓아서 시의성을 담보로 한 교육과정을 만든 것은 아닌가하는 성찰이 필요한 것이다.

이런 관점에서 볼 때 HRD 부서는 앞으로 교육부서라기보다는 해당 기업의 철학과 사상, 문화를 생산, 발굴, 정리, 축적, 해석을 통하여 조직 구성원들에게 제공할 수 있는 컨텐츠를 만들어냄과 동시에 이를 교육이라는 매우 유용한 채널을 통해서 전파, 공유함으로써 공감대와 실천력을 제고할 수 있도록 하는 역할이 확대되어야 한다. 각 기업에는 그 기업 구성원들이 공감하는 역사와 경영에 얽힌 스토리가 있다. 그 기업 구성원이라면 누구나 이해하고, 고개를 끄덕이게 만드는 스토리를 발굴하고 이것을 교육과정과 연계시키는 노력이 병행된다면 보다 풍성한 교육과정을 만들고 기업 구성원들을 하나로 묶는 데 유용하게 쓰일 수 있을 것이다. HRD 부서가 경영의 전략적 파트너가 되어야 한다는 말이 있다. 경영의 파트너가 되기 위해서는 최고 경영자가 자신의 경영철학을 만들고, 전파하는 데에 HRD 부서를 찾고 거기에서 역할을 기대하는 상태로 만들어야 함을 의미하기도 한다고 생각한다. 직접적인 성과창출에 기여하는 HRD는 당연히 중요하지만, 기업의 철학과 정신, 문화의 창출과 전파에 기여하는 HRD야말로 바로 경영의 파트너로서, 해당 조직의 정신적 구심점으로서 HRD가 지속성을 가질 수 있는 밑거름이 될 수 있을 것이다.

10장. 글로벌 인적자원개발과 사회문화적 요인의 고려

1. 문제제기

경제의 세계화 추세가 심화 되면서 기업들에게는 전통적인 국경의 개념이 점점 그 의미를 잃어가고 있다. 경쟁 기업보다 앞서서 필요한 자원 및 새로운 시장을 끊임없이 추구해야 하는 압력 때문에 많은 수의 기업들이 생산, 판매, 기술개발 등에 있어서 자신들의 활동 영역을 자국의 경계를 넘어 외국으로 넓혀가고 있다. 비록 여러가지 이유로 해외 진출을 피하고 국내에서의 활동에만 전념하고자 하는 기업들도 원하던 원하지 않던 결국은 국내에 진출해 있는 외국계 기업들과 경쟁을 피할 수 없는 것이 점점 현실이 되어 가고 있다.

Noe(2000)는 기업이 해외에 진출하는 동기를 크게 다음의 두 가지로 분석하고 있다. 첫째는 다수의 잠재적인 고객을 가지고 있는 시장의 개척을 위한 것이다. 둘째는 상대적으로 낮은 인건비를 활용하여 제품 경쟁력을 강화시키기 위한 일환으로서 해외에 생산기지를 구축하기 위한 것이다. 특히 "생산을 목적으로 한 기업의 현지진출은 세계화 전략의 일부로 현지를 생산거점화 하거나 혹은 현지의 저렴한 노동력을 활용하여 제조원가에 있어서 경쟁력을 높이기 위한 일환으로 이루어지고 있다"(심원술, 2002).

오늘날 다국적 기업들이 직면한 도전은 한편으로는 나라의 경계를 넘어 글로벌 시각과 경쟁력을 갖추면서, 또 다른 한편으로는 진출해 있는 각 나라의 실정에 맞추어 현지화를 추구하는 소위 "glocalize"를 성취해야 한다는 점이다(Begley & Boyd, 2003; Svensson, 2001). 얼핏 상반된 요구인 것 같은 이 두 가지 조건을 동시에 충족시키기 위해서 무엇보다 중요한 것은 글로벌 인적자원 개발이며 특히 현지인들에 대한 효과적인 인적자원개발은 무엇보다 시급한 문제이다(Marquardt & Engel, 1993). 글로벌 기업에 있어서 인적자원개발의 중요성은 학자들뿐 아니라 경영자들 사이에서도 폭 넓게 공감을 얻고 있다. 예를 들어, Adler(2002)에 의하면 세계 유수의 기업 CEO의 2/3이상이 오늘날 기업들의 성공을 위해서는 국제경쟁력을 갖추는 것이 필수이며 국제경쟁력을 제고 시킬 수 있는 가장 핵심적인 요인 중에 하나로서 인적자원을 꼽고 있다.

이와 같은 환경의 변화에 적응하면서 한국의 기업들도 최근 10여년간 해외 경영활동을 활발하게 진행하여 왔다. 이에 따라 국가 전체 차원의 경제규모에서도 기업의 해외 활동이 높은 비중을 차지하게 되었고 그런 추세는 앞으로도 더 늘어날 것으로 보인다.

그러나 해외 활동의 급속한 양적증가가 저절로 글로벌 경영의 성공으로 연결 되는 것은 아니다. 실제로 지금까지 해외에 진출한 우리나라의 많은 기업들의 경우를 살펴보면 예상외로 실패를 경험하는 경우가 많은데 그 원인으로는 첫째, 현지에서 여러 가지 예상치 못한 경영상의 문제에 봉착하게 될 경우 그곳 상황에 맞는 해결보다는, 우리나라에서 지금까지 해오던 체제와 사고방식의 틀 안에서 어떻게든지 해결방법을 찾아보려고 노력하기 때문이다. 둘째, 장기적이며 전체적인 맥락을 살피면서 전략적으로 접근을 하기 보다는 문제가 돌출되거나 사고가 발생했을 경우에만 마지못해 대응하는 방식을 취하게 되기 때문이다. 이렇게 되면 단기적인 해결책은 될지 모르지만 근본적인 해결방안이 되지 못하며, 이와 같은 사고방식이 한국기업 전반을 지배한다면 해외진출을 통한 글로벌 경쟁력의 확보는 애초부터 요원한 일이 될지도 모를 일이다.

많은 사람들이 현지경영을 제대로 하려면 현채인을 양성해야 하는 것이 당연하다라는 주장을 하지만 정작 어떻게 하는 것이 제대로 양성하는 것인지에 대한 구체적인 방법론에 대한 이해는 많이 부족한 형편이다. Marquardt & Engel(1993)은 글로벌 차원에서의 인적자원개발은 국내에서 이루어지는 일반적인 인적자원개발과 다음과 같은 측면에서 상이하다고 설명하였다. 현채인들의 사고방식과 행동에 직접적인 영향을 미치는 문화적 배경과 가치관, 언어, 학습스타일, 관리스타일, 교육담당자의 역할, 현지 교육담당자와의 협력관계, 그리고 그 외에도 물리적 지원, 재정적 지원 등 많은 곳에서 차이가 나기 때문에, 그 차이점들을 무시하거나 잘못 관리할 경우, 국내에서 성공한 프로그램이 이문화 환경에서는 실패를 하는 경우가 생기게 된다.

글로벌 인적자원 개발에서 가장 중요하게 고려해야 할 요인은 그들이 처해있는 사회문화적 변인에 대한 깊은 이해라고 할 수 있다. 문화적인 배경과 가치체계가 다른 환경에서의 인적자원개발은 국내에서의 일반적인 방법과는 차별화 된 접근전략과 실천논리가 필요하다. 그러나 "해외진출 한국기업, 특히 제조업을 중심으로 생산기지를 구축하기 위한 목적에서 진출한 한국기업은 현지인의 역량 및 문화를 무시하고, 한국식 경영기법의 우월성을 주장하는 경우가 많이 있다"(심원술, 2002). 앞에서 언급한 바와 같이 생산기지 구축을 위하여 진출한 기업의 경우, 일반적으로 해당국가의 전체적인 하드웨어적 인프라 및 소프트웨어적인 삶의 질이 낮은 경우가 많기 때문에 진출국가의 사회문화에 대한 부정적인 편견과 선입견을 자신도 모르게 갖게 되고, 그런 편견과 선입관이 현지인의 교육수준에 대한 불신으로 이어지게 된다. 따라서 현지인들의 업무수준 향상을 위해서는 결국 모든 것을 일방적으로 전달하고, 본사의 일괄적인 계획에 의거하여 정해진 틀 내에서 인적자원개발이 이루어져야 한다는 관념을 가지게 된다.

이렇게 모든 인적자원개발의 계획수립과 실행에 대하여 본사의 일괄적인 통제가 발생하게 되면, 결국 현지사업장은 본사의존도가 높은 형태로 존속될 수 밖에 없을 것이며 이는 현지완결형 경영을 정착시키지 못하고 기업을 진출국의 주변인으로 전락시킬 위험성을 내포하게 될 것이다. 결국 현채인들의 신뢰와 자발적인 참여를 얻지 못하는 현지경영은 실패할 수 밖에 없는 결과를 가져오게 될 것이다. 미래를 위한 중장기적인 발전계획이나, 비전을 제시하지 못하고, 생산비용의 절감차원에서 임기응변적인 대응만을 해오지는 않았는지, 특별한 문제없이 경영활동이 이루어진다고 해서 잠재적인 문제에 대한 분석, 특히 기업을 구성하고 있는 현지채용인력들이 어떤 생각을 갖고, 기업활동에 임하고 있는지 얼마나 관심을 가졌는지 보다 더 진지하게 생각해 볼 필요성이 있다.

따라서, 진출국의 사업장이 자생적인 경영역량을 확보하고, 영속적으로 발전하기 위해서는 현채인들에 대한 과감한 권한위양(empowerment)을 통한 현지화 경영을 정착시켜 나갈 필요성이 있다. 그러나, 일방적인 권한위양을 하고 싶다고 해서 바로 되는 일이 아니라 실질적으로 경영이 이루어질 수 있도록 현지 인적자원의 역량개발이 선행되어야 할 것이다.

이러한 관점에서는 특히, 리더십을 발휘할 수 있는 현지인 관리자를 양성하는 것이 필요할 것으로 생각된다. 국내 기업의 리더 양성교육은 최근 들어 본사차원에서는 활발히 이루어지고 있으나, 정작 경영의 상당부분을 차지하고 있는 해외 사업장 현채인들에 대해서는 아직까지 별로 시도되지 못하고 있다. 또한 본사에서 이루어지는 교육을 그대로 이식(移植)하는 것이 맞는 것인지 명확한 방법론도 제시되지 못하고 있는 실정이다. 그러나 글로벌화 추세에 맞추어 몇 년 내에 현지인 관리자의 양성이 기업의 국제경쟁력 제고에 중요한 이슈가 될 것으로 생각된다.

이러한 교육이 효과를 나타내기 위해서는 무엇보다도 다른 문화적 배경을 지닌 학습자들의 특성을 이해하고, 이에 적합한 학습전략을 구안해내는 것이 필요할 것이다. "기업의 CEO를 대상으로 앞으로 우리의 기업에서 가장 필요로 하는 기술이 무엇이겠느냐는 질문에 대하여 비즈니스 세계와 현실에 대한 총체적 이해와 접근, 기술적 전문성, 지식을 효과적이고 효율적으로 사용할 수 있는 비판적 사고력, 새로운 것에 대한 적극적이고 자신감 있는 태도, 자신의 역할에 대한 분명한 인식과 더불어 다른 사람들과 조화로운 관계 유지, 다양한 시각에 대한 존중할 수 있는 협조적인 작업기술 등을 들었다"(Milter & Stinson, 1995; 강인애, 2003에서 재인용).

위와 같은 자생적인 업무역량을 갖춘 현채인 관리자를 양성하기 위해서는 강의식, 강사 중심적 학습방법으로는 한계에 직면할 수 밖에 없다. 지식 습득을 넘어서서 활용하고 판단하고 종합할 수 있는 비판적 사고력을 길러야 한다고 볼 때 문제중심학습(PBL, Problem-Based Learning)을 통한 실제적 업무 적용능력 향상 교육의 필요성이 제기된다고 할 수 있다.

2. 문화적 적실성(Cultural appropriateness)의 관점

앞에서 이야기 했듯이 성공적인 현지인 인적자원 개발에 있어서 중요하지만 쉽게 간과 되는 변수 중 하나가 문화이다. 문화에 대한 깊은 이해가 없이는 성공적인 현지화는 거의 불가능 하다고 여겨진다. "문화란 무엇인가?" 라는 물음은 사실, 매우 광범위하고 다양한 접근을 요구한다. 말로 설명하기 어렵고, 잘 보이지도 않으며 실증적으로 제시되기 어려운 탐구영역이긴 하지만, 지금까지 밝혀진 문헌들 속에서 여러 학자들이 나름대로 제시해 온 문화에 대한 개념을 살펴 보고자 한다.

문화는 외부환경의 변화에 대한 적응 및 내부적으로 사람들 사이에 통합을 이루기 위해서 생겨나며, 오랜 기간 동안 한 사회의 구성원들이 함께 생활하고, 의사교환을 하고, 새로운 창조물들을 만들어가는 과정에서 자연스럽게 공통적으로 나타내는 현상으로도 이해할 수 있다(Scheel & Branch, 1993). 문화는 그 사회에 속해 있는 구성원들의 사고방식부터 행동까지 광범위 하게 영향을 미치는 힘을 가지고 있으며, 그 사회 안에서 창조되고 운영되어지는 많은 제도들 중에 문화의 영향에서 벗어나는 것은 거의 없다고 볼 수 있다. 오히려 그 영향이 너무나 광범위하기 때문에 문화는 당연한 것으로 여겨지고, 당연한 것으로 여겨지다 보니까 그 존재와 영향력이 잘 인식이 되지 않는 그런 대상이기도 하다. 사회의 여러 기능 중 중요한 역할을 담당하는 기업들도 문화 환경의 영향을 받고 있으며 특히 사람을 대상으로 이루어지는 인적자원개발은 문화의 직접적인 영향 가운데 있다고 해도 과언이 아닐 것이다. 이런 점에서 볼 때 현지 인력 개발을 성공적으로 이루기 위해서는 우리나라와 현지인들 사이의 공통점 뿐 아니라 그 근본적인 문화적 차이에서 비롯되는 여러가지 상이점들에 대한 이해가 우선되어야 한다.

원래 적실성이란 경제학에서 비롯된 개념으로서 개발도상국에서 자국의 경제발전을 위해서 선진국의 지식 및 기술체제를 도입, 적용하고자 했을 때, 과연 그러한 지식 및 기술체제가 자국의 경제발전에 얼마나 기여할 수 있는지에 대한 문제를 다루는 일종의 개념적 준거(conceptual criteria)이다 (Rainis, 1990; Brooks, 1990; 김희배, 1997). 두 나라 사이에 사고방식, 일하는 방법, 일과 관련된 가치관 등에 있어서 근본적인 문화적 차이가 있는 경우, 현채인 역량개발과 관련해서 어떤 전략과 방법을 사용하는 것이 좋은지 분석하는 논리로서 문화적 적실성을 적용하는 것을 검토할 필요가 있다. 즉 한국에서 이미 개발되어 성공적으로 사용되는 프로그램을 그대로 옮기는 것이 좋은지, 또한 프로그램을 운영하는 방법에 있어서도 한국식 논리를 따라서 하는 것이 좋은가를 판단할 때 고려해야 할 중요 변수 중 하나가 문화적 적실성이라는 의미이다.

사람들이 무엇을 중요하게 여기는가 하는 가치관의 형성은 해당 지역, 조직, 국가 등의 문화와 역사에 의해서 직접적인 영향을 받는다. 따라서 다른 문화적 환경, 예컨대 다른 교육방식이나 다른 역사적 배경 하에서 성장한 현지인들의 경우 한국에서 중요하게 여겨지는 가치관을 그다지 중요하지 않게 생각하거나 그 중요성의 정도에 있어서 큰 차이를 보이는 경우가 있다.

더욱이 상대방의 문화를 존중하지 않는 자민족중심주의(ethnocentrism)의 성향을 갖는 구성원들이 많은 조직일수록 문화적 차이에 따른 어려움이 발생할 가능성이 많다는 점을 인식할 필요가 있다.

문화란 상대적인 속성을 가지고 있어서 다른 나라의 관습은 그곳의 사회문화적 맥락을 고려해야만 올바로 해석할 수 있다. 문화적 차이를 인정하면서 최대로 조화를 이루어 장점을 극대화할 수 있는 방법을 찾아내는 것이야말로 한국기업이 글로벌 경영을 확대하고자 할 때 고려해야 할 과제이다.

"개발도상국에서 자국의 발전과 성장을 위해서 선진국의 지식체계와 기술적 방법들을 도입 수용하는 추세는 보편적 현상이다. 과거 20년 동안 많은 개발도상국에서는 자국의 교육개혁이나 학교교육체제의 혁신적 발전을 위해서 선진국으로부터 새로운 교육이론과 방법들을 도입해 왔으나, 그 대부분이 소기의 목적들을 달성하는데 실패했거나 전혀 예기치 못했던 또 다른 교육문제들을 야기시켰다. 선진국에서 연구 개발된 교육개혁안이나 학교학습 프로그램이라고 무조건 좋은 것이고 무조건 효과성이 높은 것으로 생각해서, 그대로 자국의 교육상황에 보급 적용하려는 풍토나 경향은 개발도상국에서 흔히 볼 수 있는 현상이다"(김희배, 1997).

우리는 우리 자신의 문화를 다른 이를 평가하기 위한 준거점으로 사용하는 경향이 있다. 다른 나라의 관습은 그곳의 사회문화적 맥락을 고려해야만 올바로 해석할 수 있다. 국제화란 조직을 변화시키는 일이므로 조직구성원의 변화를 전제로 한다. 그러므로, 폐쇄적 구조, 다른 문화권에 대한 이해부족, 자민족 중심주의적 시각(ethnocentrism)으로 가득 찬 사람들로는 경쟁력 있는 글로벌 조직으로 발전시킬 수 없다.

한국과 같이 동질성이 강조되는 단일 문화주의에서 문화적 상대주의, 다양성을 수용하는 다문화주의로 발전하는 과정에서 가장 중요한 점은 각 개인의 의식(awareness)이다. 다문화권에서 생활하기에 합당한 행태를 배우기 전에 자신의 자민족 중심적 입장을 인지하고, 사회는 정말로 다문화적이라는 사실을 수용해야 한다. 이문화 관리능력을 개발하기 위한 학습 과정의 첫 단계는 상대편 문화의 속성을 있는 그대로 수용하는 개방적인 태도를 갖는 일이다. 두 번째는 타문화권에 대한 지식을 습득해야 한다. 이 단계에서 각 지역에 관한 정보를 접목시킬 수 있다. 마지막 단계로 이문화 관리를 극대화할 수 있는 이문화 관리 기술을 터득해야 한다. 문화적 차이를 인정하면서 최대로 조화를 이루어 장점을 극대화할 수 있는 방법을 찾아내는 것이야말로 이문화 경영이 안고 있는 과제이다(Trompenaars, 1993).

문화적 맥락에 대한 고려는 인적자원개발에 문화가 어떤 영향을 미치는지 또는 그 과정에 문화가 어떻게 반영되고 있는가를 밝히고, 그것이 어떤 교육적 의미를 갖는가를 해석하려는 것이다. 기업의 인적자원개발이 일어나는 현장, 즉 기업교육과정도 조직문화적 체제이다. 교육과정을 하나의 조직문화적 체제로 보는 관점을 도입하게 되면, 글로벌 인적자원을 개발하기 위하여 필요한 것이 무엇인지 새로운 인식을 가져야 할 필요가 있다. 즉, 한국의 본사에서 개발한 프로그램을 해외 현지에 적용할 때, 일방적인 전달식 방법에서 벗어나서, 현지 채용인력들의 생각과 니즈에 관심을 가져야 하는 것이다. 같은 내용, 방법을 적용하더라도 국내에서와 다른 접근이 요구된다는 점을 인식하는 것에서부터 진정한 의미의 글로벌 인적자원개발은 출발할 수 있다.

인적자원개발에 있어서의 사회문화적 요인에 대한 관심은 최근까지 별로 크지 못했다. 인적자원개발의 사회문화적 기반을 분석하는 것이나 새로운 교육과정의 적용에 대한 문화적 장애요소를 분석하는 연구가 앞으로 더 많이 이루어져야 한다. 이를 위해서는 현지의 문화와 상황에 맞는 다양한 교육방법, 적합한 사례의 개발 등이 병행되어야 할 필요가 있다.

3. 맺음말

각국의 경제가 세계화됨에 따라 국제 비즈니스에서의 국경개념이 희박해지고 있다. 또한 과거 어느 때보다 많은 기업이 자국외의 지역에서 경제활동을 전개하고 있다. 이와 같은 경제활동의 변화는 이문화적인 환경에서 경영활동을 확대시키고 있으며, 문화적 배경과 가치체계가 상이한 인력이 공존하는 일터(Workplace)의 증가를 가져오게 되었다.

해외진출 한국기업은 특히, 이문화적(Cross cultural) 환경에서 어떻게 조직의 시너지효과를 창출하여 경쟁력을 제고할 수 있을 것인지가 글로벌경영의 성패를 결정지을 수 있는 중요한 요인으로 고려해야 할 것이다. 문화적인 배경과 가치체계가 다른 환경에서의 인적자원개발은 국내에서의 일반적인 방법과는 차별화된 접근전략과 실천논리가 필요할 것으로 생각된다. 그러나, 해외진출시 위와 같은 요인을 얼마나 고려했는지 성찰해 볼 필요가 있다. 미래를 위한 중장기적인 발전계획이나, 비전을 제시하지 못하고, 생산비용의 절감차원에서 임기응변적인 대응만을 해오지는 않았는지, 특별한 문제없이 경영활동이 이루어진다고 해서 잠재적인 문제에 대한 분석, 특히 기업을 구성하고 있는 현지채용인력들이 어떤 생각을 갖고, 기업활동에 임하고 있는지 얼마나 관심을 가졌는지 생각해볼 필요가 있다. 현지채용인력 양성과정 속에 현채인은 존재하는가?

그들의 목소리는 얼마나 반영되어 있는가? 한국인의 생각 속에 그들은 언제나 주변인으로만 인식되는 것은 아닌가? 이제까지 제기되지 않았던 새로운 질문에 대한 관심을 갖고 연구해야 할 필요가 있다. 우리는 어느새 현재의 체제와 사고방식을 무의식적으로 받아들이고, 그 안에서 어떻게든 해결방법을 찾아보려고 노력하고 있다. 한국사람의 생각으로 만든 교육과정에 참가하는 현채인들은 당연히 그 안에서 나름대로의 성과를 얻으려고 노력할 것이라는 선입관을 갖고 있는지도 모를 일이다. 많은 사람들이 현지경영을 제대로 하려면 현지채용인력을 양성해야 하는 것은 당연하다는 논리를 펴고 있지만, 정작 어떻게 하는 것이 제대로 양성하는 것인지에 대한 연구는 부족한 상황이다. 반드시 돌출되는 문제, 사고가 발생했을 경우에만 마지못해 대응하는 불끄기식 접근방법(Reactive Approach)은 근본적인 해결방안이 되지 못할 것이며, 이와 같은 사고방식이 한국기업 전반을 지배한다면 해외진출을 통한 기업경쟁력의 확보는 애초부터 요원한 일이 될지도 모를 일이다.

"해외진출 한국기업, 특히 제조업을 중심으로 한 생산기지를 구축하기 위한 목적에서 진출한 한국기업은 현지인의 역량 및 문화를 무시하고, 한국식 경영기법의 우월성을 주장하는 경우가 많이 있기 때문에"(심원술, 2002), 이러한 관점은 현지인적자원을 개발하는 데 있어서도 매우 중요한 의미를 가진다. 앞에서 언급한 바와 같이 생산기지 구축을 위하여 진출한 기업의 경우, 일반적으로 해당국가의 전체적인 하드웨어적 인프라 및 소프트웨어적인 삶의 질이 낮은 경우가 많기 때문에 진출국가의 사회문화에 대한 편견과 선입견은 결국 현지인의 교육수준에 대한 불신으로 이어지게 된다. 현지인들의 업무수준 향상을 위해서는 결국 모든 것을 일방적으로 전달하고, 모기업의 일괄적인 계획에 의거하여 정해진 틀 내에서 인적자원개발이 이루어져야 한다는 관념을 가지게 된다.

이렇게 모든 인적자원개발의 계획수립과 실행에 대하여 본사의 일괄적인 통제가 발생하게 되면, 결국 현지사업장은 본사 의존도가 높은 형태로 존속될 수 밖에 없을 것이며 이는 현지완결형 경영을 정착시키지 못하는 위험성을 내포하게 될 것이다. 결국 현지인들의 신뢰와 자발적인 참여를 얻지 못하는 현지경영은 성공할 수 없다는 당연한 현실에 직면할 수 밖에 없을 것이다.

기존의 체제(한국기업)내에서 당연하게 인식하고 있는 현채인력의 양성전략은 한국 본사중심의 시각에서 현채인을 바라보는 데에서 출발하고 있다. 교육과정을 설계하고, 개발하는 데에 얼마나 현채인들의 생각이 반영되는지를 성찰해보면, 현장의 목소리는 그다지 긍정적이지 못하다. 교육과정 자체에 국한되지 않고, 한국기업의 인적자원개발 전략 전반에 걸쳐 생각해본다면, 그 의미는 더욱 명확해진다. 얼마나 다양한 시각과 전략이 그곳에 투영되어 있는지 생각해 볼 필요가 있다.

따라서, 한국기업이 해외에 진출하여 현지에 성공적으로 정착하고, 국제적인 경쟁력을 갖추기 위해서는 위와 같은 맥락에서 현지에서 채용한 인력들에 대한 특화된 개발전략(Development Strategy)을 강구해야 할 것이다. 이를 위해서는 이와 같은 문제의식을 기반으로 참여자로서 현채인들의 목소리에 귀를 기울여야 할 필요가 있다. 그것이 글로벌 인적자원을 개발함에 있어서 지속가능성을 높일 수 있는 또 하나의 방법이기 때문이다.

1. 서론

경제의 세계화 추세가 심화 되면서 기업들에게는 전통적인 국경의 개념이 점점 그 의미를 잃어가고 있다. 경쟁 기업보다 앞서서 필요한 자원 및 새로운 시장을 끊임없이 추구해야 하는 압력 때문에 많은 수의 기업들이 생산, 판매, 기술 개발등에 있어서 자신들의 활동 영역을 자국의 경계를 넘어 외국으로 넓혀가고 있다. 비록 여러가지 이유로 해외 진출을 피하고 국내에서의 활동에만 전념하고자 하는 기업들도 원하든 원하지 않든 결국은 국내에 진출해 있는 외국계 기업들과 경쟁을 피할 수 없는 것이 점점 현실이 되어가고 있다.

이와 같은 환경의 변화에 적응하면서 한국의 기업들도 최근 10여년간 해외 경영활동을 활발하게 진행하여 왔다. 이에 따라 국가 전체 차원의 경제규모에서도 기업의 해외 활동이 높은 비중을 차지하게 되었고 그런 추세는 앞으로도 더 늘어날 것으로 보인다. 현재 정부는 다른 나라와 자유무역을 확대시키려고 노력하고 있다. 이러한 정부의 정책 추진 방향과 맞물려 우리나라 기업들의 해외 경영 활동은 양과 질에 있어서 앞으로 더욱 그 중요성이 증대될 것으로 보인다.

이러한 관점에서 글로벌 경영은 더욱 확대될 것이며, 특히 글로벌 경영의 주체인 글로벌 인적자원을 어떻게 확보, 유지, 개발, 활용할 것인지는 그 성패를 가름할 중요한 요소가 될 것이다. 본 장에서는 이러한 문제의 중요성을 인식하여 해외에 진출한 한국기업 가운데 한 사례를 선택하여 분석함으로써 현지인력의 HRD와 경영성과 창출에 대한 시사점을 도출해보고자 한다.

2. 사례소개

본 장에서 소개하고자 하는 B기업 동남아 법인은 1992년 생산을 시작한 이래, 현지에서 수여하는 최우수 외국 기업상을 4회 수상하는 등 현지에서 우수기업으로 인정받고 있다. 이 법인은 제조업을 기반으로 하고 있으며 현재 약 1,500명의 현지인력이 근무하고 있다. 제조업은 특히 한국, 일본, 중국, 대만의 기업들간 경쟁이 치열한 산업으로, 설비의 생산성 못지않게 제조 인력의 질이 제품의 수준을 결정하는 데 중요한 요인이 되는 특성을 갖고 있다. 따라서, 인력의 질이 사업의 성패에 미치는 영향이 크다는 점에서 현지화의 성공요인 중 상당부분을 인적자원개발에서 찾아야 할 당위성이 있다고 할 수 있다.

본 장에서는 해외 진출 기업이 성공적인 현지화를 하기 위해서는 현지채용인력에 대한 인적자원개발이 얼마나 중요한 역할을 하는지 밝히기 위해서 사례를 소개하고자 한다. 그 일환으로 성공 사례인 B기업 동남아 법인을 대상으로 이 법인이 현지화를 진행하면서 경험했던 문제들과 그 문제의 해결방안으로 실시한 적극적인 현지인력개발의 실제적이고 구체적인 내용을 살펴보고자 한다. 지금까지 연구들을 살펴보면 해외파견자에 대한 인재개발에 대한 관심들은 높은 반면에 실제로 현지인들에 대한 인력 개발에 대해서는 개념만 무성할 뿐 실제적인 연구는 많지 않은 편이다. 점점 더 현지화의 필요성이 높아지는 오늘날의 현실에 비추어 볼 때 현지화에 실질적인 시사점을 줄 수 있는 사례 연구가 필요하다고 판단하여 이 연구를 추진하게 되었다. 본 연구에 쓰인 내용들은 주재원, 현채인 간부 등 10여명을 면담하고, 실제적인 법인 운영을 관찰한 자료에 기초하였다.

1) 사례 개요

B기업 동남아 법인은 직원들이 최고의 기업에 근무하는 자긍심을 갖도록 하기 위해 인적자원관리를 하나의 전체적인 시스템적 관점에서 추진하고 있다. 인적자원관리는 채용 프로세스에서부터 시작된다. 제조라인의 작업자까지도 반드시 법인장과 인사주재원이 직접 면접을 함으로써, 새로 입사하는 현지인들이 자신이 회사에서 관심을 받는 존재라는 인식을 입사초기부터 갖도록 하고 있다.

인적자원관리는 현채인 교육, 현채인 주관 개선 활동, 사내규정 준수 활동, 복리후생 제도의 확충 등으로 구성되어 있으며, 특히 현채인 교육은 전체 인적자원관리와 밀접하게 연계되어 있다. 이와 같은 인적자원관리 체계에 대하여 인사부문 주재원은 다음과 같이 밝히고 있다.

"해외법인의 성패는 현채인 교육에 달려있다. 교육이 제대로 되면, 인사관리의 문제도 자연스럽게 해결될 수 있으며, 생산성도 올라가게 되어 있다. 이를 법인장부터 시작하여 모든 부서장들이 이해하고 실천하려는 마인드가 중요하다. 교육이 교육만을 위해서 존재하거나, 얼마만큼 교육을 했다라는 점만 강조해서는 효과가 전혀 없다. 교육이 법인 경영에 도움이 된다는 확신을 주어야 한다. 따라서 직무역량 교육부터 시작해서, OJT를 체계적으로 실시하고 반드시 기록으로 남기고 있다. 신입사원과 전배사원을 위해서는 물론이거니와, 해당 업무 담당자가 자리를 비우거나 바뀌는 경우를 대비해야 할 필요가 있다."

2) 현지인적자원개발 체계수립의 과정

(1) 법인 설립초기 교육

처음 생산을 시작한 이후, 현지에 부임한 법인장과 주재원들은 장기적인 발전을 위해서는 현지화의 성공여부가 핵심이 될 것으로 인식하였다. 현지화의 성공을 위해서 가장 필요한 것은 현채인에 대한 업무위양이며, 이를 위해서 현채인의 업무역량 향상이 필수적인 요소임을 인식하여, 이를 법인장의 경영비전으로 확립하게 되었다. 또한, 기본을 지키는 법인문화 정착을 위하여, 채용프로세스를 확립하기로 하고, 양질의 인력을 법인장 또는 인사주재원 입회하에 직접 채용 후 입문교육을 철저히 시행함으로써 인력관리를 시작하였다.

무엇보다도 법인 초기교육의 핵심적인 요소로서 교육자료 확보의 중요성을 인식하게 되었던 것이 현지 인적자원개발의 효시가 되었다고 할 수 있다. 교육자료 확보를 위한 첫 번째 단계로 법인

문화 정착을 위하여 B기업 본사에서 사용하는 자료의 현지어 번역을 통해서 기본교육자료 확보 및 근간으로 삼을 수 있게 되었다. 두 번째 단계로, 초기 한국 본사연수자의 학습자료 및 업무를 정리하여 부서별 직능교육의 근간으로 삼았다. 이는 연수 노하우의 공유를 통하여 본사연수인력을 사내강사요원으로 양성하고, 이들을 보조할 수 있는 인력을 육성하여 궁극적으로 사내강사를 복수인원으로 만듦으로써, 현지법인에서 자체적으로 현채인 육성을 해나갈 수 있는 자생력을 확보하였다. 특히, 사내강사는 법인의 핵심인력으로 인식할 수 있도록 제도적인 지원장치를 마련하여, 누구나 강사로 임명되기를 바라는 단계에 이르도록 노력하였다. 세 번째로, 주재원에 의한 현채인 인력육성을 들 수 있다. 현채인 인력육성은 업무능력을 감안하여 핵심인력을 선정하고, 생산 초창기에는 아침 조회시간, 재고조사 시간을 이용하여 교육하되, 현채인 중 우수사원을 지명하여 교육을 담당하도록 하여 자긍심을 고취시킴으로써 스스로 동기가 부여되어, 학습의욕을 제고시키는 효과를 도모하였다.

(2) 교육의 체계화

법인초기부터 각 부문별로 형성되기 시작한 현지인력 양성을 통한 현지화 경영은 ISO 9000 품질 인증심사를 위한 준비를 통하여 교육의 체계적인 정립에 있어서 결정적인 모멘텀을 제공하게 되었다. 품질인증을 받기 위한 준비를 추진하면서, 각 부서에 산재되어 있던 교육자료, 업무매뉴얼 등을 취합하는 과정에서 체계화가 점진적으로 이루어지게 된 것이다. 이렇게 체계화된 교육자료, 업무매뉴얼은 현재의 각 부서별 직무역량 육성체계의 기반이 되었다. 교육과정의 구성을 위해서 기본적으로 필요한 교육자료의 확보를 생산 및 품질활동과 연계된 ISO 품질인증 심사를 통하여 이루어내게 된 것이다. 이를 통하여, 그때까지 공감대 형성이 부족했던 제조부서의 협조를 얻어낼 수 있게 되었다.

이러한 결과를 낳은 주요 요인으로는 법인장 및 주재원의 확고한 의지로 동기를 부여시킨 점을 들 수 있다. 현지에 진출한 거의 모든 외국기업이 ISO 9000 인증을 획득했으나, 교육과정의 체계적인 실시는 형식에 그쳤는데 이는 인증자체보다 실천의지에 따른 차이가 극명하게 드러나는 대목이라고 할 수 있다.

법인 인사부서에서는 교육과정을 개설함에 있어서, 현업부서에서 부담을 가지지 않는 시간단위 소강좌 개념으로 접근하였다. 생산이 바쁘게 이루어져야 하는 제조사업장의 특성상 본사와 같은 합숙형 연수, 장기간이 투입되는 교육과정 중심으로 시작하면, 정착이 어려울 것으로 예상하였기 때문이다. 즉, 신입사원의 입문교육에 대한 평가와 부서별 OJT로 인력의 투입관리를 강화하되, 기존사원에 대한 교육은 업무공백의 부담을 최소화하도록 교육과정을 소모듈화하여 잘게 쪼개주는 복합전략을 적용하였다.

법인 인사주재원과의 면담에서 도출된 시사점은 생산부서장을 설득할 수 있는 신념과 확신이 있지 않고서는 성공할 수 없으며, 교육 때문에 생산에 지장을 받는다는 불평에 효과적으로 대응할 수 있어야 한다는 점이다. 때로는 융통성을 발휘하여야 하나, 연간/월간단위 계획에 의거하여 정기적, 제도적인 교육이 이루어져야 하며, 즉흥적으로 실시하는 것은 지속성과 정착도가 낮았다는 점 또한 시사하는 바가 크다.

이를 위해서 교육은 초기에 현업부서의 직무능력교육 위주로 시작해야 했다. 특히, 생산법인에 있어서 제조현장이 교육에 부담을 느끼면 지속적인 실시가 어렵기 때문에 교육부서는 현업의 고민을 어떻게 풀어줘야 할 것인지 고려해야 했다. 이를 위하여 현업부서에서 이루어지는 30분이상의 교육에는 교육점수를 부여하여 승격 등 인사제도에서 혜택을 볼 수 있도록 하고 있으며, 전 법인차원의 교육은 2시간 이상에 대하여 교육점수를 부여하고 있다. 결국 모든 부서가 인적자원개발에 대하여 부담 없이 접근하도록 하면서 실질적으로 경영에 도움이 되는 컨텐츠로 시작한 것이 현재의 수준에 이를 수 있도록 하는 성공요인이라고 할 수 있다.

(3) 인적자원활용의 현지화

현재, B기업 법인은 현채인을 주요 직무에 활용하고 있다. 또, 실무적인 사안에 대해서는 현지인에 의한 현지인 관리가 이루어지고 있다. 당연한 말처럼 보이지만 사실 이것은 현지화 경영에 있어서 매우 중요한 요인이다. 관리 직무를 맡길 정도의 능력과 자질을 갖춘 인력을 발굴하고 양성하는 것은 장기적인 시간이 필요하기 때문에 많은 기업에서 이를 제대로 실행하지 못하고 있다.

주재원들은 조정자(Coordinator)라는 이름으로 조직운영의 조언기능, 의사결정상의 합의기능을 위주로 역할을 부여하고, 주로 본사와의 의견조정, 의사소통 기능을 수행하되, 현지에서 발생하는 일상적인 관리활동들은 대부분 현채인 간부들에게 위양되어 있다. 이러한 인적자원의 활용은 현채인에 대한 교육을 기반으로 하고 있으며, 앞으로 사원들의 소속감이나 자긍심이 더욱 높아질 것으로 기대되고 있다. 연구기간 중 인터뷰한 제조부서 주재원(차장, 근무 6년차)은 다음과 같이 말하였다.

"해외법인에서는 보통 원가절감, 생산우선을 제일목표로 내세우지만, 이것을 근본적으로 이루기 위해서는 현채인들이 자발적, 적극적으로 업무에 임할 수 있는 환경을 만들어줘야 한다. 외국회사에서, 특히 주재원들이 모든 권한을 가지고 있는 회사에서 현채인들이 무슨 비전을 갖고 일을 하겠는가? 그들을 격려하고 잘하는 사람을 역할모델로 세워서 그의 지식과 노하우를 전 현채인들이 공유하도록 하는 것이 매우 중요하다.

또한 교육을 통하여 현채인들이 자기계발을 할 수 있도록 하고 스스로 이를 느끼도록 하는 것이 이들의 적극성과 자발적인 업무추진을 이끌어내는 원동력이 될 수 있다. 6년간 생산을 하면서 이를 느꼈고, 교육과 업무 노하우 공유를 하는 것과 안하는 것은 업무수행에 있어서 엄청난 시간단축과 비용절감의 차이를 가져올 수 있음을 체험하고 있다."

즉, 회사 내에서 자신이 발휘할 수 있는 역할을 확대시켜 회사가 자신들에게 관심을 갖고 역량을 개발해주는 것에 대한 만족감과 자기발전에 대한 의욕을 고취하고 있다. 이는 자연스럽게 조직관리에 있어서 중요한 역할로 작용하고 있다. 이를 통하여, 안정적인 인력운영이 가능하게 되었다. 숙련된 인력의 안정적 운영은 결국 생산성과 품질에도 긍정적인 효과를 가져오게 되는 것이다. 흔히 해외에 진출한 한국 기업의 주재원들이 현채인은 조직 로열티가 낮고, 이직이 자주 일어나기 때문에 관리하기 어렵다는 얘기를 들어볼 수 있는데, 그러한 문제를 해결하기 위한 한 방편으로 이 법인에서 시행하고 있는 HRD의 사례를 각자의 상황에 적절하게 적용하는 것을 고려할 필요가 있다고 생각된다.

3) 인적자원개발 현황 및 Vision

(1) 교육추진 조직현황

기존에 진행되고 있는 부서별 직능교육을 보완하고, 전문 기술 보유인력에 대한 인센티브를 차별화하여 기술 노하우를 확보하기 위한 B기업 동남아 법인 고유의 직능교육제도를 도입하여 추진하고 있다. 법인 교육조직은 현채인 중심으로 운영하도록 하면서, 기존에 분리되어 있던 품질교육, 기본교육, 혁신교육 부문을 통합하여 시너지 효과를 낼 수 있도록 구성하였다. 세부기능은 자격인증 부문, 전사교육 부문, 직능교육 부문으로 나누어져 있다. 자격인증 부문에서는 인사제도와 연계하여 제조 법인에 적합한 설비보전인력, 품질인증교육, 기타 현업부서의 각 직무에 적합한 자격을 만들고, 평가함으로써 전체적인 생산성 향상에 기여하도록 하고 있다. 전사교육부문은 현채인 중심으로 이루어져 신입사원 입문교육, 각 계층별 리더십교육, 인성교육을 기획하고 운영하며, 직능교육부문은 각 현업부서의 교육리더들과 연계하여, 현업부서의 OJT, 30분~2시간 정도로 구성되는 소단위 교육을 지원하고 있다. 현채인 교육담당자는 다음과 같이 말하고 있다.

"교육팀은 관리하는 부서가 아니라, 도와주는 부서라고 생각한다. 직능교육을 할때도 연간/월간계획을 교육팀 및 사내강사 위원회와 협의하여 결정한다. 사내강사 위원회는 각 부서에서 정말로 필요한 과정을 개설하는지 체크하고 협의하게 된다. 또한, 교육을 실시하는 문제에 대해서 회사가 정책으로 공표하는 것이 중요하다고 생각한다. 각 부서장 및 사원들은 회사의 정책에 따라야 하기 때문이다. 물론 처음부터 잘 된 것은 아니다. 처음에는 각 부서별로 실시되던 OJT 자료를 모으고 이를 ISO 9000 인증심사와 연계하여 매뉴얼화시켰다. 다른 신설법인에서 이러한 일을 하려면 많은 시간이 소요되겠지만, 하나의 부서를 시범조직화하여 시행해보면 좋을 것 같다. 예를 6시그마 활동에 참여하는 직원들을 각 부서별로 모아서 시행하는 것도 좋을 것이다."

실제로 현업부서에서 실시되는 교육과정에는 교육팀원들이 방문하여 교육과정 개설 및 교재/매뉴얼 제작과 활용에까지 조언을 해주고 있다. 이렇게 제작된 교재와 매뉴얼은 각 부서에 비치하여 새로운 업무담당자 교육에 활용하거나, 업무 중 필요한 사항을 찾아볼 수 있도록 하고 있으며, 교육팀에서는 각 부서의 매뉴얼 현황을 수시로 체크하여 타 부서와 교류할 수 있도록 하는 퍼실리테이터의 기능을 수행하고 있다. 이 법인의 교육운영 프로세스는 다음과 같이 정리해볼 수 있다.

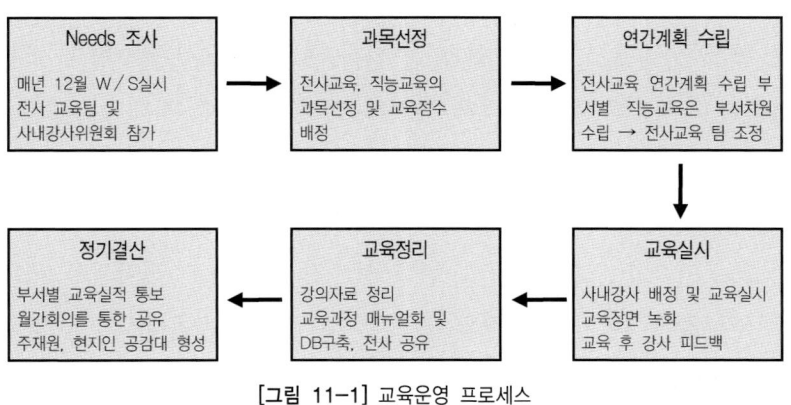

[그림 11-1] 교육운영 프로세스

[그림 11-1]에서와 같이 교육 니즈 조사와 과목 선정에서부터 현

채인들이 중심이 된 프로세스가 정립되어 있으며, 특히 교육부서는 현업의 우수인력으로 이루어진 사내강사위원회와 연계하여 교육과 정을 설계/운영하고 있다. 법인의 현채인 활용은 사내강사위원회로 집대성되어 나타나고 있다. 이러한 관점에서 볼 때 HRD부서가 얼마나 현장에 다가가려는 노력을 하느냐가 전사적인 HRD의 수준을 높이고, 현업부서의 참여를 이끌어내는 주요 동인이 될 수 있다는 것을 알 수 있다. 이 같은 사례는 학습조직, CoP와 같은 활동을 촉진함에 있어서 HRD 부서가 어떤 역할을 해야 하는지에 대한 시사점도 함께 제공한다.

(2) 사내강사 양성 및 활용체계

사내강사는 현업부서 내 강사와 전사 사내강사로 분류되어 있다. 현업부서 내 강사는 담당업무에 전문성과 경험을 갖고 있으면 누구나 역할을 수행할 수 있으나, 전사 사내 강사는 3단계로 등급이 구분되어 있다. 처음 사내강사로 선정되기 위해서는 부서장의 추천을 받은 인력들로 필기시험과, 면접을 거쳐서 나온 점수별로 차등화하여 A,B,C의 등급을 각각 부여하고 있다. 현재, 사내강사들은 1년에 1회 테스트를 통하여 자격을 연장하고 있으며, 통과하지 못한 사람들은 자격을 일단 취소하고, 1년 후에 재도전할 수 있도록 기회를 부여하고 있다. 신규로 선발되는 강사의 경우 전사교육 사내강사의 불합격률이 10%정도로 나타나고 있다. 기존강사들도 강의 후에 교육생들이 실시하는 강사평가점수가 70점 미만인 경우가 2회 누적시 자격을 취소하고 있다.

사내강사제도가 도입된 초기에는 주재원의 지시에 의해서 결정되는 경우가 많이 있었으나, 현재는 대부분의 현안은 사내강사 위원회에서 월 1회 미팅을 통해서 의사결정이 이루어지고 있으며, 주재원들은 거의 관여하지 않고 있다. 사내강사는 한 과목에 대하여 복수 및 다수로 구성되어 있기 때문에 한 사람에게 집중되는 경우는 거의 없어서 설령 강사인력이 퇴직을 하는 경우가 발생하더라도 전체적인 교육운영에는 큰 무리가 따르지 않고 있다. 사내강사의 경우에는 승격심사에서 가점을 부여하며, 핵심인력으로 인정받기 때문에 강사로 선발되는 것이 모든 현채인력들의 직장내 성장 비전으로 자리 잡고 있다(현채인 교육과장의 인터뷰, 입사 10년차).

사내강사의 경우 등급별로 차등 운영되지만, 1년에 한 번씩 평가를 통해 사내강사의 등급을 올릴 수 있는 기회를 부여하고 있다. 또한, 법인장이 직접 간담회를 통해서 사내강사를 통해 현장의 의견을 청취하기 때문에 의사소통 채널을 마련하는 효과를 함께 보고 있다. 또, 사내강사의 역량을 제고하기 위해서 사외에서 전문가를 초청하여 보수교육을 실시하고 있다, 전사교육부문에서는 전사 사내강사를 관리/지원하고 있으며, 직능교육 부문에서는 현업부서의 강사들을 관리하고 있다. 다음의 사내강사(입사 9년차)의 말은 법인설립 초기부터 지속적으로 진행되어 온 현채인 양성과 활용을 위한 과정이 담겨있다.

"법인설립 초기부터 근무한 전사교육 사내강사로서, 현재 설비보전 교육 및 리더십 교육을 주로하고 있다. 법인설립 초기에는 교육이 거의 없이 생산에만 전념했다. 그러나, 문제가 생기는 부분부터 주재원들이 교육을 하고, 조회 등 자투리 시간을 이용하여 현채인들이 교육을 직접 실시하도록 함으로써, 자료축적 및 노하우가 공유되는 효과를 낳았다. 처음에 주재원이나 본사에서 출장자들이 와서 실시하는 교육자료는 모두 한국어여서 잘 이해를 하지 못하였고, 그들의 영어나 현지어 수준도 의사소통하기에는 어려움이 많았다. 초기에는 한국기업의 문화에 적응하지 못하는 사원들이 대거 퇴사하고, 생산인력이 자주 교체되는 등, 어려움을 겪었다. 그러나, 지속적으로 취지를 설명하고 이해를 구한 결과 조금씩 공감대가 형성되었다. 동시에 어려움을 겪는 사원들의 용기를 북돋워주고, 팀 활성화 활동, 각종 인센티브 등을 제공하며 팀웍을 다지게 되었다. 이러한 과정을 통하여 조금씩 법인이 안정되고, 그동안 축적된 자료들을 교재화시키면서 자연스러운 결과로 현재의 교육체계가 갖추어지게 되었다."

(3) 인사제도와 교육의 연계

법인에서 실시되는 교육이나 자격증은 반드시 인사제도와 연계시켜, 인사고과 및 승격, 보상에까지 활용되고 있다. 일례로 대졸사원의 승격심사항목은 <표 11-1>과 같이 구성되어 있다.

〈표 11-1〉 승격심사항목

항목	고과	직급 체류기간	교육이수점수	사내강사 인센티브
배점	60	20	20	A급 10점, B급 5점, C급 3점

100점을 만점으로 하는 승격 심사 시에는 사내강사 인력에 대해서는 가점이 최대 10점까지 부여됨으로써 검증된 우수인력에 대해서 높은 평가가 이루어지도록 제도화한 점이 두드러진 특징이라고 할 수 있다. 또, 직무와 관련된 교육을 이수하고 해당되는 자격증

을 보유한 인력에 대해서는 금전적인 보상으로 연계하여 동기를 유발하고 있다.

사내 자격증 종류는 설비보전과 품질인증 자격증을 최고수준인 명장~4급까지 최대 4배까지의 시상금을 차등지급하고, 자격을 취득한 경우 발탁승격을 부여하는 등 인센티브 제도를 시행하고 있다. 반면, 안전에 주의해야 하는 설비운전의 경우는 사내에서 부여하는 자격제도에 불합격하는 경우에는 직무를 수행하지 못하도록 규정을 시행하고 있기도 하다.

3. HRD 전략 분석

위에서 소개한 사례를 HRD 전략적 차원에서 재해석함으로써 적용에 있어 시사점과 방안을 도출하고자 한다. 우선 전략을 거시적 차원과 미시적 차원으로 분류하여 살펴보면 다음과 같다.

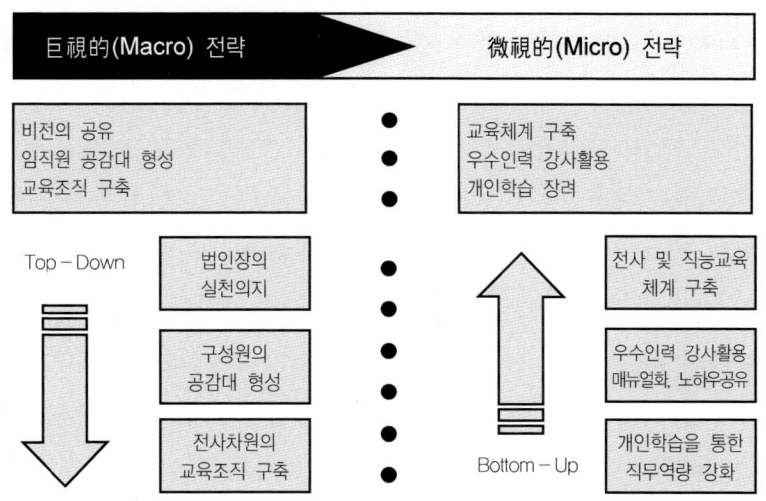

[그림 11-2] 현지 인적자원개발전략의 프레임웍

1) 거시적(巨視的) 전략

(1) 비전의 공유

동남아 법인의 법인장은 한국에서 파견한 임원이 담당해오고 있으며, 현재 세번째 법인장이 담당하고 있다. 초기에 부임한 법인장부터 현재에 이르기까지 비전을 공유한 것이 일관된 정책을 추진해나갈 수 있는 기반이 되었다. 법인장은 특히 이제까지의 해외 제조법인의 경쟁력은 제품품질, 제조원가 절감, 납기준수 등의 외형적, 결과적 요인이 좌우했으나 향후 해외법인의 경쟁력을 확보하기 위해서는 이러한 외형적인 현상의 근저에 있는 인적자원의 경쟁력 제고로 그 중심이 이동해야 함을 인식하였다. 따라서 기회가 있을 때마다 현채인 직원의 경쟁력을 제고하여, 현채인 활용의 중요성을 강조하였다. 이를 통하여 현업부서장들에게 공감대 형성 및 반드시 달성해야 할 목표로 인식되게 되었다.

주재원들은 현채인 교육의 중요성에 대하여 더욱 강하게 인식하게 되어, 교육은 "하면 좋은 것"이 아니라, 경영의 중요한 수단으로서 "생존의 차원에서 반드시 해야 하는 것"이라는 공감대가 형성되었다. 특히, 해외사업장 운영의 성패는 현채인력을 얼마나 잘 활용하느냐에 달려있으며, 이를 위한 기반으로는 교육이 정착되어야 한다는 것을 인식한 것이 주요 요인이라고 할 수 있다. 현채인 교육이 제대로 되면, 모든 구성원들이 교육에 참여하게 됨으로써 현채인들의 마음을 헤아릴 수 있음은 물론 생각과 마음을 하나로 모을 수 있는 계기가 되어 생산성도 올라가게 되어 있다는 점을 인식하고 현장에 적용한 점이 성공적인 현지화의 동인으로 분석해볼 수 있다.

(2) 임직원의 공감대 형성

교육이 생산과 경영에 도움이 된다는 확신을 주기 위하여, 초기에 입문교육과 현업부서 기능교육을 중심으로 추진하였다. 특히, 생산 물량증가로 인하여 납기 준수에 어려움을 겪는다고 해서 경험이 일천한 신입사원을 입문교육 없이 현장에 배치하는 것은 더 큰 불량만을 초래할 뿐이라는 인식을 가지고, 계획에 의거한 체계적인 OJT를 실시하고, 관련 자료를 반드시 조직의 지식으로 축적하는 노력을 지속적으로 시행하였다.

모든 직원의 공감대를 형성하기 위하여 제조업의 특성을 제시하였다. 제조업은 거래선들이 공장을 직접 방문하여 생산현장을 진단(auditing)한 후에 제품의 구매여부를 판단하는 형태이므로 제조 사업장의 이미지가 매우 중요하며, 이를 위하여 교육의 체계적인 실시는 거래선에게 신뢰감을 심어줄 수 있는 주요 요인이 된다는 점을 강조하였다. 즉, 교육을 체계적으로 꾸준히 실시하는 것은 경영에도 직접적으로 도움이 된다는 점을 인식시키기 위하여 노력한 것이다.

또한, 현채인 핵심인력을 양성하여 변화관리 추진자(Change Agent)로 활용하였다. 자신감을 심어주고, 회사에서 인정받는 존재라는 점을 지속적으로 인식시켜서 다른 현채인들의 마음을 하나로 모으고, 참여시키는 역할을 수행하도록 하였다. 법인의 현채인 핵심인력은 사내강사를 맡으면서 각종 교육과정에서 강의를 하면서 회사의 조직문화와 경영철학이 확산될 수 있도록 하였다. 해외거점을 운영할 때 현채인들이 자주 퇴사하고 다른 곳으로 이직하는 문제 때문에 법인에서 임직원에 투자하고 양성하는 것을 주저하는 경우를 흔히 볼 수 있다. 그러나 이 법인에서는 오히려 더욱 적극적으로 투자하고, 이를 공유하도록 함으로써 우수인력의 노하우를 조직 전체가 공유하고 체화할 수 있도록 했다. 특히 사소한 내용도 정리하고 축적하는 기록문화를 정착시키는 것이 성공의 중요한 요인이라고 할 수 있다.

진정한 현지화 경영은 업무의 위양이 이루어져야 하는데 잘하는 사람을 격려하고 역할모델(Role Model)로 활용하는 것이 중요하다. 이를 위하여, 현채인의 업무역량을 높여줘야 한다. 회사에 근무함으로써 조금씩 배우는 것이 있고, 자신의 능력이 향상된다는 생각을 가짐으로써 업무의 만족도가 높아지게 되고, 결과적으로 역량있는 인력이 모일 수 있도록 하였다.

(3) 교육조직 구축

법인이 성공적으로 현지화 된 인적자원개발을 추진하고 있는 데에는 현채인이 중심이 된 교육조직이 기반이 되었다. 부서별 교육조직은 부서별 핵심 현채인을 교육 리더로 임명하여 현업부서 기능교육 강화함으로써 지식 및 노하우 공유의 기반이 되었다. 부서별 교육 리더는 직능교육 담당으로서 신입사원 교육 및 기존사원의 수준을 높이는 역할을 수행하고 있다.

전사 교육조직은 기존에 분리 운영되던 인사팀 내 교육부문, 생산성 교육부문, 품질 교육부문을 통합하여 유기적인 협조체제를 구축하였으며, 전사교육을 주관하며, 각 부서별 직능교육을 조율하는 기능을 수행하고 있다.

전사 교육조직은 법인자체 내 자격제도를 추진하기 위한 조직으로서 기능하며 인사와 교육의 연계를 통한 법인 경쟁력을 강화하고 있으며, 지식공유센터의 기능을 수행하며 한국어 교재 및 영문

교재의 현지어 번역을 통한 교육자료의 축적, 기존교재의 업그레이드 작업을 통하여, 부서별로 교재를 보관 공유하며 법인 홈페이지를 통하여 교육자료를 다운로드 받아볼 수 있도록 서비스를 제공하고 있다.

2) 미시적(微視的) 전략

(1) 교육체계 구축

교육은 경영의 성과와 직접적으로 연결되어야 한다는 전제를 가지고, 생산성 교육, 품질교육, 기본교육의 통합을 통하여 교육센터로서의 시너지 효과를 높이고 합리화 및 품질담당자들에게 사명의식을 부여하여 회사를 이끌어나가는 인력으로서의 자긍심을 제고하였다. 각 직능별 사내강사 위원회와 교육센터와의 협의를 통하여 교육내용을 결정하였다. 교육체계를 전사교육(계층교육, 생산성교육, 품질교육)과 직능교육(현업부서별 교육)으로 이원화하되, 엄격한 강사관리를 통하여 "사내강사 = 핵심인력"의 개념을 정착시켰다. 결과적으로 핵심 현채인 양성을 통하여 기본방향을 제시하면서 스스로 준비하고 노력하는 문화가 정착되었다. 핵심인력 양성 및 활용에는 조직관리 차원의 정성과 노력이 필요함을 알 수 있다.

또한, 법인초기부터 교육과정으로 개발할 수 있는 내용을 축적하고 아무리 짧은 교육이라도 받은 내용은 반드시 정리하도록 정책적으로 추진하였다. 또한 제조사업장의 특성을 살려서, 업무시작 전 조회시간이나 자재 재고조사 기간 등 제조라인이 쉬는 시간을 이용하여 이를 공유하도록 하였다. 교육내용을 되도록 세분화하여 소강좌 중심으로 운영함으로써 현업부서에서 부담을 갖지 않도록 한 것도 중요한 성공요인 중의 하나로 평가할 수 있다.

(2) 현채인 핵심인력의 강사활용

현채인 핵심인력의 강사활용은 앞에서도 소개를 했지만 가장 중요한 성공요인 중 하나이다. 현채인에 의한 현채인 육성과 관리가 가능하도록 한 데에는 이와 같은 사내강사 제도가 기초가 되었다. 사내강사 제도는 차별화된 보상이나 인센티브를 부여할 때 가장 거부감이 적게 들면서 효과적으로 우수한 인력들을 선발할 수 있는 장점이 있다는 것이 이 법인 담당자들의 전언이다.

근무태도, 업무역량 등이 우수한 인력을 중심으로 중간관리자를 선발하여 주재원에 의한 집중 업무지도 및 본사연수를 실시하여, 본사와 생산법인간 유대감을 형성하도록 하고, 차별화된 보상을 부여함으로써 자긍심을 제고시켰다. 이렇게 양성된 사내강사는 해당 부문 부서장급 주재원이 교육자료를 제공하고 업무를 위양함으로써 핵심인력화하였고, 이는 지식 및 업무 노하우 공유를 통한 부서 전체의 업무역량을 높이는 효과를 가져왔다. 특히 본사 연수제도에 참여한 인력들은 스스로의 자긍심도 제고함과 동시에, 본사에 인적 네트웍을 구축할 수 있게 되어 평소의 업무 수행에도 많은 도움을 받게 되는 복합적 효과를 얻게 되었다.

(3) 개인학습을 통한 직무역량 강화

초기의 교육은 개인의 업무를 체계적으로 정리하여 공유하는 수준부터 시작함으로써, 업무의 매뉴얼화와 교육자료 정리는 모두 현채인에 의하여 이루어졌다. 선발된 사내강사에 대한 차별화된 보상은 임직원 개인들이 스스로 학습하고 역량을 개발하면 회사 내에서 성장할 수 있다는 비전을 가질 수 있도록 하였으며, 이는 학습하는 문화를 형성하는 데 큰 도움이 되었다.

임직원 각자가 개인학습을 통해서 공부하는 문화가 자연스럽게 형성된 것은 무엇보다도 큰 성과라는 것이 인터뷰 참가자들의 이야기이다. 공부하고 노력함으로써 직무역량이 강화되는 것은 개인과 조직의 발전을 동시에 도모할 수 있는 것이며, 또한 조직과 개인의 일체감 형성을 통해서 한 방향으로 업무 성과를 창출하는 데 큰 동력이 되는 것이다. 무엇으로서 현채인들에게 성장 비전을 심어주고 업무에 열정을 갖도록 할 것인가. 그러한 질문에 대하여 일하면서 시간이 갈수록 개인의 성장을 함께 이룰 수 있다는 생각을 갖게 하는 것이 좋은 해답이 될 수 있다. 현채인력의 HRD는 바로 이러한 관점에서 접근하는 것이 성공의 열쇠가 될 수 있다는 한 단서를 이 법인의 사례를 통해서 얻을 수 있다.

4. 시사점 및 제언

B기업 동남아 법인의 사례를 통해서 살펴본 진출국가 현채인 인적자원개발과 활용은 사업진출국가의 문화 환경 속에서 현채인의 특성을 이해하려는 노력이 선행되어야 현지화 경영을 정착시킬 수 있음을 시사하고 있다. 해외에 진출하는 한국 기업들 중에 많은 기업들이 특히 우리나라 보다 경제적 수준이 떨어지는 곳으로 진출했을 때 그곳의 관행과 현지인들이 원하는 것들에 대해서 우리와 동등한 수준에 놓고 먼저 이해를 하려 하지 않고 한국에서 사용하

는 제도가 더 우월하다는 선입견과 가정하에 한국식으로 따라 오도록 하는 경우들이 많이 있다. 고용주인 한국 기업의 입장에서 한국의 제도나 사고방식을 현지인들에게 그대로 따라오라고 강요하는 것이 단기적으로는 더 쉽고 비용도 저렴한 것처럼 보이지만 장기적으로는 그곳의 사회 문화 환경과 갈등을 일으킬 경우 더 큰 문제로 발전할 가능성이 높다.

그런 이유 때문에 요즘은 현지화가 많이 거론되고 있으나 막상 그런 이야기를 하는 기업들도 자세히 살펴보면 수사적인 표현에 머무는 경우가 대부분이다. 실제로 현채인들에 대한 개발과 교육을 중요하게 생각해서 즉흥적이 아닌 장기적이고 전략적으로 이 문제에 접근하는 기업은 매우 드물어 보인다. 아마 이는 현지인들이 원하는 것과 필요한 것들을 파악해서 그 정보에 의해 현지인들에게 맞고 동기부여 시킬 수 있는 프로그램들을 개발하고 진행하는 일에 금전적으로나 시간적으로 많은 투자를 기울여야 하는 것이 어렵기 때문에 그렇지 않을까 생각된다. 그러나 이 법인의 사례를 살펴보면 그런 투자를 정성껏 기울이면 결국 기업에 돌아오는 도움이 더 많다는 점을 시사하고 있다.

그 외에 교육 방법에 있어서도, 본사에서 이루어지는 장기적인 양성교육이나 경비가 많이 소요되는 교육과정을 통하지 않더라도, 현장중심의 소단위 교육을 활성화함으로써 학습이 일상화되도록 하면서도 생산 활동에 지장을 받는 것을 최소화 하는 해결책을 찾을 수 있다는 점도 좋은 시사점이라고 생각된다. 또한 보통 현지화와 관련해서 지식경영의 중요성을 이야기 하는 경우가 아주 드물지만 본 사례를 통해서 느낄 수 있는 점 중에 하나는 교육 및 직무에 관련한 정보들을 일일이 정리하여 회사 안에 축적하고 공유할 수 있는 지식의 형태로 만들어 활용을 극대화 시키는 지식경영도 성공적인 현지화에 한몫을 담당한다는 점도 배울 점이라고 생각된다.

현채인이 소속감을 가지고, 외국인 기업에서 근무하도록 조직 몰입도를 높이는 일은 현지화 경영에 대단히 중요한 성공요인이 될 수 있다. 일반적으로 경영진은 본사에서 파견되는 점을 감안할 때 현지인들이 아무리 잘하고 열심히 한다고 해도 승진 등에 한계가 있다고 생각하게 되면 아무래도 일에 대한 의욕이나 회사에 대한 소속감도 떨어지게 될 것이다. 이러한 제도적 한계를 극복하기 위한 방법으로 현지경영에 있어서 체계화된 교육이 이루어지도록 함으로써, 현지직원들의 관심을 학습과 업무역량 향상에 집중하도록 하는 것은 생산성과 효율향상을 통한 경영성과 제고 뿐 아니라, 건강한 조직문화를 형성하는 데 긍정적인 효과를 미치고 있음을 알 수 있다.

또한 본사에서 파견된 주재원들이 영어를 제외하고는 현채인들의 언어를 배우려고 노력하는 경우가 아주 드문데 힘이 들더라도 현채인들과의 의사소통을 되도록 현지어로 하려고 배우고 노력하게 되면 현채인들에 대한 조직관리 및 교류에 있어서 상당히 긍정적인 영향을 미치고 있음을 사례를 통하여 알 수 있다.

인사제도와 교육의 연계는 어느 국가에서나 중요한 인적자원관리의 방침이다. 보여주기 위한 교육이나, 현지 직원들에게 그저 요식성으로 실시하는 행사성 교육은 큰 의미가 없을 것이다. 선진교육기법보다 더욱 중요한 것은 실천할 수 있는 교육 시스템을 통하여 기업 문화를 육성하고, 현지사원의 수준향상을 통한 업무 만족도 제고, 업무의 위양을 통한 자생력 확보와 연계하여 직무와 직급에 맞는 역량을 갖춘 인력이 일하는 맛을 느끼며 근무할 수 있도록 하는 경영의 중요한 도구로 활용해야 할 것이다.

사업을 현지국가에서 시작하는 초기에는 체계적인 교육이 정착되기 어려운 점이 있으므로, 업무의 매뉴얼화, 본사 매뉴얼의 현지어화 및 짧은 시간에 업무 노하우를 공유하는 One-Point Lesson의 형태로 자생적인 학습문화가 뿌리내리도록 하는 작업이 선행되어야 할 것이다. 궁극적으로는 해외사업장의 역할을 단순히 인건비나 원자재비 절감을 위한 하청양산형 제조공장으로 인식하는 패러다임을 벗어나서, 자생적으로 사업을 운영해나갈 수 있는 현지완결형 사업장, 본사와 대등한 관계에서 상생할 수 있는 해외 제조기지로 발전시켜나가도록 하는 노력이 필요할 것이다. 해외제조기지를 어떠한 시각에서 바라보느냐하는 관점의 차이는 결국 현지인력을 어느 수준까지, 어떻게 개발하고, 활용할 것인가에 대한 방법의 차이로 나타나기 때문이다.

이 법인의 사례를 살펴보면 무엇보다도 초기의 어려움에 포기하지 않고, 비전과 신념을 가지고 꾸준히 지속적으로 현채인 인적자원개발에 매진한 점이 돋보인다. 적어도 수년간의 지속적인 노력을 통해서 조직이 추구하는 가치와 방향에 대하여 조직 구성원들의 공감대를 형성하고, 적극적인 참여를 이끌어낼 수 있었다. 기업에서 HRD가 경영에 도움이 되고, 필수적인 경영의 파트너로 인식되는 것은 이와 같이 지속적이고 꾸준한 노력이 수반되어야 한다. 문화적 배경과 상황에 따라서 접근하는 방법은 달라질 수 있겠지만 그 기저에 깔려있는 철학은 같은 것이다. 조직문화의 형성을 통하여 학습하는 분위기를 정착시키는 것, 이를 통해서 지속적인 인적자원개발이 가능하도록 만들어가는 것, 여기에 HRD의 도전과 성장의 기회가 있다는 것을 이 사례는 말해주고 있다.

1. 들어가는 글

큰 틀의 사회체제 속에서 변화하는 환경에 적응하는 것은 기업의 생존을 위한 필수적인 조건이 되었다. 오늘날의 기업은 그 변화속도가 더욱 빠르게 진행되는 메가 트렌드 속에서 끊임없이 자신의 현재 위치에 대하여 성찰하고 미래지향적인 길을 찾기 위해 노력해야만 하는 운명적 상황에 놓여있다고 할 수 있다. 기업의 변화를 유도하는 환경적 요인을 살펴 보면 여러 가지가 있겠으나 첫째, 노동력의 본질적 변화로서 문화적 다양성의 중시, 전문가의 증가, 신규사원의 입사 등으로 인하여 촉진되며 둘째, 빠르고 값싼 PC, 새로운 모바일 기기 등 새로운 기술의 도입, 셋째 닷컴 기업의 주가 등락, 유로화 가치의 하락, 미국 엔론 그룹의 몰락 등 경제적 변동요인, 넷째 글로벌 경쟁의 격화, 다섯째 인터넷의 확산, 베이비 붐 세대의 은퇴 등 사회 트렌드의 변화, 마지막으로는 중동의 적대적 분위기 고조, 중국의 시장개방, 9.11 사태를 기점으로 한 대테러 전쟁 등 정치적인 요인을 들고 있다(Robbins, 2003).

분명히 현대의 기업은 예전에 비하여 급변하는 경영환경에 민감해야만 생존하고 발전해나갈 수 있게 된 것은 부인할 수 없는 사실이다. 기업의 변화는 조직구조의 변화, 제도적인 변화, 사람의 변화, 시스템의 변화 등 여러 측면에서 추진될 수 있지만 변화에 대한 저항도 개인적인 차원, 조직적인 차원에서 나타날 수 있다. 이러한 관점에서 볼 때, 변화의 성공여부는 해당 기업의 문화적 가치와 어떻게 접목시킬 것인가에 달려있다고 해도 과언이 아닐 것이다.

기본적으로 HRD는 인적자원의 역량개발을 통한 조직의 변화와 혁신, 그리고 최고 수준의 성과를 창출해야 기업에서 존재의 의미를 찾을 수 있다. 조직혁신과 기업문화라는 화두는 한국기업에서 HRD가 개인 역량개발 차원에 투여하는 관심과 비교하여 상대적으로 작은 비중을 차지하여 온 것을 부인하기 어렵다. HRD의 지속가능성을 제고하기 위해서는 이러한 조직의 변화, 기업문화의 변화와 접목되어야 한다는 관점에서 기업문화 혁신의 과정을 살펴보는 것은 의미가 있을 것이다.

기업문화란 일반적으로 기업 구성원들이 공유하고 있는 가치관, 신념, 전통, 의식구조, 행동양식 등의 패턴으로서 기업 내의 모든 개인이나 집단의 행동에 영향을 미치는 요소를 말한다(Schein, 2004). 따라서, 기업문화는 새로운 제도나 정책이 시행될때 영향을 주고받는 관련 참여자들의 가치관에 적합한지에 대한 적실성(適實性) 차원과 이를 얼마나 능동적으로 받아들일 것인가에 대한 수용성 차원으로 생각해볼 수 있다.

먼저 적실성의 관점에서 기업문화를 논의해보면, 기업문화의 혁신과 조직변화를 추진하는 방향이나 방법이 얼마나 해당조직의 구성원들이 갖고 있는 문화적 맥락과 특성을 적합하게 반영하는가에 대한 시사점을 얻을 수 있다. 이러한 혁신과 변화를 추진할 때, "기업 구성원의 일상적 삶과 연동되는 활동이 지속적으로 전개될 수 있도록 지원하고 촉진하는 문화, 제도, 시스템이 완비되어 있지 않은 상태에서 전개되는 경우가 많으며, 특히 도저히 새로운 문화가 자리 잡을 수 없는 대내외적 여건과 풍토는 기업의 경영혁신과 문화의 변화가 정착되는 것을 어렵게 하고 있다. 따라서, 기업에서 조직의 변화를 이끌어내고, 이를 업무성과로 직결되도록 하기 위해서는 환경, 문화를 어떻게 구축해야 할 것인지에 대하여 거시적인 관점에서의 연구가 필요하다"(유영만, 2001).

기업을 상위체제로 볼 때, 조직변화의 노력은 조직의 다른 구성요소들과 조화롭게 관계를 형성해야만 제 기능을 발휘할 수 있음을 시사한다. 즉, 조직변화 추진이 단독으로 분절화되어 기능할 경우 정해진 시간과 틀을 극복하지 못하고 현업에 전혀 적용할 수 없는 죽은 체제로 전락될 우려가 있다. 이렇게 조직변화 노력을 체제적 관점에서 바라보는 것은 단순하게 구호에 그치는 일회성 이벤트가 아니라 조직변화 노력을 하나의 수단으로 활용하여 조직 내에 어떻게 새로운 문화를 정착시킬 것인지에 대하여 기존의 실행상 문제점을 어떻게 극복해나갈 것인가의 논의에 대한 단서를 제공해줄 수 있다.

다음으로 조직변화 노력에 대한 기업문화의 수용성의 측면을 살펴보면, 해당 조직의 구성원들이 조직변화 노력을 일상의 필요한 요소로 받아들이고, 학습자들이 이를 자신의 업무에 적용함으로써 업무성과를 제고하는 데 활용할 수 있도록 협력적, 지원적인 제도가 얼마나 준비되어 있는지, 조직의 구성원들은 이러한 과정을 이해하고 협력적으로 지원하고 있는지에 대한 논의가 필요하다. 조직문화가 한 조직의 특성을 결정지어주는 기능을 가지고 있다면, 특정한 조직 내에서 발현되고, 창조되는 제도를 비롯한 각종 창조물들은 바로 그 조직의 문화를 반영하고 있다고 말할 수 있다. 이는 조직을 하나의 종합적인 체제로 인식하고, 이를 구성하는 각종 요소들을 하위체제로 인식하는 체제이론으로 그 범위를 확대시킬 수 있는 단서를 제공할 수 있으리라고 여겨진다.

이와 같이 기업의 변화노력의 성공은 해당 기업의 문화적 가치와 밀접한 관련이 있다고 생각되며, 어떻게 접목을 시키고 또 필요한 경우 기업문화를 발전적인 방향으로 새롭게 변화시켜나갈 수 있을지에 대하여 기업의 실제 사례를 통하여 시사점을 얻고자 한다.

본 장에서는 조직혁신을 통한 기업문화의 변화과정을 분석하기 위한 프레임으로 Kotter(1995)의 조직혁신 8단계 모델을 중심으로 생각해보고자 한다. 또한 Kotter의 모델을 실제 기업사례에 적용하여 분석해보고자 한다.

2. 조직혁신 모델

기업의 조직혁신은 장기간의 노력이 필요한 작업이다. 경영환경이 급속히 변화하는 것은 사실이지만, 그렇다고 해서 조직의 변화를 단기간에 끝내려고 하는 것은 일정기간의 노력을 수포로 돌아가게 한다는 점에서 자원의 낭비에 다름 아닐 것이다. 따라서, 조직혁신은 현재의 상태를 진단하고, 전략적으로 프로세스를 수립하며, 일련의 노력이 끝난 후에도 기업문화적으로 완전히 정착될 수 있도록 변화관리에 관심을 가져야 성공할 수 있다.

Kotter(1995)는 이와 같은 과정을 조직혁신의 8단계 모델로서 설명하고 있다.

그 첫 번째 단계는 조직 내 상황의 긴급함을 강조하는 것이다.

경영자가 현재의 대내외적 경영환경에 대하여 솔직하고 투명하게 구성원들에게 보여주고, 이 상태로 가면 어떤 위기에 직면하게 될 것인지 알려주는 것이 가장 먼저 해야 할 일이다. 두 번째는 강력한 변화추진 조직을 설립하는 것이다. 조직의 변화추진에 있어서 CEO의 변화노력을 뒷받침하고 현장에서의 실천을 이끌어내기 위한 전담조직은 필수적이다. 특히 그 변화의 파장이 크고, 긴 울림이 필요한 것이라면 더욱 그러하다. 세 번째 단계는 조직 비전을 수립하는 것이다. 변화추진에 있어서 가장 근본적인 것은 어느 방향으로 갈 것인가를 조직 구성원들이 공유하고, 이에 대하여 공감대를 갖는 일이다. 조직의 나아갈 방향이 무엇인지 제시하는 일은 조직변화 추진 초기에 반드시 시행되어야 한다. 네 번째 단계는 비전에 대하여 커뮤니케이션 하는 것이다. 경영진에서부터 현장의 사원에 이르기까지 조직의 변화추진 노력이 왜, 무엇을 위하여 필요하고, 반드시 해야 하는 것인지 알려주고 서로의 생각과 의견을 공유하고 토론하는 과정이 필요하다. 이를 통해서 나와 다른 생각이 무엇이 있는지 알게 되고, 서로의 이해와 합의의 단계를 거칠 수 있게 된다. 다양한 문화적 배경과 성장과정을 갖고 있는 조직 구성원들을 하나의 방향으로 모으기 위해서는 이러한 커뮤니케이션의 과정이 필수적이다. 또, 일방적인 전달식 커뮤니케이션에 그치지 않고 현장 속으로 들어가서 직접 조직 구성원들과 의견을 나누고자 하는 경영자의 적극적인 노력이 병행된다면 더욱 효과적일 수 있다. 다섯 번째 단계는 비전 실천의 장애요인을 제거하는 일이다. 일반적으로 조직변화 노력이 필요한 때는 조직에 문제가 발생하는 경우가 많다. 비전 실천을 위해서 실질적인 장애요인을 제거하는 일이 필요하다. 구체적인 정책과 조치를 통해서 이를 가시화함으로써 조직변화 노력이 구호나 이벤트가 아님을 천명할 필요가 있다. 여섯 번째 단계는 가시적 성과창출을 위한 계획을 수립하는 것이다. 조직변화 노력은 긴 여정이다. 그것이 제도를 바꾸고, 생각을 바꾸고, 새로운 문화를 창출하는 것까지 연계된다면 몇 년이 걸릴지 예단하기 어려운 장기적인 과정이 될 것이다. 따라서 중간 단계에서 그동안의 변화 노력을 통해서 어떤 성과가 이루어지고 있는지를 보여주는 것은 조직 구성원들의 피로를 예방하는 데 효과적이다. 작은 성공사례들을 많이 만들어서 현장에 공유하고, 또 새로운 사례들을 발굴해내고 하는 과정들을 통해서 조직변화 추진은 생명력을 가질 수 있다. 일곱 번째 단계는 변화관리를 위한 개선 조치를 하는 것이다. 조직변화를 만들어내는 것 뿐 아니라 이를 유지하고 관리하도록 하는 노력이 필요하다. 바로 지속가능성(Sustainability)을 높이려는 노력이 필요한 것이다. 그냥 가만히 내버려둔다고 새로운 문화가 만들어지는 것은 아니다. 조직문화의 창출은 전략적이고 장기적인 계획과 체계적인 노력을 통해서 이루어진다는 것을 많은 기업의 사례는 보여주고 있다. 마지막으로는 새로운 방식을 제도화하는 것이다. 암묵적 동의에 의해서 이루어지는 단계에서 한 단계 수준을 향상시키려는 노력이 필요하다. 이를 위해서는 조직변화 노력을 뒷받침할 수 있는 인사제도, 교육제도, 정책 등을 수립하고 이를 전파, 적용하는 것이 필요하다. 조직문화는 결국 새롭게 만들어지는 가시적 결과물에 의해서 영향을 받기도 한다. 따라서 조직변화 노력을 제도화함으로써 조직의 일부분으로 자리 잡도록 하는 것이 필요한 것이다. Kotter(1995)는 위와 같은 조직혁신의 성공을 위한 모델을 개발하면서 역설적으로 실패하는 원인을 다음의 여덟가지로 제시함으로써 이를 답습하지 않음으로써 성공할 수 있는 전략을 각 기업별로 추진하도록 하였다. 이를 세부적으로 살펴보면 다음과 같다.

실패원인 1 : 조직 내 긴장감의 부족

대부분의 성공한 변화추진 노력들은 기업이 매우 경쟁이 격화되어 있는 상황에 있을 때 기술 트렌드, 시장위치, 재무적 성장에 있어서 매우 어려운 처지에 놓여있다는 것을 인식하는 데에서 출발한다. 변화 프로그램은 여러 개인들의 적극적인 협조가 필요하다. 동기유발이 되어 있지 않다면 사람들은 굳이 서로 도와서 노력하려고 하지 않을 것이다.

많은 기업들이 첫 번째 단계에서 실패하고 있다. CEO가 변화추진이 얼마나 어려운지에 대하여 가볍게 생각하거나 긴급도를 계속 유지해왔던 것에 대하여 과대평가하는 경우 실패할 수 있다. 또한 인내심이 부족하여 이정도로 충분히 되었다고 생각하는 경우가 있다. 중요도가 충분히 높아지면 현재의 상황을 바꿔야 한다고 생각하게 된다. 변화에 있어서 리더의 역할이 가장 중요하다. 전사적인 변화를 위해서는 CEO가 추진의 핵심이 되어야 한다.

실패원인 2 : 강력한 변화추진 집단을 만들지 않음

변화추진 노력은 최초에는 1-2명의 사람들로만 시작되지만, 시간이 지나면서 연대관계의 규모가 커져간다. 성공적인 변화노력에서 조직의 리더들이 연합하여 노력을 해야 한다. 어떤 사람들은 최초에 변화의 노력에 참여하기를 별로 원하지 않는다.

이러한 변화선도 조직은 정보공유나 타이틀, 전문성, 평판, 관계에 있어서 매우 강력한 효과를 발휘할 수 있다. 변화선도 조직은 조직의 문제와 발전방향에 대하여 평가한 결과를 공유하고 상호 신뢰를 구축하면서 상태에서 일을 추진해야 한다. 특히 이러한 변화선도는 스탭 조직에서 하기를 바라는 경우도 있지만 강력한 해당 리더들의 노력과 리더십이 없으면 성공하기 어렵다.

실패원인 3 : 비전을 제대로 수립하지 못함

비전은 조직이 나아가야 할 방향을 명확히 해주는 기능을 한다. 변화선도 조직에서는 손쉽게 이해 관계자들과 커뮤니케이션 할 수 있는 수단을 개발할 필요가 있다. 비전이 없으면 조직은 매우 혼란스럽고 어디로 가야할지 모르게 된다. 그러면서 점차적으로 변화추진 노력은 감소하게 된다. 예를 들어 변화를 위한 절차, 목표, 방법, 기간 등 세부내용을 다루고 있는 책자가 배포되더라도 공유된 비전이 없이는 아무런 소용이 없다.

비전에 대하여 다른 사람들과 제대로 얘기하지 못한다면 아직 변화추진 프로세스에 제대로 적응하지 못하고 있는 것이라고 할 수 있다. 이러한 비전은 최대한 쉽게 다가갈 수 있는 용어로 구성하여 현장의 직원들까지 깊숙이 전파되도록 하는 것이 필요하다.

실패원인 4 : 비전을 제대로 전파하지 못함

변화는 수많은 사람들이 도와주거나 일시적으로 어느 정도 희생을 감수해주지 않으면 달성할 수 없다. 신뢰할만한 커뮤니케이션이 없이는 사람들의 마음을 사로잡을 수 없다. 성공적인 변화노력에서는 경영진의 의사소통 방식이 매우 중요하다. 예를 들어 일상적인 토론에서는 해결대안이 얼마나 전체 틀 속에서 적합한지에 대하여 대화하고, 정기평가 때에는 종업원들의 행동이 비전에 얼마나 도움이 되는지에 대하여 얘기해주며 부서 분기평가에는 숫자도 중요시하지만 부서원들이 변화추진 과정에서 보여준 기여에 대하여 칭찬하는 것도 필요하다.

성공적인 변화 추진노력에서는 경영진이 모든 가능한 커뮤니케이션 채널을 비전을 전달하는 데 활용한다. 예를 들어 지루한 뉴스레터를 비전에 대한 생동감 있는 공유 Tool로 바꾸고 형식적인 분기 경영회의를 흥미진진한 토론의 장으로 변화시키고 일반적인 회사의 경영현황 교육을 비즈니스 문제와 비전 달성에 대한 교육으로 대체하는 것을 고려할 필요가 있다. 결국 조직 변화노력의 성패는 커뮤니케이션에 달려 있는 것이다.

실패원인 5 : 새로운 비전에 대한 장애요소들을 제거하지 않음

비전달성을 위해서는 장애요인을 제거하고 심각하게 비전에 방해가 되는 시스템, 구조를 변경해야 한다. 또한 리스크 테이킹을 촉진하고 새로운 아이디어에 대하여 격려하고 장려할 필요가 있다. 성공적인 변화추진 노력은 그 과정에 되도록 많은 사람을 참여시킴으로써 가능해진다. 더 많은 사람들이 관여할수록 더 많은 결과물이 나올 수 있다. 커뮤니케이션이 중요하긴 하지만, 그것만 가지고는 충분하지 않다. 반드시 장애요소를 제거해야 한다. 장애요인은 때로는 조직구조가 되기도 하고 구성원들의 의식이 될 수도 있다. 또한, 이를 가시적이고 구체적으로 보여줘야 할 필요가 있다.

실패원인 6 : 가시적 성과를 단기간에 창출하기 위한 계획을 체계적으로 수립하지 않음

실제적인 혁신은 시간이 소요되기 때문에 가시적 성과물이 단기적으로 나오지 않으면 모멘텀을 잃어버릴 우려도 있다. 예를 들어 1~2년 내에 회사 상황이 좋아지거나 신제품이 개발되어 나오고 생산성이나 고객만족지표가 올라가는 등 가시적인 성과가 작더라도 보여져야 할 필요가 있다. 이를 위해서는 단기적 성과를 창출할 필요가 있다. 이것은 단기성과를 그저 희망하는 수동적인 자세를 의미하지 않는다. 가시적 성과를 보여주는 것은 비전에 대한 신뢰를 증가시키게 된다. 단기적으로 가시적 성과를 내야 한다는 점에 매니저들이 압박을 느끼기도 하지만 변화노력에서 매우 유용한 요소이기도 하다. 가시적 성과가 나오는 것이 너무 오래 지연되면 조직 내 구성원들의 상황에 대한 인식이 매우 느슨해질 우려가 있다. 따라서 이러한 단기적 성과는 상황의 긴급도나 중요성을 재인식시켜주고 비전에 대하여 새롭게 생각해볼 수 있도록 하는 기회를 제공한다.

실패원인 7 : 성공에 너무 일찍 도취되어버림

변화노력이 기업문화에 깊숙이 정착되기 전에는 새로운 변화추진 노력은 다시 원점으로 회귀할 우려를 항상 가지고 있다. 몇 개의 프로젝트를 성공했다고 해서 변화에 대한 성공에 도취되어서는 안 된다. 이로 인하여 변화의 추진력을 잃어버릴 수 있기 때문이다. 따라서 성공에 도취되기보다는 더 큰 문제들을 해결하기 위하여 우리가 추진해온 작지만 가시적인 성과들을 보여주고 신뢰를 쌓아가야 한다. 그동안 수많은 기업에서 다양한 변화와 혁신 전략이 수립되고 추진되었지만 꾸준하고 지속적인 노력을 통해서 제대로 성공을 거둔 사례는 그리 많지 않다. 조직변화 노력은 단기적으로 성공을 논할 수 있는 영역의 것이 아니라는 점을 다시 한번 생각할 필요가 있다.

실패원인 8 : 기업문화에 변화를 접목시키지 못함

조직변화 노력을 통해서 나온 새로운 조치가 기업의 경영에 반영되도록 하고 리더십 개발과 성공을 보장하는 수단을 지속적으로 개발해 나가야 한다. 새로운 행동이 해당 기업에서 통용되는 기준과 공유가치에 맞게 정착될 때까지 노력해야 한다.

기업문화에 제도적으로 정착시키기 위한 두 가지 중요 요인으로는 첫째 새로운 접근방법, 행동, 태도가 성과를 개선하는 데 도움이 되고 있음을 보여주려는 의도적인 노력이 필요하며, 둘째 차기 최고경영진들이 새로운 접근방법을 개인적으로 받아들일 때까지 시간을 충분히 두고 추진해야 한다. 경영진 승계가 잘못되어서 수년간의 변화개선 노력이 헛되이 될 수도 있기 때문이다.

기업문화에 정착되지 못하면 변화노력은 수포로 돌아갈 가능성이 크다. Lewin은 변화추진의 모델을 시작(Unfreezing)-추진(Moving)-마무리 및 재도약(Refreezing)의 3단계로 크게 제시하여 마지막 단계를 제대로 거치지 못하면 부분적인 변화에만 그칠 수 있다는 점을 강조하였다(Robbins, 2003).

3. C기업의 조직혁신 사례

1) 사례 개요

C기업은 국내 50위권의 대기업인 제조회사로서 설립된 지 약 30년의 역사를 가지고 있다. 규모를 세부적으로 살펴보면 국내에는 제조사업장 3개에 약 1만명의 임직원이 근무하고 있으며, C기업은 최근 급속한 디지털화의 영향으로 기존에 보유하고 있는 제품들이 시장 성숙기에 접어들고, 적자로 전환되는 상황에 이르게 되었다. 이러한 상황이 2~3년 지속되다보니 임직원들은 자신감을 상실하고, 열심히 자기 일을 하더라도 회사는 여전히 적자일 수 밖에 없다는 자괴감에 빠져들게 되었다. 이 과정에서 지난 수년간 회사를 이끌어오던 CEO가 은퇴하고 새로 CEO가 부임하게 되었다.

신임 CEO는 외부에서 영입되었으며, C기업에 부임하기 전부터 이 같은 위기상황에 대하여 인지하고 있었다. CEO는 이 같은 상황을 타개하고 디지털 시대에 맞는 새로운 기업을 만들어야겠다고 생각하였다. 그래서 그는 취임사에서 "가장 입사하고 싶은 기업을 만드는 것이 재직기간 중에 해야 할 가장 큰 목표라고 생각한다." 라고 천명하며 기존의 수동적이고 소극적인 기업문화를 바꾸어나가도록 하겠다고 밝혔다.

2) 추진과정 및 성과

(1) 위기상황의 긴급함을 강조

CEO는 가장 먼저 현재의 기업 상황이 위기에 놓여있음을 모든 비공식/공식 석상에서 강조하기 시작하였다. 3년 연속 적자에 놓여 있는 상황은 누가 보더라도 회사의 위기임이 분명하였지만 누구도 그것을 앞장서서 바꾸어보려고 하지 않았다. CEO가 위기라는 단어를 사용하면서 공식적으로 천명하니 조직 내외부적으로 회사상황에 대한 토론이 일어나기 시작하였다. 처음에는 비공식적인 모임에서 시작된 회사 위기상황에 대한 토론은 위기의 원인이 무엇인가, 누구에게 잘못이 있는가에 대해서 주로 초점이 맞추어져 있었다. 그러나 서로가 다른 부서의 잘못으로 인하여 작금의 어려움이 발생한 것이라고 말할 뿐이었고 어디서부터 잘못된 부분을 바로잡아야 할지에 대해서는 의견이 분분하였다.

그러나, 우선 CEO를 비롯한 경영진에서 위기의식을 고취시키는 점에서는 비교적 효과를 보게 되었다. 전에는 시장상황이나 다른 경쟁회사와의 비교분석은 별로 하지 않고, 전년도 대비 목표의 신장에만 관심을 기울이는 관계로 C기업 자체로는 열심히 해서 전년도 보다는 매출이 성장을 하더라도 경쟁회사나 시장의 변화가 더욱 신속하여 실제적인 회사 이익은 오히려 마이너스인 경우도 많았다. 그러나, 내부적으로 열심히만 하면 된다는 막연한 생각들이 조직전반에 만연해 있었다. CEO가 위기상황을 천명하고 모든 회의의 보고 자료는 외부와의 비교 분석을 통해서 현실을 인식하자고 방향을 잡은 이후부터는 아직까지 완벽한 분석 자료는 나오지 않았지만, 항상 현재의 상황분석을 시장변화와 외부 경쟁기업과 비교하여 거론하기 시작하게 되었다.

(2) 강력한 변화추진 조직의 설립과 운영

CEO는 경영혁신팀을 신설하여 조직전반의 문제점을 진단하고, 이를 개선하기 위한 작업을 진행하도록 하였다. 조직진단은 업무 프로세스적인 제반 문제점을 밝혀내고 이를 위한 개선조치를 수립하며 실제로 개선이 이루어지는지를 관리하는 단계까지를 모두 포함하였다. 조직진단은 CEO가 부임하고 1년간 각 부문별로 돌아가면서 실시하였다. 몇 가지 조치의 예를 들면 먼저 경영진 중에서 각 제품단위 사업을 책임지는 사업부장들의 권한을 본사중심으로 이동시킴으로서 중앙집권적 의사결정 체제를 구축하였다. 이 과정에서 조직 내의 반감과 저항이 생기게 되었다. 권한이 축소된 사업부의 임원들은 조직혁신 노력에 냉소적인 반응을 보이게 되었으며, 이는 하부조직에도 영향을 주게 되었다.

그 결과, CEO의 생각과 의도가 조직의 하부에까지 제대로 전달되지 않거나 왜곡되어 전달되는 커뮤니케이션의 오류가 발생하였고 이에 따른 Loss가 증가하게 되었다. 또한 경영혁신조직은 CEO의 신임을 받고 있었지만 다른 조직들이 경영혁신조직을 바라보는 시각도 여전히 곱지 않았다. 조직진단 이후에 경영혁신 활동을 열심히 추진하였지만 여전히 회사의 경영상황은 호전되지 않았고 조직의 피로도가 증가하기 시작하였다.

(3) 새로운 비전의 수립

위기의식의 제고와 경영혁신 활동만으로는 현 상황을 타개하기 어렵다고 생각한 CEO는 조직의 틀을 거시적인 관점에서 바꾸어야 겠다고 생각하게 되었다. 우선 현재의 사업구조를 가지고 이익을 조금씩 개선하는 생각에서 벗어나서 새로운 제품을 개발하고 사업의 경쟁력을 키움으로써 회사의 체질을 근본적으로 바꾸는 노력을 하고자 새로운 비전을 수립하기에 이른다. 비전 수립 작업은 미래지향적인 회사의 모습을 5년 후까지 설계하여 조직의 모든 부문이 한 방향으로 모든 노력을 집중하도록 구심점을 정하는 데 그 의의가 있었다. 이제까지 양 위주의 경영을 질 위주의 경영으로 바꾸고, 단순 조립제품 위주에서 시스템화를 통한 디지털적 제품 중심으로 사업구조를 재편하는 것을 주요 내용으로 하면서 사업구조가 완전히 바뀌었을 때의 모습을 구체적인 매출과 이익 규모로 표현하여 조직 구성원들이 쉽게 이해함으로써 공감대를 가질 수 있도록 수립하였다. 이렇게 1년간 준비한 새로운 조직 비전을 회사 창립 기념식에서 선포함으로써 기업내외의 관심을 불러일으키도록 조치하였다. 이제 모든 업무는 이 비전을 중심으로 진행되며, 가치판단도 새로운 비전에 비추어 옳고 그름을 판단하도록 조직의 체제를 완전히 변화시키는 노력을 하게 되었다.

(4) 비전의 커뮤니케이션

선포된 비전을 회사 내의 각 단위조직에 전파하고 공감대를 이끌어내는 것이 무엇보다도 중요했다. 따라서, 비전수립 T/F의 팀장을 맡은 임원은 모든 사업장을 직접 방문하여 직접 특강을 실시하고, 사내방송 및 정보전달 게시판을 활용하여 비전의 의미와 실천 방법에 대하여 전파하였다. 또한 CEO는 매월 포럼을 개최하여 원하는 사람은 누구든 참석하여 회사의 경영현황 및 앞으로의 비전 달성 전략에 대하여 듣고 토론할 수 있도록 하였다. 포럼에 참석하지 못한 임직원들을 위해서 이를 녹화하여 게시판에 등록하거나, 이메일로 보내주는 서비스를 실시하기도 하였다.

(5) 비전 달성에 장애요인 제거

변화에 대한 장애요인은 항상 있게 마련이어서 이에 대한 조치가 필요했다. 여기에서는 사업구조를 재편하기 위하여 기존의 제품들을 조정해야 하는 필요성이 제기되었다. 비전과 무관한 옛 제품들을 조정함에 있어서 수십년을 회사에 몸담아 온 구성원들도 함께 조정을 해야 하는 어려움에 봉착하게 되었다. 이들은 비록 생산 제품이 시장 성숙기 또는 쇠퇴기에 접어들어서 수익창출에는 어려움을 겪고 있지만, 얼마 전까지도 회사의 Cash Cow 역할을 충실히 담당해 온 사람들이었다. 이런 제품과 그 부서의 구성원들을 조정한다는 것은 회사 내부적으로도 다른 부서의 임직원들에게 부정적인 영향을 줄 수 있는 일이었다. 그러나, 이를 시행하지 않고 비전을 달성할 방법은 없다는 판단아래 결국 추진하게 되었다.

사업조정을 함에 있어서 가장 중요하게 생각한 점은 대상 제품에 종사해 온 임직원들이 생계불안을 느끼지 않도록 최대한의 노력을 다하고 이해를 구하는 것이었다. 대상 임직원들은 본인들이 무엇을 잘못했거나 능력이 부족하기 때문이 아니라 시장의 변화에 따른 것으로 이해를 구했고, 이 과정에서 CEO는 사업조정 원칙을 천명하고 인사담당 임원은 직접 당사자들을 만나서 대화를 통해서 투명하고 공정하게 진행하도록 노력하였다.

또한 사업조정 제품은 대기업에서 하기에는 어렵지만 중소기업형 제품으로 충분한 생존가능성이 있다고 판단하여 이제까지 해당 제품의 사업을 담당했던 임원이 직접 분사형태로 인수하여 지속적으로 사업을 할 수 있도록 지원해주었다. 이 과정에서 해당 제품 직원들은 본인이 원하는 바에 따라서 회사 내에서 직무전환 배치를 하거나, 분사기업에 참여하거나, 아니면 희망퇴직을 하는 형태로 끝까지 원칙을 지키면서도 무리하게 감원을 하는 방법은 사용하지 않도록 진행하였다. 그 결과 종업원 분사형태로 무사히 사업조정이 마무리되었으며, 해당 임직원들도 결과에 만족하면서 자신의 진로를 스스로 선택함으로써 상생(相生)의 경영을 실천하게 되었다.

(6) 가시적 성과창출

비전 달성의 과정은 기나긴 여정으로서 중간단계에서 가시적인 성과들을 지속적으로 보여주지 않으면 조직구성원들의 피로는 증가한다. C기업은 이를 방지하기 위하여 매년 가시적인 성과물을 보여줄 필요가 있었다. CEO는 특히 연구개발 부문에 강력한 업무추진을 요구하여 개발기간을 단축하고 새로운 제품을 출시함으로써 임직원들에게 자신감을 불어넣고, 재무적으로도 조금씩 개선되는 모습을 보여주기를 원하였다.

이제까지 연구개발은 개발기간이 길게 소요되어 경쟁사보다 신제품 출시가 늦어짐으로 인한 기회손실이 적지 않았던 것이 문제였다. 이를 보완하기 위한 조치로서 연구개발, 구매, 영업, 경영기획 등 여러 부서가 함께 모여서 고민하고 개발과정에 참여하는 Cross Functional T/F를 가동하였다. 그 결과 개발기간이 1/3로 단축된 신제품이 출시되었고, 시장에서 좋은 반응을 얻음으로써 임직원들의 자신감을 회복하는데 긍정적인 영향을 주게 되었다. 신제품이 조금씩 출시되고, 손익에 기여하게 되면서 회사도 조금씩 이익을 내고 변화노력에 반감이 일부 있었던 조직 분위기도 수그러지게 되었다.

(7) 변화지속을 위한 개선과 기업문화로의 정착 (7,8단계 통합)

조직변화를 추진하는 과정에서 가장 경계해야 할 점 중의 하나는 그간의 추진성과를 과대평가하여 가시적인 결과만 보고 성공여부를 판단해버리는 것이다. 또한 변화추진 기간 동안에 CEO가 바뀌는 등 변화추진 주체에 변화가 온다면 그 역시 경계해야 할 점이라고 할 수 있다. Robbins(2003)에 의하면, 경영진이 임기를 오래 지속하면서 변화를 추진하는 것이 긍정적인 영향을 미치기 때문에 기업의 후계구도에 대해서 이러한 관점을 고려해야 할 것이다. 이렇게 변화를 지속하기 위해서는 제도적인 차원에서 개선을 실시함으로써 일회성 행사차원의 조직혁신에서 지속적인 기업문화의 정착으로 단계를 높여가야 할 필요가 있다. 따라서, CEO는 기존의 C 기업의 문화 중에서 바꾸어야 할 문화로 정(情)에 너무 이끌리는 문화, 수동적이며 소극적인 문화, 실천력과 끈기가 부족한 문화를 규정하고 이를 바꾸기 위한 제도적 장치를 마련하였다. 결국 문화를 바꾸는 것은 가시적인 제도나 인공물(artifact)에 의하여 이루어진다는 것을 실천해보고자 하였다.

이를 위하여 목표관리 시스템을 만들어서 실천력과 끈기가 부족한 문화를 타파하고, 하기로 한 약속은 끝까지 책임지고 지키는 문화를 만들어나가고자 노력하였다. 또한 수동적이고 소극적인 문화에서 적극적이고 능동적인 문화를 만들기 위하여 영업조직을 개편하고 글로벌 감각을 가진 젊은 부서장들을 발탁하여 배치하였으며, 부서장들을 인선하는 과정에서도 정실 위주의 인사를 배격하기 위하여 인사위원회를 통하여 객관적인 자료를 바탕으로 여러 사람의 중론을 모아서 결정하도록 제도를 바꾸었다.

전문성을 높이고, 새로운 시각에서 조직을 운영할 수 있도록 외부 인사의 경영진 영입을 확대하였으며, 발탁인사의 비율을 높여서 공격적이고 활기 있는 조직 분위기를 만들어나가고자 변화를 주었다. 이렇게 다양한 방법으로 변화노력을 조직내에 체화시키고 나아가서는 기업문화를 바꾸어보려는 시도를 진행하고 있으며, 지난 몇 년간의 노력은 현재까지는 절반의 성공을 거두고 있다고 내외부적으로 평가를 받고 있다. 그러나, Kotter와 Heskett(1992)에 의하면 문화적 차원의 변화는 엄청난 기간이 소요된다. 특히 큰 기업일수록 문화를 바꾸는데 더 많은 시간이 필요하며, 오랜 시간이 걸리기 때문에 지속하려면 좋은 성과가 중요하게 작용한다. 이러한 어려움(꾸준한 노력, 오랜 시간, 긍정적인 결과 창출)때문에, 많은 기업들이 조직혁신의 노력을 시도조차 하지 못하고 있는 것이다.

4. 성찰 및 제언

기업의 변화 노력은 해당 기업의 문화적 맥락과 경영전략 방향이 적합하게 일치해야 효과를 볼 수 있다(Kotter & Heskett, 1992). 조직의 문화는 어떤 것이 좋고 나쁘다는 가치판단을 할 문제는 아닌 것으로 생각된다. 물론 조직혁신의 과정에서 비전 달성의 장애요인으로 적합하지 않은 문화가 문제가 되기도 하지만 대개의 경우 문화는 오랜 시간 동안 해당 조직의 상황을 가장 잘 반영하고 있다. 조직혁신을 추진하고자 한다면 해당 조직의 문화가 어떤 것인지 먼저 진단하고 문화적 상황에 적응적으로 조직혁신 전략을 운영하는 것이 필요할 것이다.

   본 장에서는 위와 같은 기본적인 전제를 갖고, 한국기업의 조직혁신 과정을 Kotter(1995)의 모델을 기반으로 사례분석을 실시하였다. 기업의 조직혁신 노력은 해당 기업 구성원들의 공유된 가치와 행동양식인 기업문화와 접목되어야 지속적인 정착을 할 수 있다. 또한 기업문화는 구호성 이벤트에 의존해서 바람직한 방향으로 발전할 수 있는 것은 아니며, 치밀한 단계적 전략을 통해서 바꾸어나갈 수 있음을 사례분석을 통하여 알 수 있었다. C기업의 사례는 조직이 위기상황에 직면했을 때 가장 변화의 필요성을 체감하며, 이를 어떻게 활용하여 기업의 발전을 이루어나갈 것인지에 대한 시사점을 제공해줄 수 있을 것이라 생각된다. 조직혁신의 과정은 장기간의 프로젝트가 될 것이며, 기업문화까지 변화시켜서 정착을 이루기 위해서는 꾸준한 노력이 필요할 것이며 CEO를 비롯한 리더들의 의지와 변화추진 조직을 통한 체계적인 추진, 그리고 조직이 어떤 상황에 놓여있는지 단계별 진단을 통해서 적합한 대안과 해결방안을 제시함으로써 조직구성원들의 피로도를 최소화하면서 추진력을 유지할 수 있도록 모든 전략과 운영을 집중해야 성공할 수 있을 것이다. C기업의 조직혁신 노력은 현재까지 진행중이다. 따라서 성공을 예단하기는 아직 이른 감이 없지 않으나, 위기상황에서 어느 정도 안정적인 수익을 갖춘 기업으로 발전하였고, 구성원들의 가치관이나 행동 등 문화적 측면에서도 적극적이고 활기찬 방향으로 변화되고 있음을 여러 가지 지표를 통해서 체감하고 있음을 볼 때 절반의 성공을 이미 거두고 있다고 볼 수 있다. 추진과정에서 기존의 고위경영진이나 변화를 원하지 않는 조직 내의 저항감이 저변에 깔려 있음으로 어려움을 겪기도 하였으나, 가시적인 조치들을 통해서 문화를 바꾸어나가는 노력을 지속함으로서 극복단계에 있다고 할 수 있다. 본 사례연구는 조직혁신을 단계적으로 추진하고 지속적인 관심과 노력이 필요한 작업이라는 점을 재인식하고 기업문화적으로 정착화시키는 것이 조직혁신의 최종 목표가 될 수 있음을 보여준다는 점에서 의의가 있다고 할 수 있다.

그러한 관점에서 HRD의 역할을 생각해 보면, 개인차원의 개발에만 머물러서는 정작 중요한 기업조직 차원의 변화를 이끌어 내지 못한다는 점을 간과해서는 안 된다. 기업의 변화와 혁신을 이끌어 내는 동력은 CEO의 강력한 의지가 뒷받침 되어야 하겠지만 이를 지속시키고 조직의 체질변화까지 이루어냄으로써 지속적으로 성장 가능한 조직으로 만드는 것은 결국 HRD의 몫이 되어야 하기 때문이다. 조직혁신의 각 단계마다 인적자원의 개발과 관리는 변화 노력과 불가분의 관계로서 기능하고 있는 것이다.

에필로그

교육공학은 인적자원개발과 어떤 관련이 있을까 생각해보았다. 인적자원개발 분야는 사실 교육공학만의 영역은 아니다. 경영학에서도 이미 오래전부터 인적자원개발에 대해서 관심을 갖고 지속적인 연구와 현장 적용이 이루어지고 있음은 주지의 사실이다. 또한 사회학, 평생교육학 등 여러 학문분야가 연관되어 있어서 인적자원개발 분야가 과연 어떤 학문, 어떤 전공영역에 속하는 것인가에 대해서 일치된 견해는 이룰 수 없다고 생각된다.

인적자원개발의 대상과 주체인 '사람'이라는 단어가 주는 복잡하고 섬세한 의미를 생각해보면 어쩌면 전공학문별 영역을 나누는 것이 처음부터 불가능한 분야인지도 모른다. 교육공학자로서 또한 실천가로서 이 분야에 대한 관심 주제를 두서없이 열거해보았다.

지속가능한 인적자원개발이라는 말은 다소 생소하게 느껴질 수도 있다. 일반적으로 지속가능경영은 기업이 지속적으로 발전하기 위해서는 기업 단독으로 생존할 수 없고, 환경과 안전 그리고 사회적 책임을 다해야 한다는 관점에서 쓰이는 말이다. 인적자원개발이라는 분야를 가만히 들여다보면 이러한 기업 경영의 축소판이라는 생각이 들었다. 교육공학에서는 기업교육과 관련하여 많은 연구와 적용이 이루어지고 있다. 기업교육이라는 분야가 더욱 튼실하게 다져지기 위해서는 기업교육의 기획, 개발, 적용, 평가 등 일련의 프로세스를 통해서 기업 경영성과에 기여할 수 있어야 한다. 그러한 점에서 기업교육, 더 나아가서 인적자원개발 분야는 단기적 성과는 물론 비즈니스에 대한 긍정적 영향을 지속적으로 미칠 수 있어야 한다. 우리는 바로 이 점이 앞으로 인적자원개발 분야가 기업경영에서 존재의 의미를 찾고 문자 그대로 전략적 파트너로서 기능할 수 있는 중요한 요인이라고 생각했다. 이를 위해서는 HRD의 제반 활동에 있어서 보다 거시적이고 전체적인 관점을 가지고 임하는 것이 필요하다는 생각에서 각 장들을 구성하였다. 지속가능한 인적자원개발의 연구와 실천을 위해서는 모두(冒頭)에서 밝힌 바와 같이 현장중심적인 HRD, 다양성을 존중하는 HRD, 글로벌 차원의 안목을 지닌 HRD, 품질과 성과를 중시하는 HRD, 주변 분야와 연계성을 갖는 HRD가 되어야 한다.

교육공학적 관점에서 볼 때, 교수자와 학습자간 소통을 어떻게 원활하게 해주고 보다 효율적이고 효과적으로 학습이 일어날 수 있도록 할 것인가에 대한 전통적인 연구를 존중하는 것은 매우 중요하다. 교육공학자로서 그러한 믿음에는 변함이 없다. 그러나, 기업이라는 특수적 상황맥락에 비추어 볼 때 인적자원개발은 교수자와 학습자간의 관계만으로는 설명하기 어려운 다양한 변인들이 영향을 주고받는다는 것을 알 수 있었다. 이 책을 집필하면서 만난 기업 현장의 HRD 담당자, 현업부서의 고객들은 이론과 현실의 격차가 여전히 크다는 것을 재삼 깨닫게 해주었다. 앞으로 이 부분에 대한 연구와 관심은 지속적으로 이루어져야 할 것으로 생각된다.

적어도 기업 상황에서 교육공학적인 관심은 그 지평을 넓힐 필요가 있다고 생각한다. 조직문화와 인적자원개발, 인사제도와 인적자원개발, 성과관리와 인적자원개발은 어떤 관련이 있으며, 그 속에서 교육공학은 어떤 역할을 할 수 있고 어떻게 적용되어질 수 있는지 자리매김을 하는 작업은 앞으로 남겨진 과제일 것이다. 또한 이 책에서 다루었던 주제들, e-Learning, 조직문화, 글로벌 인적자원개발, Total Quality Management, 협력적 지식구축 등은 앞으로 교육공학이 기업 HRD 현장에 의미 있는 현상분석과 해결대안을 내기 위해서 상당부분 연구와 실천의 중점을 이동해야 할 영역이라고 생각한다.

복잡하고 급변하는 현대 경영 환경 속에서 시의적절한 경영전략을 수립하고 구사하는 것은 매우 어렵다. 더구나 이러한 경영전략을 수립하고 실제 현장에서 실행해야 할 주체인 인적자원을 개발하고 관리하는 일은 더욱 근본적이면서도 지난(至難)한 작업이 될수밖에 없을 것이다. 평소에 갖고 있던 관심 주제별로 나름의 생각들을 엮어보았지만 여전히 아쉬움을 느끼는 것은 단지 필자들만의 생각은 아닐 것으로 생각된다. 기업의 인적자원개발에 관심이 있는 선후배, 동료여러분들의 관심과 제언, 그리고 따가운 질책을 기대해본다.

이 책을 시작으로 앞으로 인적자원개발의 제반영역, 그리고 인적자원개발 분야를 둘러싼 주변 영역간 학문적, 실천적 넘나들기와 관계맺음을 해나가려고 한다. 학문적, 실천적 정초작업으로 이해해주면 좋을 것이다.

참고문헌

강인애(2003). PBL의 이론과 실제, 서울: 문음사.

강명희(2005). 미래교육의 모습을 통해 본 향후 e-러닝 정책방향, **제3회 e-러닝 정책포럼 자료집**, 한국교육학술정보원.

강승복(2005). 정규직과 비정규직간 근로조건 격차. **노동리뷰 12월호**, 56-62, 한국노동연구원.

권성호(2002). 디지털 시대에 다시 생각해보는 교육과 정보, 방송과의 만남, **한국교육정보방송학회 춘계학술대회 발표집**, 3-22.

김명언, 박영석(편)(1997). **한국 기업문화의 이해**. 서울: 도서출판 오롬.

김미량(1998). 웹 활용 수업 확산의 장애요인 탐색을 위한 사례연구: 학습자의 지각을 중심으로. **교육공학연구**, 14(3), 55-79.

김영애, 이준(2002). 디지털 시대에 다시 생각해보는 학교문화와 교육정보화, **한국교육정보방송학회 2002년 춘계학술대회 발표집**, 23-36.

김신일(2006). **서울대 김신일 교수의 교육생각**. 서울: 학지사.

김영민(1998). **탈식민성과 우리 인문학의 글쓰기**. 서울: 민음사.

김종철(1995). **죠셉 M. 쥬란의 전략적 품질경영**. 서울: 21세기북스.

김형주(2005). 미래교육의 준비: ICT에서 u-Learning으로. **디지털2 컨퍼런스 자료집**. 삼성경제연구소.

김효근(2003). 유비쿼터스 환경에서의 지식경영과 e-Learning의 통합전략, Korea@Digital Convergence 발표자료집

김희배(1993). 교육공학의 학문적 정체성 확립을 위한 '텔레시스'탐색 I :구성주의에 기초한 이론적 관점의 재구성. **교육공학연구** 8(1), 121-133

김희배(1997). 한국교육공학의 탐구논리와 접근방법 : 교육공학의 토착화를 지향하며, **교육공학연구** 13(2), 69-85

나일주(1997). **산업교육의 이론과 실제**. 서울: 학지사.

류완영, 안미리(1999). 웹 기반 수업에서의 평가전략. **한국가상대학연합**

보고서.

류주현(1994). **인력자원개발 담당자의 역할수행능력향상을 위한 방안연구**, 한양대학교 석사학위논문

박재홍(1996). **품질혁명만이 살 길이다.** 서울: 행림출판.

손소영(2003). **e-Learning하도급 업체의 콘텐츠 개발과정에 관여하는 품질저하요인 규명 및 개선방안에 관한 근거이론적 탐구**, 한양대학교 석사학위논문.

신철우(2000). 조직문화 유형에 따른 조직개발 모형, 과정과 전략에 관한 연구, **산업경영연구**, 23(1), 125-149.

심원술(2002). 해외진출기업의 인력개발에 관한 연구. **한국인력개발학회 학술대회 자료집.** 54-77.

오동건, 류완영(1999). TQM을 통한 가상교육의 질 개선방안, **산업교육연구**, 6, 141-168.

오동건(2005). 조직문화 차원의 기업 e-Learning 학습환경 개선을 위한 TQM 적용방안 탐색, **기업교육연구**, 7(2), 27-49.

오동건(2008). 컴퓨터 지원 협력학습을 위한 조정지원도구의 개발 및 효과성 분석, **기업교육연구**, 10(1), 65-95.

유수현(1999). **학습자의 성격 특성에 따른 웹 기반 수업 상호작용연구.** 서울대학교 석사학위논문.

유영만(1995). 한국 산업교육과 ISD : 성찰과 전망. **교육공학연구**, 11(2), 21-36.

유영만(1998a). **수업체제설계 : 탐구논리와 실천논리.** 서울: 교육과학사.

유영만(1998b). **한국기업교육의 경쟁력 강화방안.** 용인: 엘테크 .

유영만(1999). 기업과 기업교육학: 기업교육의 일상성에 근거한 성찰적 기업 교육학의 구축, **산업교육연구**, 6, 169-200.

유영만(2001). e-Learning과 '헛소동'(Much Ado about Nothing)?:가벼운 e-Leanrning에 대한 무거운 인식의 필요성, **기업교육연구**, 3(2), 27-53.

유영만(2002a). 학습없는 e-Learning과 지식없는 지식경영:**한국교육정보방송학회 2002년 춘계학술대회 발표집**, 122-159.

유영만(2002b). **교육공학의 학문적 지평 확대와 깊이의 심화: 가로지르기, 세로지르기, 그리고 십자지르기와 교육공학.** 서울: 원미사.

유영만(2003). **길거리 학습특강**. 서울: 학지사.

유영만(2006a). **교육공학의 학문적 지평 확대와 깊이의 심화(2탄): 학문적 통섭을 위한 인식론적 결단과 방법론적 결행**. 서울: 원미사.

유영만(2006b). **행복비타민과 생태학적 HRD:제4세대 HRD에로의 탐구 여정**. 서울: 원미사.

유태용(1999). **문화란 무엇인가**. 서울: 학연문화사.

유혜령(2004). 사이버강의를 거부하며, **교육인류학소식**, 10(1), 1-3.

이건웅(2001). e-Learning을 통한 중소제조기업의 인적자원개발, **인적자원개발연구** 3(2), 1-24.

이건웅(2002). 사례분석을 통해 본 한국기업의 e-Learning 구축전략, **산업경제연구** 15(2), 305-318.

이수경(2003). 기업 e-Learning 정책의 추진실적 및 성과분석, **기업교육연구**, 5(2), 43-63.

이순룡(1996). **품질경영론**. 서울: 법문사.

이인숙(2003). e-Learning 환경에서의 자기조절학습전략, 자기효능감과 e-Learning 학습전략 수준 및 학업성취도 관련성 규명, **교육공학연구**, 19(3), 41-68.

이장익(2004). 대학정보화 환상에서 현실로의 연계를 위한 관점들, **정보화정책**, 11(4), 86-95

이학종(1997). **한국기업의 문화적 특성과 새 기업문화 개발**. 서울: 박영사.

이홍우, 조교영(1998). **품질경영**. 서울: 삼영사.

임정훈(1998). 인터넷을 활용한 가상수업에서의 교수학습 활동 및 교육효과 연구. **교육공학연구**, 14(2), 103-136.

임철일(2003). **원격교육과 사이버교육 활용의 이해**. 서울: 교육과학사.

장혜정, 류완영(2006). 탐구기반학습에서 성찰적 탐구 지원도구의 설계 기반 연구, **교육공학연구**, 22(2), 27-67.

정구현(2008). **한국의 기업경영 20년**. 서울: 삼성경제연구소.

정인성(1998). 웹 기반 가상수업의 교수전략과 평가. 가상대학과 열린원격교육, **한국방송대학교 방송통신교육연구소 원격교육심포지움 발표자료집**, 39-62.

조성용(1998). HRD전문가의 경력개발에 관한 연구. **산업교육연구**, 4, 99-125.

하동환(2005). 사진전문가 교육을 위한 이중편구조의 효과, **한양대학교 박사학위논문**

하승우(2003). **희망의 사회윤리 똘레랑스.** 서울: 책세상.

한정선, 이경순(2005). 협력적 지식창출 과정의 규명: 활동이론을 통한 e-Learning 설계안 작성활동의 분석, **교육공학연구** 21(1), 29-62.

허운나(1993). **산업교육요구분석.** 서울: 정민사.

Adler, N (2002). *International Dimensions of Organizational Behavior.* Cincinatti, Ohio: South-Western.

Baek, E. & Schwen, M.(2006). How to build a better online community; cultural perspectives, *Performance Improvement Quarterly, 19*(2), 51-68.

Banathy, H.(1992). *A systems view of education :concepts and principles for effective practice,* Englewood Cliffs, NJ :Educational Technology Publications.

Barron, B.(2000). Achieving coordination in collaborative problem-solving groups, *The Journal of The Learning Sciences, 9*(4), 403-436.

Bates, A. W. (1993). Technology for distance education: a ten-year prospective. In K. Harry, M. John, & D. Keegan(Ed.). *Distance education: new perspectives.* London: Routledge.

Begley, Thomas M. & Boyd, David P. (2003). "The need for a corporate global mind-set." *MIT Sloan Management Review, 44*(2), 25-32.

Bielaczyc, K.(2001). Designing Social Infrastructure: The Challenge of Building Computer-Supported Learning Communities. In Dillenbourg, P., Eurelings, A. & Hakkarainen, K.(Eds.), European Perspectives on Computer-Supported Collaborative Learning. *The Proceedings of the First Euroupean Conference on Compu-ter-Supported Collaborative Learning,* 106-114.

Bonar, K & Olson, A(1992). Collaborative Instructional Design as Culture-Buil ding. *CJEC, 21*(2), 141-152

Bruner, S.(1996). *Culture of Education,* Cambridge, MA: Harvard University Press.

Butler, D.(1996). *TQM for Education.* [On-line]. Available: http://www.

dbanic.com/dba2/applications/education.html

Cameron, K. & Quinn, R.(1999). *Diagnosing and Changing Organizational Culture*, SF: Jossey-Bass.

Cannon-Bowers, J. & Salas, E.(2001). Reflection on Shared Cognition, *Journal of Organizational Behavior*, 22, 195-202.

Collins, J.(2001). *Good to Great: why some companies make the leap and others don't*, NY: Harper Business.

Crowston, K., & Kammerer, E.(1998). Coordination and collective mind in software requirements development, *IBM systems Journal*, 37(2), 227-245.

Davila, J. & Keirn, J.(1994). The Effect of Co-Designing on Educational Transfer Between Cultures. *ETR&D, 42*(4), 89-100.

Dede, C.(2005). Why design-based research in both important and difficult, *Educational Technology, 45*(1), 5-8.

Denison, D.(1990). *Corporate Culture and Organizational Effectiveness,* NY: John-wiley & Sons.

Denison, D., & Mishra, A.(1995). Toward a Theory Organizational Culture and Effectiveness, *Organziation Science,* 6(2), 204-223.

De Jong, F, Veldhuis-Diermanse, E., & Lutgens, G.(2002). Computer-Supported Collaborative Learning in University and Vocational Education, In Koschmann, T. et al.(Ed.) CSCL 2, *Carrying Forward the Conversation, NJ: Lawerence* Erlbaum Associates, 111-128.

Dillenbourg, P. & Traum, D.(2006). Sharing Solutions: Persistence and Grounding in Multimodal Collaborative Problem Solving, *Journal of Learning Sciences, 15*(1), 121-151.

Dills, C. R., & Romiszowski(eds.)(1997). *Instructional development paradigm.* Englewood Cliffs, NJ : Educational Technology Publications.

Dixon, N.(1994). *The Organizational Learning Cycle, How we can learn collectively,* London: Mcgraw-Hill Book Company

Edelson, D.(2002). Design research: what we learn when we engage in design, *The Journal of the Learning Sciences,* *11*(1), 105-121.

Engeström, Y.(1999). *Activity Theory and Transformation,* In Engeström, Y. et al. Perspectives on Activity Theory, UK: Cambridge University, 19-38.

Engeström, Y.(1999). Innovative Learning in Work Teams: Analyzing Cycles of Knowledge Creation in Practice, In Engeström, Y. et al. Perspectives on Activity Theory, UK: Cambridge University, 377-404.

Everett, D. R. (1998). Taking instruction online: The art of delivery. *CSS Journal,8*(2).[Online] Available: www.cssjournal.com/everett.html.

Freeman, R.(1997). *Managing open systems.* London : Kogan Page.

Freddolino, P.(1997). A general model for evaluating distance education programs. competition, connection, collaboration: *Proceedings of the 13th Annual Conference on Distance Teaching & Learning.* Madison, WI. August. 81-85.

Fischer, F. & Mandl, H.(2005). Knowledge Convergence in Computer-Supported Collaborative Learning: The role of external presentation tools. *Journal of Learning Sciences,* 14(4), 405-441.

Gibson. J.(1997). *Evaluation of a trial of internet teaching in TAFE NSW,* [On-line]. Available: http://ausweb.scu.edu.au/proceedings /gibson/paper.html

Gibson, B.(2001). From Knowledge Accumulation to Accommodation: Cycles of Collective Cognition in Work Groups. *Journal of Organizational Behavior, 22*(2), 121-134.

Gilley, J. & Eggland, S.(1989). *Principles of human resource development,* Mass: Addison-Wesley in association with University Associates

Halloran, J., Rogers, Y., & Scaife, M.(2002). Taking the 'no' out of notes: activity theory, groupware, and student group work, In G. Stahl(Ed.), *Computer support for collaborative learning: foundations for a CSCL community, proceedings of CSCL 2002 (pp.179-188)* Boulder, CL, Jan. 7-11, 2002.

Hans, A.(1997). *TQM and Faculty Evaluation: Ever the Twain Shall Meet?*. [On-line]. Available: ED 408004.

Harvey, L.(1995). *Quality Assurance Systems, TQM, and the New Collegialism.* [On-line]. Avaliable: ED 401810.

Hedestig, U & Kaptelinin, V.(2002). Re-contextualization of teaching and learning in video conference-based environments: an empirical Study. In G. Stahl(Ed.) *Computer support for collaborative learning: foundations for CSCL community, proceedings of CSCL 2002* , Boulder, CL, 179-188.

Herman, J. & Herman, J.(1995). Total quality management for education. *Educational Technology, 35*(3), 14-18.

Hill, J. C. (1994). *Total Quality Education: Transforming Schools into Learning Places.* [On-line]. Available: ED 378643.

Hoadley, C.(2002). Creating Context: design-based research in creating and understanding CSCL. In G. Stahl(Ed.) *Computer support for collaborative learning: foundations for CSCL community, proceedings of CSCL 2002*, Boulder, CL, 453-462.

Hofstede, G.(1994), Values Survey Module, Institute for Research on Intercultural Coporation.

Hofstede. G.(1995). Cultures and Organizations. IRIC. Netherlands.

Irena, M., Celina, P. & Leoni, W(2002). Interactions of organizational culture and collaboration in working and learning, *Educational Technology & Society,* 5(2), 60-68.

John-steiner,V., & Mahn, H.(1996). Sociocultural approaches to learning and development: A Vygotskian framework.Educational Psychologist, 31, 191-206.

Kaptelinin, V. & Cole, M.(2002). Individual and Collective Activities in Educational Computer Game Playing. In Koschmann, T. et al.(Ed.) *CSCL 2, Carrying Forward the Conversation,* NJ: *Lawerence* Erlbaum Associates, 297-310.

Kaufman, R.(1995). *Mapping Educational Success : Strategic Thinking Planning for School Administrators.* Thousand Oaks. CA : A Sage

Publication Company.

Kaufman, R.(1995). Quality Management Plus: Beyond Standard Approaches to Quality. *Educational Technology, 35*(3), 6-10.

Klein, D. A. (1998). *The strategic management of intellectual capital.* Woburn, MA: Butterworth-Heinemann.

Klimoski, R. & Mohammed, S.(1994). Team Mental Model: Construct or Metaphor?, *Journal of Management, 20,* 403-437.

Kotter, J., & Heskett, J.(1992). *Corporate Culture and Performance,* The Free Press : NY.

Kotter, J.(1995). *Leading Change:Why Transformation Efforts Fail?,* Harvard Business Review March-April, 59-67.

Kraut, R., & Streeter, L.(1995). Coordination in software development, *Communications of ACM, 38*(3), 69-81.

Lave, J. & Wenger, E.(1991). *Situated Learning: Legitimate Peripheral Participation.* New York: Cambridge University Press.

Lipponen, L. (2002). Exploring foundations for Computer-Supported Collaborative Learning. In Stahl, G(Ed.) *Computer support for collaborative learning: foundations for CSCL community, proceedings of CSCL 2002,* Boulder, CL, 111-118.

Liu, X. & Schwen, M.(2006). Sociocultural factors affecting the success of an online MBA course. *Performance Improvement Quarterly, 19*(2), 69-92.

Maier, E.(2005). Activity theory as a framework for accommodating cultural factors in HCI Studies, *Workshop Proceeding der5. fachubergreifenden Konferenz Mensch und Computer.* Wien: Oesterreichsche Computer Gesellschaft, 69-79.

Makittalo, K., Weinberger, A., Hakkarainen, P., & Fischer, F.(2005). Online collaborative learning: will collaboration scripts reduce uncertainty? *Educational Technology, 45*(5), 25-29.

Malone, T. & Crowston, K.(1994). The interdisciplinary study of coordination. *ACM Computing Surveys, 26*(1), 87-119.

Marken, J.(2006). An application of activity theory: A case of global training. *Performance Improvement Quarterly, 19*(2), 27-50

Marquardt, M. & Engel, W.(1993). *Global Human Resource Development,* Engelwood Cliffs, NJ: Prentice Hall.

McAlpine, L.(1992). "Cross-Cultural Instructional Design : Using theCultural Expert to Formatively Evaluate Process and Product." *ETTI,* 29(4), 310-315.

Meyer, A., Tsui, A., & Hinings, C.(1993). Configurational Approaches to Organizational Analysis, *Academy of Management Journal,* 6, 1175-1195.

Mwanza, D.(2002). Conceptualising work activity for CAL systems design, *Journal of Computer Assisted Learning, 18*(1), 84-92.

Mwanza, D.(2002). Towards an activity-oriented design method for HCI research & practice, *Unpublished Doctoral Dissertation,* The Open University, UK.

Nadler, L. & Nadler, Z.(1989). *Developing human resources,* San Francisco, CA: Jossey-Bass.

NIST(2005). 2005 *Education Criteria for Performance Excellence.* [On-line]. Available: http://www.quality.nist.gov

Noe, R. (ed.) (2000). Human Resource Management:*Gaining a competitive advantage,* SanFrancisco, CA: Irwin McGraw-Hill.

Oshima, J. & Oshima, R.(2001). Coordination of Asynchronous and Synchronous Communication: Difference in Qualities of Knowledge Advancement Discourse Between Experts and Novices, In Koschmann, T. et al.(Ed.) *CSCL 2, Carrying Forward the Conversation, NJ: Lawerence* Erlḫaum Associates, 55-84.

Palloff, M. & Pratt, K.(2005). *Collaborating Online; Learning Together in Community,* SF, CA: Jossey-Bass.

Pascale, R & Athos, A.(1981). *The Art of Japanese Management,* London : Penguin Books.

Philips, J. J.(1997). *Return on investment in training and performance improvement programs.* Houston, Texas: Gulf Publishing Company.

Pendell, S.(1997). Teaching interculturally: Crossing cultural frontiers in education. In F. Nouwens(Ed.), *Distance education: Crossing frontiers: Keynote papers from the 12th biennial forum of the Open and Distance Learning Association of Australia. Vanuatu: September,* 25-28

Porter, L.(1997). *Creating the virtual classroom : distance learning with the internet.* NY: John Wiley & Sons, Inc.

Quinn, R., Faerman, S., Thompson, M., McGrath, M.(2002). *Becoming a Master Manager,* SF: Jossey-Bass.

Reeves, T.(2000). Enhancing the worth of instructional technology research through "Design Experiments" and other development research strategies. A *paper presented "international perspectives on instructional technology research for the 21st century". a symposium sponsored by SIG/instructional technology at the annual meeting of AERA,* New Orleans. LA.

Robinson, D. G & Robison, J. C. (1989). Trianinig for impact to business needs and measure the results. Sanfrancisco, California : Jossey-Bass.

Robbins, P.(2003). *Organizational Behavior,* NJ: Prentice Hall.

Robinson, B.(1999). International Trends in Quality Assurance for Open and Distance Learning in Higher Education. 한국방송대학교 방송통신 교육연구소 주최 원격교육세미나 발표자료집.

Rosenberg. M.(2001). *E-Learning : strategies for delivering knowledge in the digital Age,* NY:Mcgraw-Hill

Rourke, L., Anderson, T., Garrison, R. & Archer, W.(2001). Methodological issues in the content analysis of computer conference transcripts, *International Journal of Artificiai Intelligence in Education, 12,* 8-22.

Rummel, N., & Spada, H. (2005). Learning to collaborate: an instructional approach to promoting collaborative problem solving in Computer-mediated settings. *Journal of learning sciences, 14*(2), 201-241.

Sallis, E.(1993). *Total quality management in education*(2nd ed.). London: Kogan Page.

Schein, E.(2004). *Organizational Culture and Leadership,* SF: Jossey-Bass.

Scheel, N. & Branch, R.(1993). The Role of Conversation and Culture in the Systematic Design of Instruction. *Eductional Technology,* 7-18.

Schön, A(1990). *Educating the Reflective Practitioner: Toward a New Design for Teaching and Learning in the Professions,* SF; Jossey-Bass.

Sherr, L. & Lozier, G.(1992). Total Quality Management in Higher Education. [On-line]. Available: http://www.umr.edu/~assess/tqm/tqmhed.html

Smit, I.(2001). Assessment of Cultures; a Way to Problem Solving or a Way to Problematic Solutions?, In Cooper, C. et al.(Ed.) *The International Handbook of Organizational Culture and Climate,* John Wiley & Sons Ltd, West Sussex; England.

Stahl, G.(2002). Rediscovering CSCL, In Koschmann, T. et al.(Ed.) *CSCL 2, Carrying Forward the Conversation, NJ:* Lawerence Erlbaum Associates, 169-181.

Stokes, E.(1997). *Pasteur's quadrant: Basic science and technological innovation,* Washington, D.C.: Brookings Institution Press.

Stoyannova, N. & Kommers, P.(2001). Learning Effectiveness of Concept Mapping in a Computer-Supported Collaborative Problem Solving Design, *Euro CSCL Conference Proceedings*

Svensson, G.(2001). "Glocalization" of business activities: a "glocal strategy" approach. *Management Decision,* Vol. 39, Iss. 1: p 6.

Thomas, R. & MacGregor, K.(2005). Online Project-Based Learning: How Collaborative Strategies and Problem Solving Processes Impact Performance, *Journal of Interactive Learning Research, 16*(1), 83-107.

Trompenaars, F.(1993). *Riding the Waves of Culture,* London; Nicholas Brealey Publishing

Weigand, H., Poll, F. & Moor, A.(2003). Coordination through communication, *Proceedings of the 8th International Working Conference on the Language-Action Perspectives on Communication Modelling,* Tilburg, Netherlands.

Yamagata-Lynch, L.(2003). Using Activity Theory as an Analytic Lens for Examining Technology Professional Development in Schools, *Mind, Culture, and Activity, 10*(2), 100-119.

Zimmerman, J. & Martinez-Pons, M.(1988). Construct validation of strategy Model of student self-regulated learning, *Journal of Educational Psychology, 80*(3), 284-290.

찾아보기

류완영

▌약 력

서울대학교 교육학 학사
서울대학교 대학원 교육학 석사
미국 캔자스대학교 대학원 교육학 박사

現, 한양대학교 사범대학 학장 겸 교육대학원장
現, 한양대학교 사범대학 교육공학과 교수
　　한양사이버대학 학장
　　한국교육공학회장
　　한양대학교 기획조정처장

오동건

▌약 력

한양대학교 사범대학 교육공학과 졸업
한양대학교 대학원 교육공학 석사
한양대학교 대학원 교육공학 박사 (체제설계 및 산업교육 전공)

지속가능한 인적자원개발을 위한 연구와 실천:
HRD의 지속가능성 제고를 위한 교육공학의 대안 탐색

초판인쇄 | 2009년 8월 5일
초판발행 | 2009년 8월 5일

지은이 • 류완영, 오동건 / 펴낸이 | 채종준 / 펴낸곳 • 한국학술정보㈜ / 주소 • 경기도 파주시 교하읍
문발리 파주출판문화정보산업단지 513-5 / 전화 • 031) 908-3181(대표) / 팩스 • 031) 908-3189 /
홈페이지 • http://www.kstudy.com / E-mail • 출판사업부 publish@kstudy.com

등 록 | 제일산-115호(2000. 6. 19)
가 격 | 27,000원
ISBN 9   (Paper Book)
　　　978-89-268-0213-7 98320 (e-Book)